# ELIXIRES DE CRISTAIS

# ELIXIRES DE CRISTAIS
## NOVO HORIZONTE DA CURA INTERIOR

BERENICE DE LARA

Editora
Pensamento
SÃO PAULO

Copyright © 2003 Berenice de Lara.

Todos os direitos reservados. Nenhuma parte desta obra pode ser reproduzida ou usada de qualquer forma ou por qualquer meio, eletrônico ou mecânico, inclusive fotocópias, gravações ou sistema de armazenamento em banco de dados, sem permissão por escrito, exceto nos casos de trechos curtos citados em resenhas críticas ou artigos de revistas.

A Editora Pensamento-Cultrix Ltda. não se responsabiliza por eventuais mudanças ocorridas nos endereços convencionais ou eletrônicos citados neste livro.

**Capa: Everaldo Araújo.**

Dados Internacionais de Catalogação na Publicação (CIP)
(Câmara Brasileira do Livro, SP, Brasil)

Lara, Berenice
    Elixires de cristais : novo horizonte da cura interior / Berenice
de Lara. — 2ª ed. — São Paulo : Pensamento, 2010.

    Bibliografia.
    ISBN 978-85-315-1356-1

    1. Chacras 2. Cristais – Uso terapêutico 3. Elixires 4. Energia
vital – Uso terapêutico 5. Holismo 6- Terapêutica I. Título.

10-00865                                            CDD-133.2548

Índices para catálogo sistemático:
    1. Elixir de cristais : Energização : Uso terapêutico :
Ocultismo  133.2548

O primeiro número à esquerda indica a edição, ou reedição, desta obra. A primeira dezena
à direita indica o ano em que esta edição, ou reedição, foi publicada.

| Edição | Ano |
|---|---|
| 2-3-4-5-6-7-8-9-10-11 | 10-11-12-13-14-15 |

Direitos reservados
EDITORA PENSAMENTO-CULTRIX LTDA.
Rua Dr. Mário Vicente, 368 — 04270-000 — São Paulo, SP
Fone: 2066-9000 — Fax: 2066-9008
E-mail: pensamento@cultrix.com.br
http://www.pensamento-cultrix.com.br

*"Did they all live happily ever after?*
*They did not. No one ever does, in spite of what the stories may say.*
*They had their good days, as you do,*
*and they had their bad days, as you know about those.*
*They had their victories, as you do, and they had their defeats,*
*and you know about those, too.*
*There were times when they felt ashamed of themselves,*
*knowing that they had not done their best,*
*and there were times when they knew they had stood*
*where their God had meant them to stand."*

Stephen King
*The Eyes of the Dragon*

*"E então viveram felizes para sempre. Não é?*
*Não. A despeito do que as histórias possam dizer, ninguém vive feliz para*
*sempre.*
*Tiveram seus dias bons, como você tem,*
*e tiveram seus dias ruins, que você conhece.*
*Tiveram suas vitórias, como você, e tiveram suas derrotas,*
*que você também sabe o que são.*
*Houve ocasiões em que se envergonharam de si mesmos,*
*sabendo que não tinham feito o melhor que podiam,*
*e houve ocasiões em que tiveram a certeza de estar*
*onde o seu Deus queria que estivessem."*

*(Tradução livre pela autora)*

*Aos meus avós, Mariquinha e Paulo Lara,*
*aos meus pais, Cecy Lara e Renato Simões,*
*e ao meu filho Sérgio Roberto,*
*instrumentos da minha melhora como pessoa*
*dentro de nossa história familiar.*

# Sumário

Prefácio ............................................................................................ 11

Introdução ...................................................................................... 13

Elixires de Cristais: Novo Horizonte da Cura Interior .................. 16

• Como iniciei meu trabalho com Elixires de Cristais ................ 16

Diferença entre Essências Florais e Elixires de Cristais ............... 19

• Quando usar os Elixires de Cristais ........................................ 19

Apoio nas mudanças da vida .................................................. 19

Dores e sintomas crônicos ...................................................... 20

Experiências traumáticas ........................................................ 20

Vícios ....................................................................................... 21

Psicoses, problemas de distúrbios mentais ............................ 21

Limpeza energética de ambientes, objetos e pessoas ............ 21

Limites de atuação das terapias complementares ................. 22

• Quando aliar os Elixires de Cristais às Essências Florais ....... 22

Astrologia, Medicina Psicossomática e os Elixires de Cristais .... 23

Algumas Perguntas a Serem Feitas para Facilitar a Compreensão
do Caso .......................................................................................... 24

O Inconsciente e as "Cartas Terapêuticas" como Instrumento
de Diagnóstico ............................................................................... 26

• Método três em dez ................................................................ 26

• Método das quatro cartas ....................................................... 27

• Método das dez cartas ............................................................ 28

Roteiro para Relaxamento – Descobrindo a Origem dos Sintomas ... 29

Medicina Chinesa Tradicional e os Elixires de Cristais ............... 32

• Meridianos e Órgãos Correspondentes – Tabela de Horários .... 32

• Proceda da seguinte forma ..................................................... 33

A Teoria dos Cinco Elementos ...................................................... 37

• Os cinco elementos e órgãos do corpo humano ..................... 37

• Lei da Dominância .................................................................. 38

• Relação entre os órgãos do corpo e as emoções, de acordo com
a medicina chinesa .................................................................. 40

• Funções do Fígado (Gan) ........................................................ 40

Sintomas físicos que podem surgir devido ao desequilíbrio na
energia do Fígado .................................................................... 41

*Unhas e tendões* ..................................................................... 41

*Olhos* ...................................................................................... 42

*Cabeça, pescoço* ..................................................................... 42

*Depressão, irritação, TPM* ................................................................. 42

*Capacidade de planejar bem a vida* ................................................ 43

- Funções da Vesícula Biliar (Dan) ................................................... 43
- Funções do Rim (Shen) .................................................................. 44

  *Medo e depressão* ......................................................................... 45

  *Cabelos, dentes e ossos* ............................................................... 45

  *Olhos, ouvidos* .............................................................................. 46

  *Outros sintomas* ........................................................................... 46

- Funções dos Pulmões (Fei) ............................................................ 47
- Funções do Baço (Pi) ..................................................................... 47
- Funções do Coração (Xin) .............................................................. 48
- Funções da Bexiga (Pangguang) .................................................... 49
- Funções do Pericárdio (Xinbao) ..................................................... 49
- Paladar preponderante e correlação com o desequilíbrio da energia nos órgãos ......................................................................................... 50

Colocação das Pedras e Utilização de Elixires sobre os Chakras – Alinhamento e Equilíbrio ..................................................................... 51

Chakras e Meridianos .......................................................................... 53

Estudo de Caso – Tratamento Capilar com Elixires de Cristais .......... 65

- Fotos – Tratamento capilar .............................................................. 57
- Fotos – Cristais ............................................................................... 59
- Fotos Kirlian – Energia dos Cristais ................................................ 63
- Fotos – Madeira Petrificada e foto de sua energia ......................... 64

Preparo dos Elixires e sua Preservação .............................................. 67

- O Preparo das Essências de Cristais em Conservante Alcoólico ........ 69

Propriedades Energéticas dos Diferentes Sistemas Cristalinos ................... 70

Cristais e suas Aplicações Terapêuticas .............................................. 74

Fórmulas de Elixires de Cristais .......................................................... 152

Exercícios de Suporte ao Uso das Fórmulas de Essências de Cristais ........ 159

Elixires de Cristais Dharma – Repertório por Sintomas ...................... 163

Guia Rápido – Resumo-Referencial para as "Cartas Terapêuticas Dharma" ................................................................. 285

O Poder da Oração ............................................................................... 301

- Pedimos o que Estamos Enfrentando .............................................. 302
- Oração do Perdão ............................................................................ 303
- Salmo 23 ......................................................................................... 303
- Salmo 91 ......................................................................................... 303
- Oração a Santo Antônio para Pedir uma Graça .............................. 304
- Oração para Quebrar Maldições e Magias ...................................... 304
- Oração a São Jorge ......................................................................... 305

Uma Mensagem Final ........................................................................... 307

Bibliografia .......................................................................................... 309

# Prefácio

Eu conheci os Florais de Bach em 1986 e meu primeiro contato foi de apreensão/desconfiança, essa coisa bem mineira... No entanto, à medida que nossa relação (eu e as flores em forma de elixires) foi se estreitando, removendo estranhezas, o coração aberto, os benefícios (muitos!) foram acontecendo em cascata na minha vida, e na vida de muitos seres...

Durante esses dezessete anos, um trabalho intenso e extenso com as Essências Florais foi acontecendo na minha vida pessoal e profissional, propiciando um salto quântico no meu jeito de ver o universo. Eu poderia ficar horas a fio enumerando e agradecendo os presentes que venho recebendo nesses anos, profícuos anos.

Viajei muito pelo planeta, pesquisando e estudando flores, conheci muitas pessoas e na minha intimidade me virei do avesso e tenho "passado a limpo" minha história, no ritmo do tambor divino dos florais.

Eu conheci a Berenice em 1993, quando ela morava em Belo Horizonte e veio fazer um *workshop* de Florais da Califórnia, sob minha coordenação. É difícil não perceber a presença da Berenice: mulher grande, com duas pedras preciosas coloridas no lugar dos olhos (prontas para se tornarem remédios), voz forte e bem colocada. Uma postura de mulher alemã contrapondo com uma gargalhada afro-brasileira. E sempre, nos muitos *workshops* de que ela participou, sua postura me chamava a atenção, jeito de mulher e de menina quando ri/sorri.

Anos depois, já morando em Londrina, Berenice veio constantemente, por dois anos, duas vezes por mês, cursar a Especialização *Lato Sensu* em Terapia Floral na Faculdade de Ciências da Saúde em São Paulo, em convênio com a UERJ – Universidade do Estado do Rio de Janeiro, a qual coincidentemente eu coordenava.

Acompanhei sua formação paralela no curso de graduação em Psicologia, sua formação em Terapia Sistêmica da família e do casal e seu empenho na pesquisa com os florais.

Como um dos precursores da divulgação dos florais no Brasil e coordenador de cursos de formação e pós-graduação em terapia com Essências Florais, recebo de pessoas de várias partes do mundo trabalhos, pesquisas, *kits* de florais e de elixires das mais variadas procedências, com as propostas mais diversas, e às vezes eu me assusto com a quantidade de coisas "novas" que criam!

Além de ser um pesquisador, com senso crítico apurado (às vezes até demais, reconheço), línguas astrológicas falam de uma certa Lua em Virgem, um Sol em Câncer o que, afirmam, me permite maior sensibilidade e uma intuição mais forte. Com a minha experiência de anos como psicólogo, terapeuta corporal, trabalhos com empresas, famílias, casais, muita terapia e vida, adquiri um crivo que me ajuda a selecionar o que é eficaz para meu trabalho ou não. Claro que esse crivo é subjetivo, fruto da minha trajetória como profissional e ser humano, discípulo dessa academia chamada Vida.

Finalmente, em 2002, decorridos uns dois anos sem contatar a Berenice, embora sempre sabendo dela por amigos comuns – notícias quentes de que ela estava passando também com excelentes notas nas "provas" árduas da vida –, recebo uma ligação dela falando das "joias": os Elixires de Cristais.

Conversando, ela me relatou sua pesquisa e experiência e me perguntou se eu queria receber algumas amostras para experimentar. Claro, eu recebia tantas "amostras" sem ser consultado... E comecei a testar os elixires em mim mesmo, em amigos íntimos, em *sprays* em aulas e palestras etc.

Nesse ano e meio experimentando, tenho gostado muito e obtido resultados muito bons, difíceis de relatar numa linguagem mais concreta neste espaço.

Os elixires da Berenice passaram por meu "crivo virginiano" e eu tenho sentido neles uma possibilidade terapêutica muito grande, quando os misturo com as Essências Florais, um potencializando o outro...

Como eu disse antes, muitos novos florais têm sido criados, muitos elixires "novos" têm surgido, sistemas com os nomes mais diversos, muita coisa até por modismo e oportunismo. Penso que minha longa experiência nessa área me autoriza a avaliar assim.

Mas os Elixires de Cristais Dharma, que a Berenice de Lara produz, vieram para ficar e somar. Seus *kits* são caixinhas de "joias" para a nossa mais essencial preciosidade: nossa interioridade.

Feliz, prefacio este trabalho que sei que é fruto de muita pesquisa, intuição, sensibilidade e seriedade. Bem-vindas, pedras que curam!

*Hércoles Jaci, psicólogo clínico, terapeuta e formador de terapeutas florais, mestrando em Administração, em Gestão de Seres Humanos, Doctor Science pela Unimec – OMS (Organização Mundial de Saúde)*

# Introdução

Os estudos que vêm sendo feitos na área da medicina não convencional no último século – e nas últimas décadas principalmente – nos conduzem por caminhos fascinantes, não muito explorados ainda pelo homem moderno.

Primeiro tivemos uma aproximação e aceitação maior da medicina homeopática e seus princípios, pensada na Alemanha por Hahnemann, que abriu campo para o que viria depois. Na Inglaterra, Dr. Edward Bach e suas Essências Florais, que falam de uma medicina da alma, através da intervenção nos corpos sutis. Nos Estados Unidos, na década de 1970, a importante releitura e ampliação das pesquisas com novas flores, feitas por Richard Katz e Patrícia Kaminski, bem como a publicação dos livros de Gurudas, canalizados por Kevin Ryerson, tanto na parte de essências florais quanto de elixires de cristais.

O físico Fritjof Capra publica seu livro *O Ponto de Mutação*[1] e aborda também as Essências Florais e sua forma de ação. Richard Gerber abre novos aspectos a serem pensados e pesquisados, em seu livro *Medicina Vibracional*,[2] um marco na abordagem não convencional da prática "das medicinas".

Atualmente, diversos produtores sérios de Essências Florais surgem em todo o mundo, do Himalaia ao Brasil, permitindo o acesso de um maior número de pessoas às informações sobre as terapias naturais não convencionais e seus benefícios.

Naturalmente, todo esse percurso teve seus obstáculos. Grupos corporativistas de tempos em tempos atacam um ou outro segmento das chamadas "terapias alternativas" (cuja denominação mais adequada talvez fosse "terapias complementares", porque elas não invalidam em momento algum os conhecimentos alcançados pela medicina tradicional), procurando desqualificá-las.

No entanto, os resultados continuam surgindo na prática e através de pesquisas bem-conduzidas, agora já dentro de universidades conceituadas, como a USP – Universidade São Paulo e a UERJ – Universidade do Estado do Rio de Janeiro, entre outras. No campo da Enfermagem, a essência floral vem conquistando um espaço importante nas pesquisas validadas e na Psicologia, vencendo

---

[1] Publicado pela Editora Cultrix, São Paulo, 1986.
[2] Publicado pela Editora Cultrix, São Paulo, 1992.

a resistência de colegas mais ortodoxos e do próprio Conselho Regional, e muitos trabalhos vêm sendo publicados na área das terapias alternativas, como proposta de um novo instrumento de intervenção.

Os Elixires de Cristais, ainda pouco divulgados, têm uma atuação próxima à das Essências Florais, já mais conhecidas do grande público. É importante que se faça um paralelo para facilitar a compreensão de seu campo de ação.

Eles vêm ajudar a pôr ordem na casa interior. Onde as energias estão desequilibradas, conduzindo a sintomas, a posturas disfuncionais, eles trazem equilíbrio, centro, foco na solução, de forma suave, promovendo uma mudança benéfica com abertura de novos horizontes para que o indivíduo encontre seu próprio caminho. Os Elixires de Cristais são como gotas de luz que lavam a alma, permitindo que se veja o mundo sob uma nova ótica pessoal, construída a partir de suas experiências de vida.

Hoje em dia é indiscutível o conhecimento de que as emoções interferem, e muito, na saúde como um todo. A medicina psicossomática aponta que os desequilíbrios físicos começam por um desequilíbrio energético, a partir de emoções mal trabalhadas ou reprimidas, que se cristalizaram no físico, pela repetição muitas vezes inconsciente das mesmas posturas.

A pessoa que é rígida na sua forma de pensar o mundo e suas questões, por exemplo, vai dando inconscientemente um comando ao seu corpo para que também espelhe essa rigidez, como uma forma de manifestar coerência. Isso porque a coerência exige menos dispêndio de energia psíquica, embora nesse caso os resultados possam ser danosos. Os Elixires de Cristais promovem uma abertura para possibilidades de ser coerente de uma maneira mais saudável.

A tradicional medicina chinesa há milênios fala dessa correlação entre atitude e sintoma. Os que trabalham com as suas técnicas, em massagem, acupuntura, acupressura ou outras, poderão encontrar um guia rápido e fácil de consulta no capítulo "Medicina chinesa tradicional e os Elixires de Cristais", que contém um resumo bem funcional de seus princípios. No "Repertório por Sintomas", a referência cruzada também encurta o caminho para o uso dos cristais na prática profissional.

Para aqueles que trabalham com técnicas de relaxamento e/ou hipnose, há um roteiro criado para facilitar a descoberta da origem do problema, de maneira não invasiva; há também algumas perguntas que podem ser feitas, que visam ajudar a entender o perfil do seu cliente – qualquer bom terapeuta sabe disso, mas às vezes, na falta de um roteiro, algo passa despercebido.

Além disso, as "Cartas Terapêuticas", constituídas de fotos Kirlian (fotos da emanação energética) de cristais dos quais são feitos os elixires, com suas formas abstratas e cores vibrantes, permitem que o inconsciente faça suas escolhas sem submissão ao racional, ajudando na compreensão dos problemas mais importantes.

Os cristais são dádivas da natureza, que servem a humanidade de uma maneira mais amorosa, na forma de elixires. Os sábios da Antiguidade conheciam essas possibilidades e utilizavam seus recursos energéticos para obter desde a cura até o poder.

Eles se colocam neste momento a serviço do planeta, pela intervenção dos devas, que os despertam para o trabalho a ser feito. Muitas vezes um elixir não pode ser preparado com um determinado cristal, porque sua matriz energética não está pronta para isso. Enquanto ele não despertar, eu posso fazer inúmeras fotos Kirlian desse cristal, e o resultado é sempre igual, ou seja, não há um registro claro de sua energia.

No entanto, assim que ele acorda, que maravilha é observar o movimento que o pêndulo faz quando estou avaliando seu estado de prontidão, ou as cores e formas em que ele se manifesta na foto!

Agora, os espíritos desses cristais animam os seus elixires. A jornada para o mundo começa agora, como começam todas as jornadas: com o primeiro passo. Os elixires que estão disponíveis para todos são como filhos que eu coloco no mundo, para que eles iniciem seu próprio percurso, mostrando a que vieram, cumprindo seu roteiro evolutivo. Posso ser o veículo por meio do qual eles falam, mas o trabalho e o mérito é deles.

Para mim, eles são – como cada um de nós é, assim que se dispõe a isso – servidores do Todo.

Que cada um de nós possa, com o auxílio desses cristais, despertar para o verdadeiro caminho do nosso chamado interior e cumpri-lo em paz e harmonia com o universo.

*Berenice de Lara*

# Elixires de Cristais:
# Novo horizonte da cura interior

## Como iniciei meu trabalho com Elixires de Cristais

Talvez uma das mais frequentes indagações que me tenho feito ao longo da vida seja: *"Estou fazendo nesta existência realmente o que vim fazer aqui desta vez? Será que estou no lugar certo, fazendo as procuras corretas agora?"*

A resposta só pode surgir quando o coração se acalma. Meu percurso profissional foi diversificado e ao mesmo tempo construído solidamente, através de muito estudo e trabalho prático.

Minha primeira formação foi em Letras e eu comecei a trabalhar muito cedo em companhias multinacionais como secretária trilíngue. Em 1987, eu era gerente operacional em uma empresa de gestão de fortunas, administrando carteiras de clientes na Bolsa de Valores de São Paulo e era apaixonada pelo que fazia. Esta é uma de minhas características: eu sempre amo o que estou fazendo no momento e assim o trabalho me gratifica.

Apesar dessa atividade profissional, sempre fiz inúmeros cursos, sobre assuntos aparentemente díspares: desde estudo de línguas até numerologia, leitura de tarô, cromoterapia, encadernação artística em couro, emprego de cristais para cura, treinamento mental, enfim, minha gama de interesses sempre foi muito variada.

Em 1981 eu havia morado na Alemanha e lá tomei contato pela primeira vez com os Florais de Bach. No entanto, este era então apenas mais um dos assuntos que me interessavam fora da minha profissão.

Apenas em 1987 meu interesse pela área financeira foi se modificando e eventualmente acabei saindo do meu emprego. Meio desorientada quanto ao que eu gostaria de fazer realmente, fiquei um período trabalhando como *marchand*, escrevi algumas histórias infantis e afinal estava disposta a voltar com tudo para a minha antiga atividade, quando me mudei para Belo Horizonte, Minas Gerais.

Um dia, quando eu estava em uma farmácia na Savassi, vi o folheto de um curso sobre Essências Florais com o Breno Marques, creio que falando pela primeira vez sobre suas pesquisas com os Florais de Minas. Decidi fazê-lo e, a partir daí, rapidamente mergulhei no estudo desse campo, participando de cursos de formação com o psicólogo Hércoles Jaci, um dos profissionais mais respeitados nessa área no mundo todo, com a Ruth Toledo, Ian White, Cynthia Kemp... e comecei o atendimento com Essências Florais.

Logo no começo das minhas atividades como terapeuta floral, aceitei um trabalho voluntário na Escola Estadual Pestalozzi, a convite da supervisora do setor de Psicologia, Dra. Marli Lara Chaves. Desenvolvemos um trabalho tão intenso e bem-sucedido em terapia familiar e em redes sociais na escola que, em outubro de 1993, fomos para Buenos Aires participar de um Congresso Internacional sobre Redes Sociais, organizado por Elina Dabas.

Lá tive oportunidade de conhecer e trocar ideias sobre meu trabalho com Johan Klefbeck, Robert Castel, Carlos Sluzki e Dick Auerswald, entre outros. Para aquele meio, a terapia floral parecia no mínimo exótica, pois a maioria dos participantes era da área de Psicologia, com formação psicanalítica.

Ao voltar para o Brasil, decidi prestar outro vestibular e cursar Psicologia, a serviço da terapia floral, o que efetivamente aconteceu.

Paralelamente ao meu estudo na faculdade e atendimento no consultório, fui fazendo cursos agora relacionados com a prática terapêutica: formação em terapia familiar sistêmica na Escola de Milão, hipnose ericksoniana com Jeffrey Zeig e Ernest Lawrence Rossi. Fui para os Estados Unidos obter meu Practitioner Certificate em terapia floral em Terra Flora, com o Richard Katz e a Patrícia Kaminski e, em 1996, trouxe Johan Klefbeck, que se tornara meu amigo, para dar um *workshop* sobre intervenção em redes sociais no Brasil.

Os cristais me interessavam muito e eu os utilizava como um instrumento nos atendimentos, tendo mandado vir dos Estados Unidos uma série de livros sobre o assunto para pesquisar melhor, uma vez que no Brasil não havia muita literatura disponível.

Esse interesse se tornou maior quando me mudei para Londrina, no Paraná, e montei meu consultório em uma clínica com profissionais de áreas diversas como Medicina, Homeopatia, Ortomolecular, Psicologia, Quiropraxia. Esse grupo ia regularmente para a Índia fazer cursos na área da medicina ayurvédica.

Depois de uma dessas viagens, uma colega voltou me pedindo que lhe preparasse um Elixir de Olho-de-Tigre, que ela havia tomado na Índia e lhe fora recomendado que continuasse a tomar. Eu não fazia elixires até então, apenas usava os cristais. Assim, como eu conhecia outro profissional que trabalhava exclusivamente com cristais, perguntei a ele se poderia se incumbir disso.

Apesar de ser sua área, ele não se interessou e então eu aprofundei minha pesquisa bibliográfica para compreender melhor de que instrumentos eu deveria me apropriar para fazer um elixir eficaz e não apenas uma água em que fora mergulhado um Olho-de-Tigre.

Por meio da prática da meditação, recebi orientação intuitiva sobre o que se esperava de mim e uma conexão maior nesse sentido se estabeleceu com meus mentores espirituais. Fui pesquisando, anotando, testando comigo, com minha família e meus clientes os elixires dos mais diversos cristais. Aprendi a entrar em contato com os devas, expandindo meu campo de percepção.

No entanto, o uso dos elixires sempre ficou restrito à minha prática e a de um ou outro amigo terapeuta que pedisse algo específico.

Sempre que havia oportunidade, eu preparava novas tinturas em lugares energeticamente adequados, como em 1999, na Grécia, quando preparei entre outras as de Ametista, Azeviche e Quartzo-Cristal junto ao mar Mediterrâneo.

Até que em 2001, em meditação, senti que estava na hora de disponibilizar o material tão amplamente pesquisado para que mais pessoas pudessem se beneficiar do meu trabalho. Comecei então a juntar minhas anotações e pesquisas feitas, na forma deste livro.

Em 2002, em viagem à Austrália central com Ian White da Bush Essences e outros terapeutas, preparei tinturas em Ayers Rock, junto àquelas montanhas tão poderosas, como o Uluru e os Olgas – Cornalina, Lápis-Lazúli, Malaquita, Quartzo-Fumê, Quartzo-Citrino, Quartzo-Rosa. Em Mainly, perto de Sydney, aproveitei a energia do oceano Pacífico para novas experiências.

A maioria das tinturas foi preparada no Brasil, em regiões energeticamente fortes, aliando o oceano Atlântico à mata Atlântica. Como eu mencionei, um elixir de cristal não é uma infusão de mineral em água simplesmente. A magia da transmutação energética acontece apenas quando a pedra está preparada para seu trabalho de doação – como, aliás, em qualquer outra circunstância da vida.

Neste momento da minha vida, meu coração está calmo e em paz. Assim, sinto que estou onde deveria estar, fazendo o que deveria fazer.

Minha tarefa foi falar com a natureza e me conectar com os devas que poderiam despertar o cristal para este trabalho, que agora entrego a vocês.

# Diferença entre essências florais e elixires de cristais

Talvez você esteja entre as pessoas que se perguntam qual a diferença entre as Essências Florais e os Elixires (ou essências) de Cristais, em sua função de reequilíbrio energético. Embora o princípio de preparo seja muito semelhante, entendo que há uma diferença de atuação entre ambos.

Há uma característica fundamental nos Elixires de Cristais que pesquisei, que alguns terapeutas também já perceberam: praticamente todos eles falam de alguma forma de "desbloqueio": sejam energias, traumas conscientes ou reprimidos no mais profundo inconsciente, emoções, karmas familiares. É como se a imobilidade e a rigidez dos cristais permitissem a reflexão mais profunda a respeito dos caminhos para a fluidez na vida.

Outro aspecto que noto é a rapidez na resposta e sua atuação também no corpo físico, por reequilibrar profundamente a energia dos chakras. Nos florais, tenho experiência com apenas um sistema que se propõe a isso e o faz efetivamente.

Não que as Essências Florais não trabalhem o desbloqueio – apenas sinto que as Essências de Cristais têm uma atuação realmente efetiva, mais rápida e pontual quando usados sozinhos ou com Essências Florais na fórmula.

## Quando usar os Elixires de Cristais

### Apoio nas mudanças da vida

Em primeiro lugar, para provocar mudanças, por meio dos diferentes tipos de desbloqueio energético que eles promovem.

No entanto, em situações em que a pessoa tem sua estabilidade comprometida por mudança de emprego, de casa, de *status*, problemas familiares etc., o ideal é começar a estabilização através dos Elixires de Cristais e depois passar para fórmulas compostas de essências minerais e florais. Com isso, depois de ter dado a base, o chão, o terapeuta pode conduzir o indivíduo a uma expansão maior da consciência, buscando as causas, a origem do desequilíbrio, para alicerçar a nova base a ser construída.

As pessoas têm uma grande resistência em enfrentar as mudanças – na verdade, sempre esperam que a mudança ocorra no outro. No entanto, a renovação de atitudes é exigida de cada um e apenas ela corrige os desvios na rota da nossa vida. As Essências de Cristais podem ajudar efetivamente na percepção daquilo que precisa ser mudado e permitem que esse processo se dê de forma suave.

Para quem acaba de passar por grandes mudanças na vida e precisa reavaliar o que aprendeu dessa experiência, até para fazer diferente aquilo que não deu certo antes, eles prestam auxílio inestimável. Aqui, a quebra dos padrões de rigidez se torna questão vital e os elixires são preciosos ajudantes nesse processo de mudança.

## Dores e sintomas crônicos

Nas terapias corporais, principalmente quando o terapeuta se defronta com sintomas crônicos e dolorosos, vemos o corpo dizendo que algo está fora de alinhamento. Na verdade, existe um padrão de desarmonia energética que precede o deslocamento de uma vértebra, que está lá desde muito tempo antes da doença em si surgir. O corpo fica tentando sustentar o desequilíbrio através do acúmulo maior de tensão na região, até não conseguir mais.

Nosso corpo possui padrões geométricos semelhantes aos sete padrões de estrutura dos cristais (veja o capítulo "Propriedades Energéticas dos Diferentes Sistemas Cristalinos"). Assim, quando utilizamos os Elixires de Cristais como instrumentos do nosso reequilíbrio, eles atuam nos colocando em alinhamento com seu próprio registro energético de formas, o que conduz a uma modificação no quadro.

## Experiências traumáticas

Depois de cada experiência traumática, o ser humano reage dentro de um padrão já bem conhecido:

- *negação* do problema: "Isto não pode estar acontecendo!";
- *raiva*: revolta pelo que sucedeu;
- *negociação*: fase em que as pessoas se apegam muito à divindade, fazendo promessas, tentativas de troca: a solução do problema x cumprimento de uma promessa;
- *tristeza*: quando as atitudes anteriores não se mostraram eficazes e a pessoa começa a perceber que terá que aceitar, mas ainda se deprime com isso e não tem condições de começar a tomar atitudes;
- *aceitação*: integração de todas as emoções anteriores, única coisa que pode conduzir a uma mudança.

Os elixires ajudam a chegar à integração mais rapidamente, sem prejuízo da vivência das etapas anteriores, levando em conta o grau de estabilidade do indivíduo antes desse trauma ou choque.

## Vícios

Se a pessoa tem um vício, seja ele álcool, cigarro, maconha ou outro qualquer, seu organismo estará menos receptivo inicialmente à sutileza do tratamento com Essências Florais. É preciso primeiro estabilizar o sistema orgânico para que os resultados sejam melhores.

Nessas circunstâncias, as essências minerais atuam efetivamente. Elas aceitam que a pessoa tenha o problema e a abordagem é um pouco diferente, na busca de solução. Por exemplo, o vício de comer ou fumar. Preso a esse tipo de energia, nosso corpo desencadeia um padrão energético *que mantém de forma viciosa a pessoa no mau hábito*. Os elixires atuam no sentido de lhe dar a mesma estabilidade que comer ou fumar dá. A estrutura geométrica do cristal é introduzida na programação do indivíduo e aos poucos a pessoa consegue fazer a transição, superando o problema da adição.

## Psicoses, problemas de distúrbios mentais

Também em casos de pacientes psicóticos em surto as essências vibracionais de minerais são muito úteis. A cisão pode ser mais bem compreendida e superada, porque elas permitem que o paciente se sinta confortável dentro do seu próprio corpo, ajudando a construir uma estrutura que dê contenção às suas peculiaridades. Na estabilização dos quadros de transtorno bipolar, outra classificação para a psicose maníaco-depressiva, os elixires têm se mostrado muito eficazes. Considero particularmente a Essência de Sodalita de fundamental importância em tratamentos desse tipo, embora outros também atuem nesses quadros.

## Limpeza energética de ambientes, objetos e pessoas

Muitas vezes sentimos que o ambiente de um local está pesado, contaminado por energias mais densas, que dificultam ou mesmo impedem que fiquemos bem ali. Seja em casa, no trabalho, em clínicas ou hospitais, podemos fazer a limpeza energética do local, aspergindo Elixires de Cristais no ambiente. A Fórmula 7 – Limpeza Energética, Proteção, inclui diferentes cristais que atuam fazendo a limpeza e criando um campo vibracional desconfortável para espíritos menos evoluídos. Os elixires ajudam ainda a fixar a nova estrutura obtida após a limpeza.

Quando se está iniciando uma atividade em um novo espaço, aspergir as essências minerais ajuda a ancorar energeticamente a nova atividade ali. Isso se aplica também a objetos que são energizados com uma dada intenção. Por exemplo: uma sala de terapia pode ser aspergida com essências minerais adequadas para que haja maior percepção, concentração, abertura confiante. No quarto de dormir, essências que promovam sentimentos amorosos, tranquilidade, são mais indicadas, como por exemplo, a Fórmula 9 – Harmonia, Equilíbrio.

## Limites de atuação das terapias complementares

Acima de tudo, porém, é preciso ter a humildade e o bom-senso de saber o limite entre o que é possível e o que não é possível de ser sanado através das Essências de Cristais ou de qualquer outra terapia complementar. Por isso, falamos em "medicinas complementares". Um bom terapeuta deve ser capaz de reconhecer os limites de seus conhecimentos e recomendar a busca de profissionais especializados em outras áreas, sempre que julgar necessário. Longe de diminuí-lo, essa atitude consolida sua seriedade na prática de sua profissão.

## Quando aliar os Elixires de Cristais às Essências Florais

Muitas vezes a pessoa em terapia até consegue enxergar seu problema, mas apesar de tentar promover as mudanças necessárias, não consegue mantê-las. Nesses casos, os Elixires de Cristais aliados às Essências Florais permitem que, a cada etapa, o indivíduo vá construindo sua estabilidade no novo patamar, para dar o passo seguinte em direção a uma nova postura.

Quando há recidiva do sintoma, ou seja, há uma melhora mas pouco depois uma recaída, a inclusão de elixires minerais à fórmula floral pode ajudar a estabilizar o quadro. Os cristais têm mesmo essa característica de estabilidade.

# Astrologia, medicina psicossomática e os elixires de cristais

Por vezes, podemos achar difícil encontrar o elo de ligação entre as recomendações de uso das pedras, nos seus aspectos físicos, mentais, emocionais etc. No entanto, ampliando os conhecimentos para além da área específica e pensando na visão da medicina psicossomática, por exemplo, que pode ser aliada à astrologia, metafísica etc., encontramos o elo.

As pessoas que emocionalmente estão sob constante irritação podem vir a sofrer, por exemplo, de cálculos biliares. Se o terapeuta tem conhecimentos de astrologia e encontrar aspectos difíceis de Saturno e Marte no mapa astrológico delas, ele saberá que a conjunção desfavorável desses planetas pode gerar estados constantes de irritação. Assim, uma pedra que atue no sentido de aliviar esses aspectos planetários menos positivos pode levar também à redução de problemas com o fígado.

Ou, em outra vertente, pedras que têm a propriedade de acalmar, liberar as tensões, permitir uma colocação mais equilibrada do que irrita o indivíduo, podem melhorar tanto o aspecto físico como o emocional, minimizando a influência planetária negativa.

Da mesma maneira, a medicina psicossomática aponta que, quando uma pessoa sofre reveses afetivos de forte impacto, que trazem grande decepção, pode ocorrer a formação de cálculos renais, oriundos das mágoas cristalizadas, por assim dizer. Conflitos na carta astrológica entre Vênus e Saturno têm essa influência também.

Com essa visão, vai se construindo e ampliando o conhecimento sobre o emprego dos Elixires de Cristais, melhorando nossas sinapses neurológicas.

# Algumas perguntas a serem feitas para facilitar a compreensão do caso

Caso você seja um psicólogo ou tenha feito uma boa formação para receber seu certificado como terapeuta floral, com certeza já adquiriu embasamento suficiente para se orientar pelos modelos apresentados em seu curso quanto a como entender o que se passa, além daquilo que está sendo dito pelo seu cliente. Pode ser mesmo que você esteja além desse ponto e, a partir dos modelos teóricos que aprendeu, tenha ousado começar a desenvolver sua própria forma de atendimento. Nesse caso, este capítulo poderá lhe parecer bastante simples e de pouca utilidade.

Como a ideia, porém, é dar alguns atalhos para a melhor compreensão do que ocorre, a partir de um sintoma descrito, penso que essas perguntas básicas poderão ser de grande valia.

Lembre-se de sondar junto ao seu cliente alguns aspectos de sua personalidade, que podem conter elementos-chave para a prescrição de uma fórmula que efetivamente o auxilie.

Naturalmente isso não deve ser feito como um inquérito, mas colocado ao longo das sessões, sempre que pertinente, até que você possa coletar informação suficiente para ter melhor clareza do que ocorre. Pergunte-lhe, por exemplo:

- Como ele se sente quando precisa dizer "Não" para alguém?
- É fácil para ele colocar limites que considera importantes em determinadas situações?
- Quando está triste, o que usualmente ele faz?
- Qual é o conceito dele de uma noitada bem divertida?
- Quando está com raiva de alguma coisa, qual é sua reação mais comum? Ele põe para fora? Fica calado?
- Quando alguém o magoa, como ele reage?
- Ele costuma guardar mágoas por muito tempo?
- Ele se lembra com mais clareza das coisas ruins ou das coisas boas que lhe sucederam?
- Ele se lembra de algum evento antigo que o tenha incomodado muito? O que ele sente quando se lembra?

- O que estava acontecendo na vida dele, na época em que o sintoma surgiu pela primeira vez? Deixe-o falar a respeito.
- Ele tem algum tique nervoso, que se manifesta em situações de tensão ou ansiedade?
- Como ele acha que o outro (marido, esposa, filho, patrão etc.) falaria sobre o problema que ele está mencionando, se estivesse presente à sessão?
- Preste atenção ainda à fala dele quando relata os eventos que o trouxeram ao seu consultório. Ele está constantemente jogando a responsabilidade/culpa em outras pessoas? Você percebe que, mesmo sem que a palavra "vítima" seja dita, ele se sente dessa forma? Ou ele se sente culpado por coisas normais para a maioria das outras pessoas?
- Há alguma palavra ou expressão que ele utilize com frequência maior?
- Peça-lhe para falar sobre o melhor amigo e preste atenção em como ele se projeta na descrição.

Essas informações, obtidas pelo relato do cliente ou pela observação, são preciosos ajudantes na hora de se criar uma intervenção ou preparar a fórmula com as essências de cristais.

# O inconsciente e as "cartas terapêuticas" como instrumento de diagnóstico

As "Cartas Terapêuticas Dharma" formam um conjunto de 79 lâminas, com fotos da aura de sessenta cristais do *kit* Dharma mais 19 fotos da aura da gota das fórmulas compostas. Suas formas abstratas e coloridas permitem uma escolha mais livre para qualquer associação.

Você pode usar as Cartas Terapêuticas dos Cristais dentro de sua prática clínica seguindo seu próprio método ou usando sua intuição. No entanto, você pode também seguir um desses caminhos para ajudar na compreensão do momento por que passa o seu cliente – ou você mesmo –, uma vez que as escolhas são apoiadas no inconsciente. A partir daí, você trabalhará com os instrumentos que considerar mais adequados a cada caso.

## Método três em dez

1. Disponha todas as cartas abertas sobre uma mesa ou um tapete. Depois de olhá-las atentamente, separe dez cartas para as quais tenha se sentido mais atraído. Muitas vezes, é como se a carta escolhesse você.
2. Guarde as outras cartas, dispondo agora apenas as dez sobre a mesa ou tapete.
3. Tire uma carta para explicar seu momento presente, o que está acontecendo em sua vida.
4. Em seguida, separe uma carta que vai lhe falar do que aconteceu no passado, que conduziu você ao momento atual. Ela explica a carta anterior.
5. Tire uma terceira carta para receber a orientação de onde você chegará, na resolução da atual situação, ou saber qual é o chamado que lhe está sendo feito pelos devas desse cristal, pedindo sua reflexão a respeito.

A interpretação da última carta é sempre no sentido positivo, não centrada nos aspectos do desequilíbrio, pois indica qual é essa boa resolução que se espera atingir, tomando a fórmula dos elixires que vai ajudar a superar o problema.

É aconselhável que sua fórmula contenha então as Essências dos Cristais escolhidos. Não descarte as outras cartas das dez separadas. Elas lhe dão uma perspectiva mais ampla do que está acontecendo com a pessoa e podem compor uma fórmula mais completa.

Uma consulta detalhada em níveis diversos – emocional, espiritual, mental, físico – pode ser obtida neste livro, na descrição de cada cristal. Há, no entanto, um resumo no final, especialmente preparado para facilitar sua interpretação até dominar o conhecimento das propriedades das essências.

## Método das quatro cartas

Outra forma de você fazer sua escolha é tirando quatro cartas.

Peça que seu cliente manuseie as cartas, observando suas cores e formas. Ao fazer isso, ele estará entrando em conexão com as energias dos cristais, o que é também uma forma de relaxamento.

Em seguida, ele deve cortar, juntar novamente as cartas e tirar dali quatro cartas, sem ver quais elas são.

1. para o presente, o momento atual, o que está acontecendo em sua vida;
2. para o passado, o que originou essa situação;
3. com o que você conta para ajudar a resolver o problema ou questão, ou qual o caminho a percorrer para se obter uma boa solução;
4. qual é a resolução da situação colocada; como se chegará ao final.

Cada terapeuta pode ainda desenvolver sua própria forma de trabalhar com as "Cartas Terapêuticas dos Cristais Dharma", sem que isso interfira na qualidade da leitura, pois o resumo das propriedades dos cristais aponta a direção a seguir.

O conjunto de cartas foi amplamente testado com clientes, dos quais eu já possuía um referencial histórico e em mais 215 pessoas, das quais eu não possuía nenhuma informação, antes de ser disponibilizado ao público. Em ambas as situações, os resultados obtidos foram coerentes com o histórico de vida das pessoas testadas.

Por exemplo: A primeira cliente que utilizou o jogo das cartas terapêuticas tinha 35 anos e graves problemas de rejeição e autoestima. Terapeuta, ela não conseguia estabelecer bases justas de honorários por seus serviços e sempre buscava situações em que de alguma maneira fosse rejeitada. Filha de mãe solteira, nunca conheceu o pai e, tendo nascido numa cidadezinha do interior do sul do país, passou por situações socialmente difíceis e discriminatórias em sua vida, até sair de lá aos vinte anos.

Ao fazer sua escolha, em primeiro lugar separou dez cartas do conjunto. Em seguida, três, para interpretação conforme o modelo anterior. As cartas que retirou foram:

Para o presente: Crisocola
Para a origem do problema: Rubi
Para a solução: Cornalina

*Crisocola* fala da insegurança emocional, codependência afetiva, raiva reprimida, sentimento de menos valia, culpa.

*Rubi*, na posição de causa ou origem do problema, aponta para o fato dela não ter tido o respaldo ou validação paterna, problemas de ordem familiar e com a *imago* paterna.

*Cornalina* na solução, ou aonde ela chegará ao superar essas questões, dá como referência o "poder pessoal" que cada um deve desenvolver, assumindo as rédeas da própria vida. Ajuda a sentir-se bem no meio em que se vive. Fortalece os laços de amor familiar e dá ancoramento.

Apenas a leitura do resumo dos cristais no repertório já permite a interpretação do quadro da cliente. Mesmo que eu não tivesse informações mais detalhadas sobre ela, seria fácil ter uma compreensão do seu momento e das causas do problema.

No entanto, ao interpretar as cartas escolhidas pelo seu cliente, monte uma história a partir do repertório delas, porque a vida é uma história afinal e não uma lista de sintomas.

Imagine um eixo central e conte a história da maneira que sua intuição lhe apontar, a partir das propriedades de cada cristal, do abstrato para o concreto.

## Método das dez cartas

Para ter uma compreensão mais ampla dos aspectos mencionados no método anterior, você pode tirar três cartas para o passado, três para o presente, uma para o melhor caminho a percorrer para chegar a uma boa solução e três para a boa solução que se atinge, ao tomar a fórmula com essas essências. Faça a leitura na sequência em que a pessoa tirou as cartas.

# Roteiro para relaxamento – descobrindo a origem dos sintomas

Se você utiliza em sua prática de consultório a abordagem da hipnose ericksoniana ou alguma outra técnica para relaxamento, este roteiro pode facilitar seu trabalho, por ser simples e bastante eficaz. Antes de iniciar, explique ao seu cliente que ele pode responder às suas perguntas e, ainda assim, manter o estado especial de relaxamento.

Em seguida, peça que ele assuma uma posição cômoda e confortável, sem cruzar as pernas ou os braços, para que a circulação fique livre. Coloque uma música relaxante se possível, um incenso suave e comece o relaxamento, seguindo o roteiro abaixo, com voz tranquila e pausada.

*E agora que você está aqui, deitada(o) tranquilamente, aproveite para relaxar.*

*Deixe de lado todos os problemas do dia a dia.*

*Esqueça de se lembrar de qualquer coisa que possa incomodá-la(o).*

*Simplesmente aproveite este momento que é seu e concentre sua atenção na sensação das suas mãos.*

*Estão mais frias ou mais quentes?*

*Alguma sensação diferente pode ir surgindo.*

*Enquanto seu corpo relaxa, sua mente consciente relaxa e vai entregando o comando à sua mente inconsciente, que sabe muitas coisas que você nem sabe que sabe, mas no entanto sabe...*

*E você pode aproveitar isto agora, soltando as tensões acumuladas nos músculos do rosto.*

*Suas pálpebras ficam mais pesadas, tão pesadas que pode ser muito mais agradável permanecer de olhos fechados, voltando-se para dentro de si mesma(o) em busca das respostas tão importantes para você neste momento e quando você estiver pronta(o), talvez seu polegar da mão direita possa fazer um pequeno movimento que diga que está bem procedermos desta forma; isto, assim...*

*E mantendo o relaxamento, você pode me responder simplesmente a primeira coisa que lhe ocorrer à mente, sem julgamentos, sem tentar modificar* a percepção inicial simplesmente respondendo minhas perguntas, ou completando minhas frases, agora...

— A razão pela qual eu tenho este problema é... (deixe a pessoa completar em voz audível para você)

— Apesar de ser difícil às vezes, o maior benefício que obtenho quando tenho este sintoma (dor de cabeça, estômago etc. ou o problema) é...

— Quando recebo esse benefício (atenção da família, preocupação do marido etc.), sinto-me...

— Outras pessoas da sua família tinham o mesmo comportamento (problema, sintoma) ou algo semelhante? (Deixe seu cliente responder)

(Você pode fazer outras perguntas que considere interessantes e pertinentes à situação específica, antes de ir para o próximo passo.)

— O que preciso fazer para resolver (curar, eliminar) este problema (sintoma etc.) é... (caso a pessoa não consiga completar a frase, use outra abordagem, como nas frases seguintes)

— Se eu soubesse o que resolveria meu problema, provavelmente eu diria que...

— O que você mais gostaria que lhe fizessem, para ajudar a resolver este problema?

— Você pode agora entrar em contato com seu mentor espiritual, aquele ser de luz que o acompanha em todos os momentos, e pedir-lhe ajuda. Peça que ele a(o) ajude a resolver este problema que a(o) aflige. O que ele lhe diz, para ajudá-la(o)?

Volte agora a um tempo anterior, antes de surgir este sintoma (antes de ter este problema etc.)

Sinta em todos os detalhes a sensação de estar tão bem.

Deixe o seu corpo fluir nessa sensação.

Permita-se sentir plenamente a alegria de estar com a vida tranquila...

E agora veja-se em um local bem agradável,

onde você se sente acolhida(o) e protegida(o).

Pode ser um campo verde, uma praia com sol, um local em sua casa...

Veja agora vindo do alto uma luz azul-claro brilhante, que a(o) envolve da cabeça aos pés, limpando seu corpo e sua aura, a energia que você emite.

Essa luz azul conserta todas as falhas, as desordens de sua energia, causadas por irritação, drogas, cigarro, bebida, doenças, enfim, todo tipo de agressão ao corpo físico e aos corpos sutis.

*Agora, uma luz rosa com reflexos dourados entra direto pelo seu coração e se espalha por todo o seu corpo, dando a você uma sensação de paz, acolhimento e proteção.*

*Aproveite essa sensação por uns instantes.*

(Fique em silêncio por uns 30 segundos.)

*Agradeça aos espíritos protetores de sua família a ajuda recebida...*

*Como forma de retribuição a esse amor que lhe é dado, você pode melhorar a cada dia, libertando-se de toda situação que limite a manifestação do seu espírito perfeito, sua essência divina. Você vai poder fazer esse contato muitas outras vezes e é maravilhoso saber que pode ser assim.*

*Respire profundamente três vezes e pode voltar, abrindo os olhos.*

# Medicina chinesa tradicional e os elixires de cristais

Se você é terapeuta corporal, acupunturista ou massagista, não importa em qual especialidade, o conhecimento deste trabalho simples, rápido e muito eficaz pode lhe ser de grande utilidade. Mas, se você quiser apenas fazer circular melhor as energias do seu corpo, ele vai lhe servir igualmente.

De acordo com a medicina oriental, a cada duas horas do dia corresponde um órgão ou conjunto de órgãos do nosso corpo, período em que eles atingem seu pico de atividade. As linhas de meridianos que correm pelo nosso corpo, relativas a esses órgãos, podem ser ativadas por uma sutil estimulação dos mesmos, como ao passarmos levemente os dedos sobre elas, na direção indicada. Dessa maneira, a energia desbloqueada começa a fluir livremente, melhorando seu estado geral. No ponto onde termina um meridiano, começa o outro, o que torna tudo mais fácil ainda.

Certos cristais, por sua vez (e os elixires que são feitos deles), exercem uma influência maior sobre determinados órgãos. Com sua frequência vibracional eles ajudam a colocar em equilíbrio as energias em nosso corpo, facilitando o processo de cura – começando pelos corpos sutis até ativar melhor o andamento do corpo físico.

A tabela e o gráfico a seguir facilitam a utilização desse recurso bastante interessante, eficaz e simples de ativar nossos meridianos.

## Meridianos e Órgãos Correspondentes

### Tabela de Horários

| Horário | Órgãos | Elixires |
| --- | --- | --- |
| 1 às 3 h | Fígado | Jaspe verde, peridoto, azurita/malaquita |
| 3 às 5 h | Pulmões | Ágata Botswana, ágata-musgo, âmbar, fluorita |
| 5 às 7 h | Intestino grosso | Quartzo-citrino, enxofre, jaspe-sanguíneo |
| 7 às 9 h | Estômago | Topázio do Rio Grande, quartzo-cristal, safira |

| Horário | Órgãos | Elixires |
|---|---|---|
| 9 às 11 h | Baço-Pâncreas | Calcita, quartzo-fumê, malaquita, esmeralda |
| 11 às 13 h | Coração | Amazonita, quartzo-rosa, olho-de-gato, ametista |
| 13 às15 h | Intestino delgado | Berilo, enxofre, âmbar, obsidiana, coral |
| 15 às17 h | Bexiga | Jade, jaspe, coral, âmbar, quartzo-citrino, enxofre |
| 17 às19 h | Rins | Água-marinha, kunzita, apatita, rubi, hematita |
| 19 às 21h | Circulação–Sexo | Granada, marfim, rubi, hidenita, azeviche, crisoprásio |
| 21 às 23 h | Triplo-aquecedor–Tireoide | Crisocola, jade, esmeralda, água-marinha, ouro, turquesa |
| 23 à 1 h | Vesícula biliar | Jaspe verde, calcedônia, âmbar, enxofre |

Outras possibilidades de escolhas de elixires estão listadas na relação de sintomas, sob o nome dos órgãos correspondentes.

## Proceda da seguinte forma

Sejam quais forem os instrumentos de avaliação que você use em seu trabalho (pêndulo, leitura dos sintomas, acupuntura etc.), verifique se há necessidade de tonificar ou de acalmar determinado órgão. **Querendo tonificar, ou seja, quando a energia está mais parada ou diminuída,** comece a estimulação pelo meridiano dos Pulmões e vá dando sequência ao trabalho.

Se, pelo contrário, **há necessidade de se acalmar determinado órgão ou órgãos,** comece a estimulação pelo meridiano correspondente, continuando a partir daí até completar o ciclo.

Vamos supor que há um excesso de energia no sistema Baço-Pâncreas, cujo horário é entre 9-11 horas.

Pingando algumas gotas do elixir correspondente ao órgão (por exemplo, Malaquita), comece a passar o dedo sobre o circuito correspondente Baço-Pâncreas, conforme mostrado no desenho (p. 34). Observe a direção que a seta indica. Inicie pela ponta do dedão do pé na lateral, siga pela frente da perna até um ponto um pouco acima do mamilo e desça um pouquinho na lateral para fora. Você pode fazer isso pingando algumas gotas do elixir sobre o ponto inicial e ir puxando-o ao longo do meridiano com o dedo ou pingar algumas gotas do elixir sobre o cristal, se o tiver, passando o cristal por todo o meridiano. A seta Yin ou Yang indica a direção em que o movimento deve começar.

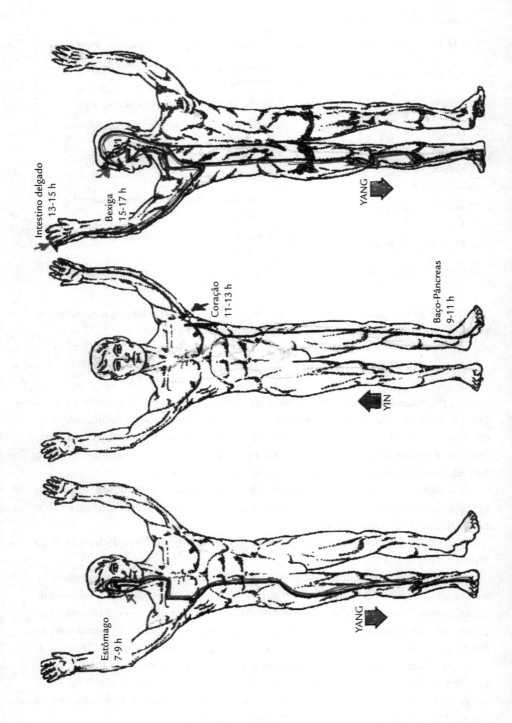

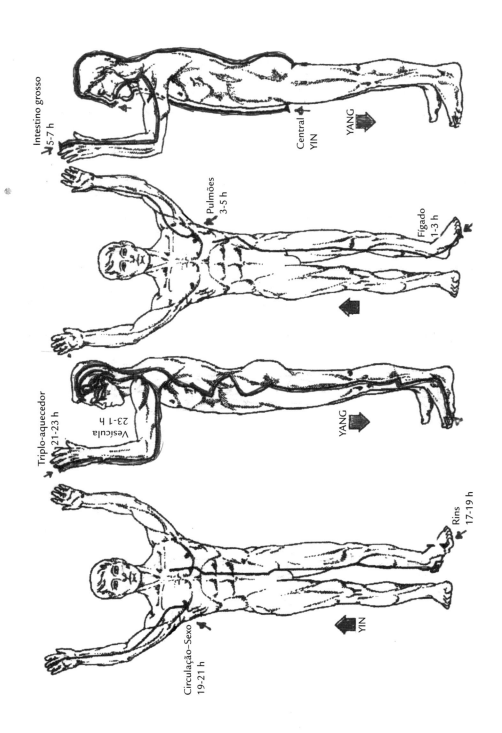

Na sequência, o horário seguinte (11-13 h) corresponde ao Coração. Usando a Essência de Cristal desse órgão, circule pelo meridiano, a partir do ponto abaixo do braço, por dentro, até o dedo mínimo, braço direito e esquerdo. Dê continuidade à estimulação, observando os horários e essências de cristais até voltar ao ponto inicial.

Se você fizer massagem com algum tipo de creme, pode adicionar a ele as gotinhas dos elixires. Em seguida, com os dedos ou com o cristal correspondente ao meridiano, percorra o circuito do meridiano em seu cliente, desbloqueando as energias. Para maior facilidade, prepare antecipadamente um pequeno pote de creme com cada elixir correspondente aos meridianos. Sua clientela vai notar a qualidade de um tratamento diferenciado e isso sempre reverte em seu benefício também.

As vantagens dessa forma simples de se obter melhor integração entre os meridianos e ativar o fluxo energético podem ser imediatamente sentidas. Usualmente uma agradável sensação vai se espalhando pelo corpo, podendo ocorrer um aquecimento também, devido à energia circular mais livremente.

Na massagem, faça essa integração após completar seu trabalho costumeiro. Lembre-se de conceder a você também esse benefício, porque sempre que nos cuidamos, estamos declarando um amor saudável por nós mesmos. Na página 32, veja o circuito dos meridianos e seus horários, conforme tabela utilizada pela tradicional medicina chinesa.

# A teoria dos cinco elementos

## Os cinco elementos e órgãos do corpo humano

| Madeira | Fígado, Vesícula biliar |
|---------|-------------------------|
| Fogo | Coração, Pericárdio, Intestino delgado, Pituitária, Circulação–Sexo, Triplo-aquecedor, Língua |
| Terra | Estômago, Baço, Pâncreas, Sistema linfático, Timo, Amídalas |
| Metal | Pulmões, Intestino grosso, Tireoide, Pele |
| Água | Rins, Bexiga, Ossos, Medula, Cérebro, Ad-renais |

Na tradicional medicina chinesa há um conceito ligado aos cinco elementos, que muitas vezes recebeu pouca atenção no Ocidente, mas que possui um profundo significado para os médicos orientais.

Segundo a teoria, os cinco elementos geram uns aos outros e se influenciam mutuamente. Desta forma, a Madeira gera o Fogo, que gera a Terra, que gera o Metal, que gera a Água, que gera a Madeira. Os órgãos do corpo humano se identificam com um ou outro elemento e estão com ele relacionados.

Nessa sequência, o elemento gerador seria chamado de Mãe e o elemento que se segue, de Filho. Ou seja, seguindo no sentido horário, Madeira é mãe do Fogo, que é mãe da Terra, que é mãe do Metal etc.

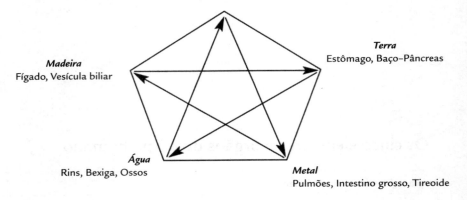

Desta maneira, cada elemento é, pois, Mãe do que o sucede e Filho do seu antecedente.

## Lei da Dominância

O controle das energias em excesso se dá pelo que é denominado Lei da Dominância, cujo princípio diz que cada elemento tem a capacidade de frear o desenvolvimento do elemento Neto. O que seria o elemento Neto? Considere um elemento qualquer. Olhando o pentágono na direção horária, o primeiro elemento que o segue é considerado Filho. O seguinte é o elemento Neto.

Essa condição está expressa pelas setas direcionadas no pentágono. Assim, Terra domina Água (porque a absorve), Água domina Fogo (porque o apaga), Fogo domina o Metal (fundindo-o), Metal domina Madeira (a lâmina do machado abate a árvore). Considere que a dominância se dá observando o pentágono no sentido horário. Cada elemento é dominado pelo elemento que está na segunda posição a partir dele mesmo, no sentido anti-horário.

Lembre-se que, ao tonificar a mãe, o filho também fica tonificado. Ex.: tonificando-se o Coração, o Estômago também é tonificado. Para tonificar o Coração, você pode pensar na Essência de Safira/Ouro, por exemplo.

Ao sedar o filho, a mãe também se acalma – ou seja, sedando o Estômago, o Coração se acalma.

Ainda dentro dessa relação, em que o Coração pertence ao elemento-mãe e o Estômago ao elemento-filho, os Pulmões seriam o elemento-neto. Ao tonificar o Coração, outra consequência é que os Pulmões se acalmam.

Exemplificando: se você tem um problema de deficiência de energia no Fígado, é interessante observar como estão as energias dos Rins. Uma mãe pouco tonificada só pode gerar um filho debilitado. Mãe bem nutrida → filho bem nutrido.

Mas pode ser que o caso seja o oposto: há um excesso de energia no Fígado, por exemplo e você quer diminuí-la. A pessoa é irritadiça, guarda raiva, lida mal com a expressão de suas emoções, e tudo isso se reflete no fígado.

Nesse caso, sedando o Fígado, acalmam-se também os Rins. É como se a mãe nutridora se acalmasse, vendo seu filho bem. Isso quer dizer que, se você tonificar os Pulmões, o Fígado se acalmará. O pentágono com as setas ajuda a uma rápida consulta a respeito da relação entre os diversos órgãos.

Considerando o Pulmão o primeiro órgão a ser estimulado segundo a teoria, esta é a ordem de circulação da energia:

Pulmão → Intestino grosso → Estômago → Baço-Pâncreas → Coração → Intestino delgado → Bexiga → Rim → Circulação–Sexo → Triplo-aquecedor → Vesícula biliar → Fígado → Pulmão.

**Sempre que você quiser acalmar um órgão, o melhor horário para isso é aquele registrado na tabela como seu horário específico. Se, ao contrário, você deseja tonificá-lo, fará isso em outro momento do dia que não essas duas horas.**

Resumindo:

*Para diminuir o excesso de energia:* Verifique a qual elemento pertence o órgão em desequilíbrio por excesso de energia. Em seguida, veja quais órgãos estão relacionados com o elemento que o domina. Trabalhe nesses órgãos particularmente, que eles naturalmente reequilibrarão a energia do órgão que apresenta o sintoma. Por exemplo: A pessoa se queixa de queimação no Estômago. (O Estômago é "neto" do Fígado, que o domina.) Ao tonificar o Fígado, o Estômago se acalma. Mas também o excesso de energia no Estômago pode ser diminuído ao se sedar o Coração. (Estômago seria o "filho" e Coração a "mãe", nessa relação.) Veja quais são os cristais que trabalham a energia dos órgãos relacionados com a questão e utilize suas essências na fórmula.

*Quando o problema é deficiência de energia:* Usando o mesmo exemplo, se a pessoa tem uma digestão lenta, por deficiência de energia no Estômago, você pode utilizar as essências relacionadas com o Estômago, mas ative também os órgãos relacionados com o elemento Fogo (Coração, Triplo-aquecedor etc.), porque Fogo ocupa a posição de "mãe" da Terra e deve ser tonificado para que seu "filho" Terra (Estômago) se fortaleça.

Como o enfoque deste trabalho é a utilização dos cristais e suas essências, lembre-se que a maneira como um terapeuta vai pensar sobre esses aspectos acima relacionados está centrada na escolha do elixir de cristal que tem uma melhor atuação sobre o órgão que se deseje reequilibrar energeticamente. Consulte o repertório detalhado para ver quais das essências recomendadas têm mais a ver com o quadro geral do seu cliente e use-os para fazer a fórmula, misturá-los ao creme da massagem ou aplicá-los com qualquer outra técnica de que você se utilize na sua prática profissional, como acupressura, acupuntura, do-in etc.

## Relação entre os órgãos do corpo e as emoções, de acordo com a medicina chinesa

A tradicional medicina chinesa tem uma leitura bastante interessante a respeito da relação entre os diversos órgãos do corpo humano e as emoções, na qual a medicina psicossomática atual também se apoia.

Além do conceito básico do equilíbrio do fluxo das energias Yin-Yang, ela considera que determinados órgãos são as "sedes" de certas emoções, influindo e também tendo sua saúde influenciada por elas. Não cabe neste livro um aprofundamento a respeito do assunto, porém algumas noções são importantes para ajudar o terapeuta a entender melhor o que acontece com o cliente e de que maneira ele pode "encurtar o caminho" para o bem-estar deste, por meio do reequilíbrio da energia dos órgãos com o auxílio das Essências de Cristais.

O fluxo das energias pode estar deficiente ou excessivo: em ambos os casos, é preciso um reajuste para se entrar na sintonia da saúde.

## Funções do Fígado (Gan)

Na medicina chinesa, o Fígado tem a função de armazenar o sangue e distribuir a energia vital por todo o organismo. Também tem a importante tarefa de aumentar a resistência do corpo contra a agressão de fatores patogênicos externos, visto ser um órgão de depuração. Quando está funcionando equilibradamente, o Fígado facilita a tarefa do Estômago e do Baço, no sentido de permitir melhor digestão e assimilação dos alimentos.

Na visão da medicina psicossomática, problemas com o Fígado falam de uma personalidade rebelde porque carrega mágoas passadas, um quadro de raiva constante ou muito forte nas crises, padrão de críticas rígidas e crônicas. Sua rigidez interior impede que a pessoa aceite a necessidade de mudar seu comportamento. Também é frequente a postura de não se responsabilizar pelo que acontece em sua vida, entendendo sempre que foi o outro quem criou a situação e quem deve mudar.

## Sintomas físicos que podem surgir devido ao desequilíbrio na energia do Fígado

O Fígado controla a energia da pele e dos músculos, tendo ainda influência nos olhos e tendões. Quando a energia fica estagnada, é comum o aparecimento de protuberâncias e tumores e um quadro de contração nos tendões ou câimbras musculares. Uma postura contraída ou um quadro de má circulação são sintomas que também estão relacionados com esse órgão. As essências de Enxofre e Turquesa estimulam e fortalecem os tendões enquanto as de Quartzo-Cristal e Coral são ótimas para estimular a circulação.

Observe sempre que a deficiência ou o excesso de energia em um órgão é igualmente prejudicial; quando há deficiência, os períodos de descanso não trazem a recuperação da energia do corpo como seria de se esperar.

Por exemplo: havendo uma deficiência de energia no Fígado, pode ocorrer um quadro de amenorreia (suspensão das regras). No entanto, no quadro oposto, a dismenorreia pode ocorrer quando há um acúmulo de energia no Fígado.

Problemas de disfunção nas regras podem ser tratados com as Essências de Jaspe Verde, Berilo ou Âmbar, dependendo do problema específico. No item "Menstruação", no repertório final, um detalhamento dos diversos quadros vai auxiliar a encontrar a essência que mais tenha a ver com a personalidade/sintomas do seu paciente.

## Unhas e tendões

O fluxo deficiente de energia no Fígado pode trazer como consequência, ainda, problemas de unhas fracas, segundo a medicina chinesa, para a qual as unhas são consideradas subproduto dos tendões. Unhas quebradiças, sem vitalidade, indicam uma deficiência de Madeira e o Fígado é um órgão que corresponde a esse elemento. Neste caso, o repertório da *Agate Blue Lace* (ou Ágata Azul Rendada) se encaixa perfeitamente como auxílio para o reequilíbrio do Fígado.

Embora Madeira Petrificada não seja uma essência que tenha uma conexão direta com o Fígado, no caso de deficiência do elemento Madeira você pode adicionar algumas gotas dessa essência à formulação.

Quando há problemas com os tendões, uma relação de consequência se estabelece quando a energia do Fígado está baixa:

Energia deficiente no Fígado → problemas na Vesícula Biliar → tendões rígidos.

## Olhos

Quando a energia do Fígado é deficiente, os olhos também podem desenvolver miopia, vista turva, olhos secos e arenosos ou ainda cegueira para determinadas cores. Um Fígado equilibrado umedece e nutre os olhos, por sua vez.

Dentro da relação fígado-olho, além da Ágata Azul Rendada, como forma de reequilibrar as disfunções encontramos as essências de Azurita/Malaquita, Água-Marinha, Berilo e o cristal que talvez mais tenha a ver com o Fígado, o Jaspe Verde.

## Cabeça, pescoço

Outros sintomas que podem ter conexão com o Fígado são cefaleia (principalmente quando ataca o lado esquerdo) e rigidez no pescoço depois de uma ventania, porque quem tem problemas com o Fígado normalmente não aprecia o vento. Quadros de convulsão podem estar relacionados com um Fígado com energia insuficiente para dar conta das tarefas que lhe competem dentro do organismo. Sendo este o caso, procure fazer um cruzamento dos diversos sintomas que seu cliente apresenta, para fazer uma fórmula mais precisa, pois os Elixires de Cristais são bastante eficazes no reequilíbrio energético dos órgãos.

Tensão no pescoço pode ser tratada com a Essência de Cianita, mas as Essências de Ágata Azul Rendada e Água-Marinha trabalham tanto o Fígado quanto o pescoço.

## Depressão, irritação, TPM

Depressão, irritabilidade, fúria reprimida ou manifestações de raiva, gritos, opressão no tórax, sensação de um "nó" ou um calombo na garganta, distensão abdominal, distensão nas mamas, tensão pré-menstrual: em todos esses quadros, é sempre correto procurar ativar o Fígado energeticamente, para facilitar a correção do problema. A raiva reprimida se congestiona no tórax, oprimindo ainda mais.

As essências de Ágata-Musgo, Enxofre e Peridoto trabalham a depressão que tem um fundo de raiva subjacente e podem estar numa boa fórmula para situações desse tipo.

Quando há problemas com a menstruação, pense em como a energia do Fígado pode estar em desequilíbrio – todavia, o Rim e o Baço também exercem influência nesse caso. Em problemas na menstruação, inclusive no quadro de tensão pré-menstrual, faço uma ligação entre o Fígado e os sintomas apresentados. Nesses casos, todo Elixir de Jaspe tem uma boa atuação, bem como o de Berilo e Coral. É interessante notar que alguns elixires têm uma atuação comum a órgãos correlacionados com certos sintomas. Por exemplo: os Elixires de Água-

Marinha, Calcita e Coral, bem como a variedade de Jaspes, atuam no Baço, no Fígado e nos Rins.

A consulta da listagem final do repertório de sintomas facilita o cruzamento com as informações de cada cristal, permitindo que se faça uma escolha mais "enxuta" para a fórmula de cada cliente. Este trabalho foi pensado assim para facilitar o tempo do terapeuta.

## Capacidade de planejar bem a vida

Na vida emocional, sobre a qual o Fígado exerce uma profunda influência, ele rege o controle e a habilidade pessoal no planejamento da vida. Ou seja, pessoas com dificuldade em orientar e planejar suas metas podem estar com problemas no Fígado.

Da mesma maneira, quando a vida emocional é tensa por frustração ou raiva reprimida, o fluxo de energia do órgão fica prejudicado, levando à somatização.

No aspecto positivo, a pessoa cujo Fígado apresenta um fluxo correto de energia terá mais facilidade em dar uma direção na sua vida, maior resolução nas suas ações e usualmente demonstra um espírito indomável, que não se deixa abater à toa.

A pessoa com problemas de Fígado apresenta uma cor esverdeada na face, em geral ou em certos locais. Profissionais que estudam mais a fundo a matéria podem contar com este dado para uma melhor compreensão do que está fora de eixo com seu cliente.

Para estimular o metabolismo do Fígado, o Peridoto é um cristal indicado. No entanto, você tem outras opções, como o Jaspe Verde, que também estimula todo o sistema endócrino, principalmente o Fígado e a Vesícula biliar. Ao prescrever sua fórmula de essências de cristais, procure sempre fazer uma leitura mais ampla do que acontece na vida emocional da pessoa que você está atendendo.

## Funções da Vesícula Biliar (Dan)

Se o Fígado controla a habilidade de dar direção à vida, a Vesícula biliar controla a capacidade de ter iniciativa para tomar decisões, no sentido de "ter coragem para fazer a mudança necessária".

A execução do planejamento que o Fígado facilita depende de um bom funcionamento da Vesícula biliar para a tomada de decisões e dar andamento ao planejado. O Fígado estrutura e a Vesícula biliar põe em prática, digamos assim.

Uma Vesícula biliar forte cria a coragem.

Uma Vesícula biliar fraca, com energia deficiente, causa debilidade emocional, timidez, insegurança.

Pesquisas recentes em universidades americanas apontam que a alegria melhora a resposta do sistema imunológico e aumenta a produção de colecistocina, substância que estimula o funcionamento da Vesícula e combate a depressão. O riso, por sua vez, seja ele espontâneo, provocado ou representado, sempre melhora a resposta do sistema imunológico, indistintamente.

A leitura da medicina psicossomática para quem tem problemas na Vesícula é de que a pessoa tem dificuldade em lidar com figuras de autoridade, se sente sobrecarregada e pouco reconhecida em seus esforços, podendo apresentar uma irritação constante. Quem aprecia alimentos gordurosos – o que pode sobrecarregar o Fígado e a Vesícula biliar – pode ter conflitos interiores com o parceiro ou com os seus superiores. Pessoas que se sentem de alguma maneira submissas ao cônjuge e têm dificuldade em lidar com a questão abertamente podem também apresentar problemas na Vesícula.

No aspecto físico, problemas de ouvido, como otite, têm ligação com a energia que flui inadequadamente na Vesícula biliar, sendo sempre interessante a escolha de uma essência de cristal para estimulá-la, como o Jaspe Verde ou o Enxofre. Outro quadro que indica uma Vesícula biliar preguiçosa é o de pessoas que acordam cedo e não conseguem dormir de novo.

Na verdade, todos os sistemas do corpo são interdependentes e isso não pode ser desconsiderado. Nenhum órgão atua isoladamente. Assim, leve em consideração que problemas com a Vesícula estão também relacionados com o Fígado e, muitas vezes, o cristal que serve para um também tem atuação sobre o outro.

O Elixir de Jaspe Verde que serve para o Fígado também é recomendado para a Vesícula. Todavia, os Elixires de Âmbar, Calcedônia ou o de Enxofre podem ser mais indicados para um determinado caso, segundo a descrição dos sintomas da pessoa, e podem ser agregados à formulação.

## Funções do Rim (Shen)

O Rim tem uma atuação muito importante na questão da força do indivíduo, seja da força física, força mental ou força de vontade. Ele controla ainda as etapas de mudança na vida: nascimento, puberdade, menopausa e morte.

Se pensarmos que cada mudança pede capacidade de adaptação, flexibilidade para lidar com a próxima etapa, seja qual for a questão, pessoas muito rígidas em suas posturas, em sua visão da vida, em seus "julgamentos", podem apresentar problemas nos Rins. Ou, no sentido inverso, igualmente uma deficiência de energia nos Rins pode levar a atitudes mais duras, inflexíveis. Isso se torna um círculo vicioso, até que algo seja feito para modificar o padrão.

Para personalidades muito rígidas, costumo colocar na fórmula os Elixires de Ágata (aquela que mais se adaptar ao perfil da pessoa) e de Marfim, que trabalha tanto a rigidez da coluna vertebral quanto os medos também. Isso o torna mais apropriado ainda, porque o Rim, assim como a Bexiga, é afetado pelo medo. O Elixir de Aventurina pode ser oportuno para alguns casos específicos de medo, como o de se arriscar, e trabalha também a rigidez interior.

## Medo e depressão

O Rim é considerado a "sede da força de vontade": através de sua energia, a mente enfoca seu objetivo e o alcança. Quando o Rim está debilitado, a força de vontade fica afetada e a mente não tem ânimo para buscar alcançar suas metas. Pode também haver medo embutido no quadro – o de não ser bem-sucedido em seus esforços – o que faz com que a pessoa nem se anime a tentar.

No Rim direito localiza-se o que os chineses chamam de "Portão da Vitalidade", relacionado com o Triplo-aquecedor. Segundo Zhang Jie Bin (1563–1640), o Portão da Vitalidade "é o sistema da Água e do Fogo, a residência do Yin e do Yang, o Mar da Essência (Jing) e determina a vida e a morte".[3]

Assim, se o Rim não funcionar bem e o Portão da Vitalidade não distribuir corretamente a energia vital, os demais sistemas sofrerão os efeitos disso, podendo resultar em: cansaço, depressão mental, sensação de frio, pessimismo, negatividade, enfim, falta de vitalidade.

Quando há um quadro de depressão, estimular o Rim pode ser um excelente começo na terapia. A pessoa depressiva sente-se sempre sem forças para realizar algo; ela se abate e desiste de querer. Seu desejo de produzir fica afetado e, se puder, ela "vegeta".

As Essências de Aventurina, Calcita Amarela e Laranja e Peridoto podem ser importantes auxiliares nesses casos, para trabalhar a energia dos Rins e aspectos emocionais ao mesmo tempo.

Em casos como o da Síndrome do Pânico, podemos pensar em fortalecer os Rins, mas também, dentro da filosofia dos Cinco Elementos, verificar os Pulmões e o Intestino grosso. Os Elixires de Azurita, Marfim e Sodalita devem ser considerados para esses casos.

## Cabelos, dentes e ossos

O bom controle da medula espinhal, dentes firmes, ossos fortes e cabelos vitalizados, com brilho e bom crescimento, estão relacionados com o funcionamento correto dos Rins. Na medicina chinesa, o "Rim controla os ossos e manifesta-se nos cabelos". Cabelos acinzentados e finos pedem atenção para o estado dos Rins.

---

[3] *Apud* Macioccia, p. 128.

Para a queda de cabelo, foi desenvolvida uma fórmula capilar, que tem apresentado resultados excelentes. Observe algumas fotos nas páginas 57 e 58, em "Relato de Caso".

Crianças com o tórax comumente chamado de "peito de pombo" têm uma deficiência na energia do Rim. O Elixir de Apatita atua bem na estimulação da energia dos Rins, entre alguns outros recomendados.

Para os ossos e dentes, as Essências de Abalone e Coral (que também fazem parte da Fórmula do Rejuvenescimento), Fluorita, Lápis-Lazúli e Marfim devem ser consideradas.

## Olhos, ouvidos

Boa visão, pensamento mais claro, um cérebro funcionando bem, com boa capacidade de memória e concentração, são aspectos decorrentes da energia fluindo corretamente nos Rins. O quadro oposto pode se manifestar quando a energia do Rim está debilitada.

Baixa energia nos Rins pode levar também a problemas no ouvido (como uma sensação de zumbido crônico, sinal de que o Rim está precisando ser estimulado). Os Elixires de Apatita, já mencionados, bem como os de Âmbar, Coral, Quartzo-Citrino, por exemplo, podem ser indicados. O Elixir de Rodonita tem uma atuação específica nos ouvidos e pode ser agregado à fórmula.

## Outros sintomas

Enurese noturna ou incontinência urinária, polução noturna (emissão de esperma durante o sono), prolapso anal, diarreia, bem como processos de asma crônica também têm a ver com desordens na energia renal. Para problemas com o trato intestinal, os Elixires de Âmbar, Enxofre, Esmeralda e Quartzo-Citrino têm atuação tanto no sintoma quanto na energia dos Rins.

Além disso, questões relativas à fertilidade, vitalidade e poder sexual dependem da maneira como o Rim tem a sua energia mais ou menos equilibrada. A Fórmula 5 – Carisma, Sensualidade, observa os diversos aspectos implicados nessa questão e atua tanto no emocional quanto no físico.

Entre as Essências de Cristais há uma gama variada que auxilia nos diversos quadros. Particularmente quando há um comprometimento do órgão, o Quartzo-Rosa ajuda na regeneração, enquanto as Essências de Jaspe-sanguíneo, Peridoto e Quartzo-Citrino são excelentes depuradores. Nos casos de retenção de líquido, encontrei bons resultados com Ágata-Musgo e para eliminação de cálculos, agrego sempre o Elixir de Jade.

Na culinária caseira, o uso da canela em casca ou em pó tonifica os rins.

## Funções dos Pulmões (Fei)

No aspecto emocional, problemas com os Pulmões pedem um olhar mais atento ao que acontece no momento na vida da pessoa, no campo das trocas sociais e afetivas. Além disso, dor e tristeza, depressão, lamentação, ansiedade, preocupação, sudorese inesperada, luto remetem sempre a uma necessidade de se ativar melhor a energia dos Pulmões.

A energia dos Pulmões bem equilibrada vai corrigir problemas como voz enfraquecida, má circulação nos membros, dispneia. Na diferenciação dos sintomas, observa-se que voz baixa é sinal de Pulmões debilitados, enquanto uma voz abafada indica Pulmão obstruído.

Estados gripais são decorrentes da dificuldade dos Pulmões em distribuir para o corpo a energia necessária para manter o estado de saúde.

Membros aquecidos é sinal de boa circulação da energia dos Pulmões que, vale lembrar, controlam todos os meridianos, sendo assim importante ativá-los quando se quiser regular os meridianos.

Para o fortalecimento dos Pulmões, pense em Berilo, Crisocola, Malaquita, Quartzo-Rosa. O Âmbar ajuda a restaurar os tecidos danificados e neutraliza a energia negativa, enquanto a Ágata Botswana melhora o quadro respiratório. No entanto, há ainda outras variáveis de sintomas que estão listados no final, no Repertório de Sintomas, em "Pulmões".

## Funções do Baço (Pi)

O Baço é um órgão que tem grande influência em nossa capacidade de pensar, estudar, concentrar, determinar e memorizar. A memória para o estudo está relacionada com o Baço, enquanto outros tipos de memória têm maior relação com outros órgãos. Assim:

Memória para o estudo → Baço
Memória do dia a dia → Rim
Memória do passado → Coração

Quando a pessoa faz muito uso das faculdades intelectuais, estuda muito, o Baço é mais solicitado e é interessante observar e manter o seu bom fluxo de energia. Em quadros de retardo mental, há indícios de que a estimulação da energia do Baço, juntamente com a do Coração pode auxiliar na obtenção de um melhor desempenho. Os Elixires de Calcedônia e Calcita Amarelo/Laranja são indicados tanto no excesso de solicitação intelectual quanto na deficiência mental.

No aspecto físico, sempre que houver edema, fleuma ou umidade no corpo, é preciso se pensar em equilibrar as energias do Baço, que é afetado por líquidos frios ou gelados. Edemas pulmonares podem ser tratados concomitantemente com o Elixir de Ágata-Musgo, que propiciará aos pulmões a energia necessária para reagir ao sintoma.

Alguns sintomas estão diretamente relacionados com este órgão, tais como sensação de peso na cabeça, secreções vaginais, distensão abdominal, alterações urinárias, hemorragias, debilidade ou atrofia dos músculos. Sempre que se desejar tonificar o sangue, deve-se começar primeiramente tonificando o Baço, para melhores resultados. Patologias bucais e labiais têm a ver com o Baço e o Estômago, embora problemas na língua tenham relação com uma deficiência na energia do Coração.

Água-Marinha, Calcedônia, Jaspe-sanguíneo são algumas das possibilidades de se buscar o reequilíbrio das energias do Baço. No entanto, há outras opções, que devem ser verificadas, observando melhor o perfil da pessoa que está com o problema.

Os órgãos naturalmente funcionam em sinergia, e quanto melhor a inter-relação entre os diversos órgãos e sistemas, melhor o estado geral de saúde. No caso do Baço, algumas alterações podem acontecer em seu bom funcionamento, influindo em outro órgão. Por exemplo:

Baço com funções obstruídas → problemas no Pulmão → dispneia, asma.

Pulmão com funções obstruídas → problemas no Baço → cansaço, anorexia, diarreia.

Quando o sintoma é hemorroidas, a medicina chinesa aponta para uma deficiência do Baço, no que eles chamam de "rebelião da energia", quando ela não desce para nutrir os outros órgãos. Os Elixires de Coral, Jaspe-sanguíneo, Quartzo-Cristal e também o Topázio atuam na resolução do sintoma.

É interessante saber que quando o paladar que persiste na boca é doce, isto está relacionado com o Baço.

## Funções do Coração (Xin)

A energia que o Coração distribui para o corpo está, entre outras coisas, relacionada com a fala. Assim, problemas como a gagueira têm a ver com a deficiência de energia no Coração. A pessoa que fala demais, por sua vez, tem um excesso de energia acumulado no Coração e, na leitura da medicina chinesa, ela tem Fogo no Coração. O Coração odeia Calor e esta condição pode levar ainda ao coma, ao delírio ou à afasia.

Fogo é o elemento-neto da Água e, assim, a Água domina o Fogo. Dessa maneira, tonificando os Rins e a Bexiga, o excesso de energia ou calor no Coração se acalma. Trabalhe com Elixires como Apatita, Berilo, Granada, Jade, Kunzita ou Quartzo-Rosa para fortalecer os Rins e a Bexiga, diminuindo o calor no Coração.

Estados gripais, embora tenham uma ligação com a dificuldade dos Pulmões em distribuir energia para o corpo, indicam também Fogo no Coração. Os Elixires de Coral, Cornalina e Ágata-Musgo são excelentes no fortalecimento do corpo para combater as gripes e atuam na energia dos Pulmões e do Coração.

No polo oposto, patologias na língua estão relacionadas com uma deficiência de energia deste órgão, assim como o retardo mental. Segundo Macioccia, esses aspectos podem ser trabalhados com uma estimulação na energia do Coração, com bons resultados. O Elixir de Amazonita estimula o coração e o plexo solar. Particularmente, para um coração com a energia em desequilíbrio – seja para mais seja para menos – gosto de trabalhar com a Ametista, o Quartzo-Rosa e a Pedra da Lua.

Boca com o paladar mais para o amargo indica um desequilíbrio na energia do Coração.

## Funções da Bexiga (Pangguang)

O bom funcionamento da Bexiga tem grande importância na maneira como o indivíduo lida com as emoções, pois um desequilíbrio energético neste órgão pode conduzir a estados como ciúme, desconfiança e rancor prolongado. A Bexiga também tem relação com o medo, como os Rins.

O bom desempenho das funções da Bexiga está ligado aos Rins e ao Intestino delgado. Como o Intestino delgado tem ligação com o Coração, na visão da medicina chinesa, algumas desarmonias manifestas nesse órgão podem se refletir na Bexiga também. Se você está começando a utilizar esses conceitos da medicina chinesa em seu trabalho, vale lembrar que uma análise do que acontece com esses outros órgãos, mais a manifestação emocional do seu cliente, vai lhe propiciar uma escolha bem acurada dos elixires para sua fórmula.

Cálculos na Bexiga podem ser trabalhados com o Elixir de Jade, Enxofre ou ainda o Jaspe Verde e o Jaspe-sanguíneo. O Âmbar, o Coral e o Quartzo-Citrino também têm boa atuação na Bexiga.

## Funções do Pericárdio (Xinbao)

O Pericárdio é uma camada que reveste externamente o Coração e tem por função protegê-lo de impactos. Suas funções se assemelham de muitas maneiras às do Coração e, como este, exerce grande influência na maneira como as pessoas lidam com suas relações pessoais. Sempre que há dificuldade de relacionamento, com as consequentes alterações emocionais que isso traz, os meridianos do Pericárdio devem ser tratados.

Do Pericárdio derivam as sensações de alegria e felicidade, tendo ele uma atuação poderosa nos estados mentais e emocionais. Quadros de confusão mental, delírio, temperatura elevada do corpo, afasia (incapacidade de falar devido a algum tipo de lesão cerebral) teriam relação direta com o Pericárdio – no caso, um excesso de energia provocaria reações desse tipo.

Aspectos relacionados com o Pericárdio podem ser tratados com a leitura que se faz do emprego dos cristais para o Coração.

## Paladar preponderante e correlação com o desequilíbrio da energia nos órgãos

| Paladar | Elemento | Deficiência de energia |
|---------|----------|------------------------|
| Azedo   | Madeira  | Fígado                 |
| Amargo  | Fogo     | Coração                |
| Doce    | Terra    | Baço                   |
| Picante | Metal    | Pulmão                 |
| Salgado | Água     | Rim                    |

# Colocação das pedras e utilização de elixires sobre os chakras – alinhamento e equilíbrio

A utilização de cristais e de elixires feitos a partir deles sobre os principais chakras tem efeitos rápidos e promove um reequilíbrio energético notável. Embora o meu trabalho não seja voltado para a terapia corporal, por muitos anos trabalhei com colegas terapeutas especializados nessa linha e pude observar como os cristais e seus elixires podem ser importantes auxiliares para melhores resultados.

Como acredito que todo psicólogo ou terapeuta tem por obrigação passar por uma terapia ele próprio, tanto por uma questão de autoconhecimento quanto para lidar melhor com eventuais problemas de contratransferência, em períodos diferentes procurei o apoio de profissionais de linhas diversas. Quando em tratamento com uma especialista em terapia corporal, pude avaliar os resultados diretamente e de forma bem objetiva.

Por outro lado, algumas vezes o cliente chega ao consultório muito mobilizado por um sintoma, que não tem a ver com a terapia, como uma dor de cabeça ou cólica menstrual, por exemplo. Nesses casos, coloco os cristais correspondentes aos sete principais chakras alinhados sobre seu corpo e faço um breve relaxamento dirigido. Depois de alguns minutos o sintoma desaparece ou fica sensivelmente diminuído, possibilitando o prosseguimento mais produtivo da sessão.

Para isso, mantenho sempre pelo menos dois conjuntos de cristais limpos e energizados, guardados em saquinhos de veludo azul ou verde. Depois da utilização, o conjunto deve ser separado para nova limpeza e energização, antes de ser usado com outra pessoa.

Você pode escolher e formar seu conjunto a partir das pedras recomendadas para cada chakra, podendo variar sua escolha. Todavia, com o tempo você vai observar que estabelece uma melhor sintonia com determinados cristais. É quando entre você e ele se cria uma conexão como a que há com amigos leais em quem você pode confiar.

Por exemplo, você pode formar um conjunto para utilização, do chakra básico ao da coroa, com Turmalina Negra, Rubi-Espinélio, Topázio do Rio Grande, Quartzo-Rosa, Turquesa, Lápis-Lazúli e Quartzo-Cristal. Ou, se não tiver um bom Rubi-Espinélio, que é uma pedra mais cara, você pode substituí-lo por um Topázio do Rio Grande para o segundo chakra e um Quartzo-Citrino para o terceiro, que o alinhamento se dará igualmente. Verifique algumas recomendações de cristais para cada chakra na ilustração abaixo e monte seus conjuntos.

Algumas vezes, você vai sentir um impulso irresistível para fazer uma modificação, embora o cristal que você usualmente empregue para um determinado chakra seja outro. Não racionalize. Intuição é para ser respeitada e eu busco sempre seguir a minha. Assim, deixe fluir a orientação dos guias espirituais que todo curador tem a seu lado e sinta-se livre para criar o alinhamento particular para seu cliente. Uma boa formação é importante exatamente para que você se sinta seguro para improvisar – o que pode ser uma temeridade quando a bagagem é pouca.

De modo geral, eu particularmente prefiro utilizar os cristais do conjunto mencionado abaixo, pois me identifico muito com o Quartzo-Rosa para o quarto chakra e com o Quartzo-Cristal para o sétimo. Mas como reconheço os efeitos poderosos da Ametista também, com sua luz violeta, não hesito em colocar sobre o chakra coronário tanto o Quartzo-Cristal quanto a Ametista, simultaneamente, muitas vezes.

Você pode também pingar três gotas de elixir dos cristais recomendados sobre cada chakra, massageando levemente o ponto com os dedos. Isso pode ser feito utilizando-se os cristais ao mesmo tempo, ou não, conforme já foi dito no capítulo sobre a estimulação dos meridianos.

Desta maneira, uma sugestão para a colocação dos cristais sobre os chakras seria a seguinte:

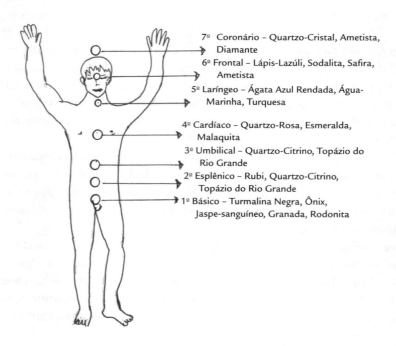

7º Coronário – Quartzo-Cristal, Ametista, Diamante
6º Frontal – Lápis-Lazúli, Sodalita, Safira, Ametista
5º Laríngeo – Ágata Azul Rendada, Água-Marinha, Turquesa
4º Cardíaco – Quartzo-Rosa, Esmeralda, Malaquita
3º Umbilical – Quartzo-Citrino, Topázio do Rio Grande
2º Esplênico – Rubi, Quartzo-Citrino, Topázio do Rio Grande
1º Básico – Turmalina Negra, Ônix, Jaspe-sanguíneo, Granada, Rodonita

# Chakras e meridianos

### 1 – Básico, basal, kundalini

Localização
- Região do cóccix, sobre a base da coluna vertebral

Sistemas e órgãos
- Plexo solar e cóccix

Glândulas
- Suprarrenais

A falta de energia provoca
- Insegurança, personalidade frágil

O excesso de energia provoca
- Materialismo, avidez, inveja

Cores
- Vermelho, preto

Pedras
- Turmalina Negra, ônix, quartzo-negro, rodonita, granada

Função das pedras
- Eliminam problemas com as partes inferiores do corpo, pernas, reto e cólon
- Elevação do nível de energia

### 2 – Sacral, esplênico, baço

Localização
- Cerca de 5 cm abaixo do umbigo, no baço

Sistemas e órgãos
- Plexo sacral, sistema urogenital

Glândulas
- Gônadas

A falta de energia provoca
- Anorexia, edemas, frigidez, impotência

O excesso de energia provoca
- Sexualidade exacerbada, ninfomania, ciúme

Cores
- Vermelho-claro, alaranjado

Pedras
- Quartzo-citrino, rubi-espinélio, rubelita, topázio do Rio Grande

Função das pedras
- Aliviam cólicas menstruais, problemas com órgãos reprodutores
- Aumentam a confiança, coragem e autoafirmação

### 3 – Plexo solar, umbilical

Localização
- Sobre o umbigo

Sistemas e órgãos
- Plexo solar, sistema digestivo

Glândulas
- Pâncreas

A falta de energia provoca
- Medo, bloqueio, raiva, repulsa, agressividade, egoísmo

O excesso de energia provoca
- Stress, agressividade

Cores
- Amarelo, laranja-claro

Pedras
- Quartzo-citrino, topázio do Rio Grande

Função das pedras
- Estimulam atividades mentais, tratamentos estomacais, região abdominal

### 4 – Cardíaco

Localização
- Entre os seios, sobre o coração

Sistemas e órgãos
- Plexo cardíaco, sistema circulatório

Glândulas
- Timo

A falta de energia provoca
- Insensibilidade, ansiedade, orgulho

O excesso de energia provoca
- Hipersensibilidade, exibicionismo

Cores
- Verde, rosa

Pedras
- Esmeralda, quartzo-rosa, malaquita

Função das pedras
- Percepção interior; aumenta a capacidade de amar e ser amado; ameniza problemas físicos, mentais e emocionais, libera mágoas e rancores

### 5 – Laríngeo
Localização
- Garganta, sobre a base do pescoço

Sistemas e órgãos
- Gânglios cervicais superior, médio e inferior, sistema respiratório

Glândulas
- Tireoide

A falta de energia provoca
- Baixa autoestima, dificuldade em se colocar no mundo

O excesso de energia provoca
- Egocentrismo

Cores
- Azul

Pedras
- Ágata azul rendada, água-marinha, turquesa

Função das pedras
- Ajudam na serenidade, na expressão de sentimentos verdadeiros, aliviam emoções aflitivas; atuam sobre a laringe e tireoide

### 6 – Frontal
Localização
- Entre as sobrancelhas

Sistemas e órgãos
- Hipófise, sistema nervoso autônomo e hormonal

Glândulas
- Pituitária

A falta de energia provoca
- Baixa concentração, cinismo, dissociação de personalidade

O excesso de energia provoca
- Imaginação fantasmagórica, utopia

Cores
- Anil, azul-índigo

Pedras
- Lápis-lazúli, safira, sodalita

Função das pedras
- Ajudam a intuição, aliviam dores de cabeça e *stress*

### 7 – Coronário

Localização

- Acima da cabeça (não toca o corpo), na posição onde um dia foi a "moleira" do bebê

Sistemas e órgãos

- Todo o sistema nervoso

Glândulas

A falta de energia provoca

- Atraso na evolução espiritual

O excesso de energia provoca

- Desligamento do plano terrestre

Cores

- Branco, violeta, dourado

Pedras

- Ametista, diamante, quartzo-cristal

Função das pedras

- Elevam o nível das vibrações, ajudam na ligação com o Plano Superior

## FOTOS – TRATAMENTO CAPILAR

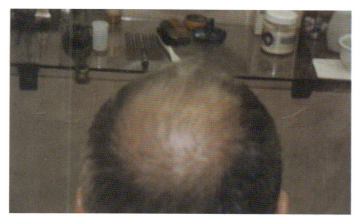

Após um mês (foto 1)

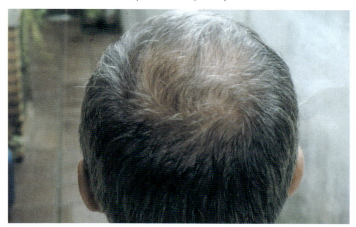

Após três meses (foto 2)

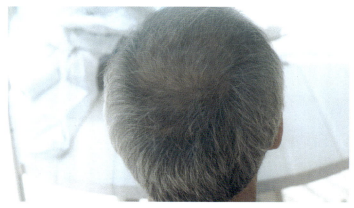

Após cinco meses (foto 3)

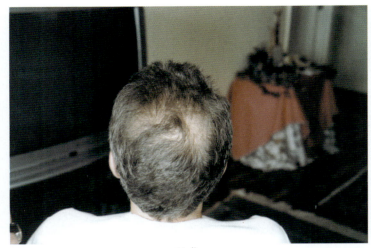
1º dia

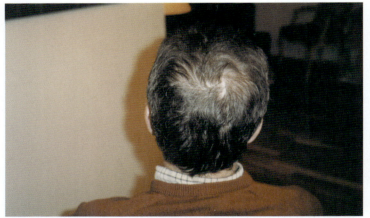
1º mês

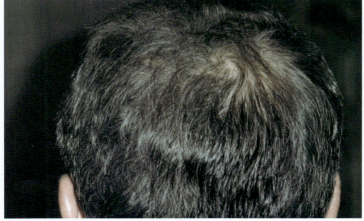
2º mês

## FOTOS – CRISTAIS

Abalone

Coral branco e vermelho

Peridoto

Aventurina

1 – Quartzo-rosa
2 – Ametista
3 – Quartzo-citrino
4 – Quartzo-rutilado
5 – Quartzo-cristal

Foto Kirlian de uma gota de Elixir de Crisocola

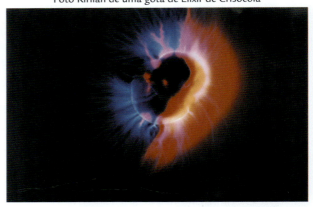

Crisoprásio

1 – Rodonita
2 – Jaspe dálmata
3 – Jaspe verde
4 – Jaspe amarelo
5 – Jaspe marrom
6 – Rodocrosita
7 – Jaspe vermelho
8 – Obsidiana

1 – Quartzo-citrino
2 – Calcita amarela
3 – Calcita laranja
4 – Quartzo-citrino
5 – Malaquita

Cristais

1 – Quartzo-cristal
2 – Quartzo-rosa
3 – Bastão de obsidiana "floco-de-neve"

1 – Malaquita
2 – Azurita/Malaquita
3 – Lápis-Lazúli

1 – Cianita
2 – Sodalita

1 – Mica
2 – Olho-de-Falcão
3 – Olho-de-Tigre
4 – Olho-de-Gato
5 – Pirita
6 – Kunzita
7 – Hidenita

FOTOS KIRLIAN – ENERGIA DOS CRISTAIS

1 – Abalone

2 – Agate Blue Lace (Ágata Azul Rendada)

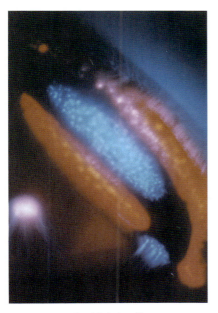

3 – Lápis-Lazúli

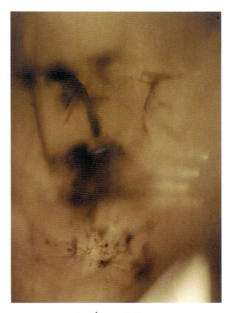

4 – Ágata-de-Fogo

## FOTOS – MADEIRA PETRIFICADA E FOTO DE SUA ENERGIA

Madeira Petrificada

Foto Kirlian da Madeira Petrificada

# Estudo de caso – tratamento capilar com elixires de cristais

As fotos das páginas 57 e 58 referem-se ao tratamento capilar com dois clientes. O primeiro tinha na época 42 anos, com um quadro familiar de calvície masculina por parte da família materna. Quando começou a perder os cabelos, por volta dos 35 anos, passou a fazer massagens capilares e utilizou produtos químicos disponíveis no mercado, de acordo com as últimas descobertas de grandes laboratórios farmacêuticos da época.

Aos 41 anos, com o lançamento de novos produtos, por recomendação do seu dermatologista passou a tomar uma cápsula de Finasterida 1 mg por dia, passando Minoxidil 40% uma vez por dia no couro cabeludo, com os cabelos secos. Para lavar a cabeça, utilizava sabonete de enxofre, seguido de um xampu para cabelos oleosos, preparado com os seguintes componentes:

| | |
|---|---|
| Xampu para cabelos oleosos | 350 ml |
| Palmitato de Retinol | 1.500.000 u.i. |
| Colecalciferol | 66.000 u.i. |
| Acetato de Retinol | 13.200 u.i. |
| Aloe Vera natural (babosa, sem os espinhos laterais) | 5 folhas |
| Gengibre | 1 pedaço |

O xampu assim preparado era usado diariamente no banho. A cabeça era lavada com sabonete de enxofre. Depois disso, o couro cabeludo era massageado com o xampu e enxaguado apenas no final do banho.

Apesar de a calvície não ter aumentado e ter havido alguma melhora no aparecimento de novos cabelos, o tratamento não apresentava um resultado que ele considerava satisfatório, conforme sua expectativa.

Aos 42 anos, continuando com o tratamento acima mencionado, ele passou a tomar uma fórmula preparada de Essências de Cristais e Essências Florais simultaneamente. A fórmula que lhe prescrevi tinha por objetivo favorecer a capacidade de regeneração celular, por meio da modificação da frequência de suas energias, como os cristais para este caso atuam. Embora estivesse focando questões de ordem física – calvície –, a contrapartida nos aspectos emocionais era de se esperar.

Por exemplo: a ansiedade constante pode levar a um *stress*, que pode provocar a queda dos cabelos. Assim, um elixir que combata a ansiedade indiretamente pode ajudar a fortalecer o bulbo capilar.

A Fórmula 12 – Hair Care foi então preparada para ele.

No xampu, passamos a acrescentar trinta gotas dessa fórmula, que agora está em processo de registro.

Depois de pouco mais de um mês de tratamento, seu barbeiro notou uma diferença significativa no crescimento de novos cabelos e resolveu tirar uma foto do alto de sua cabeça (foto 1). A partir daí, ele passou a tirar uma foto por mês, para verificar se estava havendo uma melhora consistente. A foto 2 foi tirada após três meses de tratamento e a foto 3, após cinco meses.

Foi interessante notar que, ao mesmo tempo em que seus cabelos aumentavam, foram ocorrendo mudanças de outra ordem no seu dia a dia. Alguns comportamentos disfuncionais que ele sempre apresentara, como uma grande dificuldade em manter sob controle sua vida financeira, se modificaram e ele passou a ter uma outra maneira de lidar com velhos problemas.

A partir desse resultado, passei a ministrar a fórmula a outros pacientes, com controle, e os resultados têm sido altamente significativos, mesmo em pessoas que não estão usando os remédios alopáticos – homens e mulheres. Neste caso, elas têm usado apenas o xampu e a Fórmula 12 – Hair Care para tratamento capilar.

A outra sequência de fotos é de um cliente de 53 anos, antes de iniciar o tratamento, após um mês e após dois meses.

A Doutora Diva Matos apresentou o relatório de um cliente seu, em tratamento com quimioterapia para combater o câncer, que já havia perdido todo o cabelo e estava sob ameaça de começar a perder os pelos das sobrancelhas. Passando a tomar a fórmula, apesar de continuar as aplicações de quimioterapia, não apenas conservou as sobrancelhas como os cabelos começaram a nascer.

# Preparo dos elixires e sua preservação

A maneira como preparo os elixires tem dois aspectos que considero importantes. O primeiro deles tem a ver com minha forma particular de entrar em contato e me sintonizar com os elementais, que considero fundamental. Se não estou bem por qualquer razão, deixo para fazer as tinturas-mãe em outro momento, porque produzir os elixires não é um processo meramente mecânico.

Considero que tudo no universo tem uma alma, um espírito que está em constante estado de evolução. Nossas energias são interdependentes e nossa ajuda pode ser mútua.

Assim, muitas vezes adquiri uma pedra de boa qualidade, bonita, e que, no entanto, não senti que estivesse pronta para se doar à humanidade. Era como se ela precisasse ser despertada para seu propósito maior de servir. Assim, até que eu considerasse sua energia adequada para o trabalho a que me proponho fazer, fui trabalhando com ela sem no entanto usá-la no preparo de tintura-mãe.

Nessa sintonia que busco com os espíritos da natureza, incluo o local em que o elixir será preparado. A maioria deles foi preparada no Brasil, em locais energeticamente limpos e com forte vibração, como no litoral norte de São Paulo, que tem o privilégio de aliar a força do mar à da mata Atlântica. Assim, o cristal parece ter maior facilidade em transmitir suas qualidades para a água em que está imerso.

Algumas essências foram preparadas na Grécia, em Atenas, como as de Quartzo-Cristal e a de Ametista. Outras foram produzidas no *Outback* na Austrália Central, na região do Uluru, uma formação rochosa impressionante e que nos devolve um verdadeiro sentido de humildade frente à natureza.

O segundo aspecto tem a ver com os procedimentos práticos, desde que os cristais estejam energeticamente limpos e prontos para serem utilizados no preparo do elixir.

Depois de fazer minha conexão com o plano dos elementais e pedir ajuda para a produção dos remédios que pretendo fazer, começo meu ritual de preparo com a limpeza dos cristais.

1. A limpeza dos cristais pode ser feita com um jato de água bem forte sobre eles, porque isso devolve sua estrutura molecular original. Coloco o cristal ao sol, então, por um período entre quatro e seis horas. Pode-se fazer a limpeza ainda com sal grosso diluído em água: deixa-se por uma a duas horas a pedra mergulhada na solução e, em seguida, enxágua-se com um jato forte de água e leva-se ao sol por mais meia hora. Particularmente, não uso o sal grosso. Para avaliar se o cristal está energeticamente limpo e pronto para o trabalho a que se prestará, sinto sua vibração em minha mão e confiro com o pêndulo.

2. Em uma vasilha limpa de vidro transparente, coloco então água mineral sem gás ou da fonte e nela o cristal cujo padrão energético ficará impregnado na água. Nesse momento, faço um breve ritual de sintonização com os elementais, pedindo ajuda para que a matriz dos cristais impregne a água com suas propriedades de cura do corpo e da alma. Deixo ao sol por mais ou menos seis horas e considero um período excelente o horário entre nove e quinze horas, quando o sol é bem forte.

3. Depois disso, retiro do sol, coo a água em filtro de papel e adiciono quantidade igual de álcool de cereais. Isto forma a tintura-mãe, como nas Essências Florais. Anteriormente eu utilizava o conhaque, mas a opção pelo álcool de cereais me parece mais segura, em termos de preservação.

4. Para fazer a solução estoque, coloco sete gotas da tintura-mãe em um frasco âmbar de 30 ml e completo com álcool de cereais. Todas as etapas têm seu padrão vibratório avaliado com o auxílio do pêndulo.

5. Juntando-se 7 ml de álcool de cereais em um vidro âmbar de 30 ml com sete gotas da solução estoque e completando-se com água mineral sem gás, obtém-se a fórmula de uso. A pessoa deverá tomar sete gotas três vezes ao dia.

6. Cada etapa de preparo, até a solução estoque, é dinamizada e colocada sobre um gráfico radiestésico específico, para amplificação de seus efeitos.

Às vezes, preparo um elixir especial para alguém. Dependendo do aspecto principal que será tratado – se o problema é mais no campo físico ou no emocional, observo a Lua em que estamos. Quando a intenção é tratar algo relacionado com o corpo físico, prefiro produzi-lo na Lua Cheia. Quando o objetivo é preparar algo específico que tenha forte atuação no campo emocional, gosto de fazer o elixir na semana de Lua Nova, pois os resultados são mais marcantes. Quando preparo a Fórmula da Prosperidade, faço isso na Lua Cheia ou Crescente. A Fórmula de Emagrecimento usualmente é preparada na Lua Minguante.

Alguns elixires são preparados ao sol e sob o luar também, como o de Pedra da Lua, pois considero essas vibrações igualmente importantes em certos casos, como este.

# O preparo das essências de cristais em conservante alcoólico

O preparo da solução de uso, tal como é descrito no item 5 anteriormente citado, pode ser feito sem álcool de cereais.

Muitas pessoas, tanto pela idade (como bebês) quanto por quadros de alcoolismo na família ou intolerância ao uso de bebida alcoólica, demandam que a solução de uso seja preparada sem conhaque ou álcool de cereais em sua fórmula.

Nesses casos, preparo a solução de uso apenas com as essências e água mineral sem gás, o que a torna mais suscetível à contaminação durante o tratamento.

É bom então redobrar as recomendações para não deixar o conta-gotas encostar na boca e guardar o frasco em geladeira, para melhor conservação.

Colocados esses aspectos sobre o preparo das essências, vamos à descrição dos cristais e sua atuação como essências vibracionais.

# Propriedades energéticas dos diferentes sistemas cristalinos

Os cristais se diferenciam em sua estrutura e formação e a denominação técnica utilizada para definir a que grupo um determinado cristal pertence não considera as suas propriedades curativas. Divididos em sete grupos, a denominação de cada um tem a ver com os ângulos e eixos cristalográficos que apresentam.

Buscando dar algumas informações sobre as qualidades de cura dos grupos, segue-se uma breve descrição de onde cada cristal se encaixa principalmente em suas propriedades.

1. Sistema Isomérico (regular e cúbico)

   Neste grupo estão os cristais cuja formação apresenta os três eixos com o mesmo comprimento, que se entrecortam e formam ângulos de 90 graus. As propriedades energéticas deste sistema preveem a cura através do reparo de estruturas celulares danificadas, desde a estrutura molecular do DNA até os ossos do sistema esquelético. Atuando na estrutura básica, está também relacionado com o primeiro chakra, básico ou kundalini.

   A este grupo pertencem, junto com alguns outros menos conhecidos, o Diamante, o Rubi-Espinélio, a Fluorita, a Granada, o Lápis-Lazúli, o Ouro, a Pirita, a Prata, a Rodonita e a Sodalita.

2. Sistema Tetragonal (quatro lados)

   Neste sistema de quatro lados, temos três eixos que se entrecortam formando ângulos de 90 graus, porém dois eixos são do mesmo comprimento e estão no mesmo plano. O terceiro, considerado principal, pode ser mais curto ou mais comprido. As formas cristalinas mais típicas são as pirâmides de três lados e os prismas.

   O número 4 está relacionado com o equilíbrio e é exatamente esse aspecto que cristais que fazem parte deste sistema – como a Cassiterita, Zircônia, Rutilo e outros menos conhecidos como a Calcopirita, Tugtupita e Wulfenita – vão trabalhar.

   Esses cristais têm a propriedade de captar energias negativas, transmutá-las e emitir energia positiva. As formas piramidais ajudam nesse processo e ajudam a fazer a conexão entre a Terra e os planos superiores e, assim, essas pedras são importantes pontos de suporte quando buscamos sintonia com o Alto.

3. Sistema Hexagonal (seis lados)

Neste grupo encontram-se cristais que possuem três dos quatro eixos do mesmo tamanho e em um plano, entrecortando-se mutuamente e formando um ângulo de 120 graus. O quarto eixo forma ângulos retos em relação aos outros. As formas mais típicas desses cristais são prismas hexagonais, bipirâmides hexagonais e bipirâmides biexagonais.

Este é um grupo bastante importante, por sua atuação. Os cristais deste sistema têm uma prescrição ampla nos processos de cura, pois têm a característica de revitalizar e manter a energia do corpo e ajudar no crescimento. Além disso, promovem o equilíbrio energético em geral, pois atuam em todos os corpos sutis.

Têm ainda ressonância nos aspectos ligados à comunicação e ao armazenamento de informações, ampliando as possibilidades da criatividade pessoal por aguçarem a intuição.

São bons também para o alinhamento dos meridianos, ajudando nos trabalhos de acupuntura.

Aqui se incluem as gemas Apatita, Água-Marinha, Berilo, Coral, Esmeralda, Morganita e outras menos conhecidas, como Painita, Zincita, Goshenita e Cancrinita.

4. Sistema trigonal (romboedral ou três lados)

A diferença entre este sistema e o hexagonal está na simetria, uma vez que ambos possuem o mesmo tipo de eixo e ângulos. No sistema trigonal a secção transversal da base do prisma é de três lados e suas formas típicas são prismas e pirâmides trigonais, romboendros e escalenoendros.

A atuação destes cristais se dá no sentido de reequilibrar as energias dos corpos sutis, trazendo energia quando um órgão necessita ser estimulado. Ajudam a promover a ligação com os planos sutis, reequilibram os meridianos e, ao mesmo tempo, podem ajudar a trazer maior clareza e lucidez mental, por exercerem influência nas células cerebrais.

Também ajudam a reequilibrar os meridianos e, sempre que houver necessidade de um preparo para trabalhos de ordem espiritual, os cristais deste grupo ajudam nessa direção.

Os cristais deste sistema são numerosos: Ágatas, Ágata-Musgo, Ametista, Aventurina, Benitoíta, Calcedônia, Calcita, Citrino, Cornalina, Coríndon, Cristal de Rocha, Dioprásio, Dolomita, Heliotrópio, Hematita, Jaspes, Magnesita, Madeira Petrificada, Olho-de-Falcão, Olho-de-Tigre, Olho-de-Gato, Quartzo-Azul, Quartzo-Rosa, Quartzo em geral, Rodocrosita, Rubi, Safira, Sardo, Smithsonita, Turmalinas, Willemita.

5. Ortorrômbico (ou em forma de losango)

Aqui, os três eixos do cristal são de diferentes comprimentos e formam ângulos de 90 graus entre si. Pirâmides de quatro lados, bipirâmides rômbicas, prismas rômbicos são formas típicas deste sistema.

Os cristais do sistema ortorrômbico possuem a característica de, sob algum enfoque, ajudar a trazer problemas ou questões para uma perspectiva que permita melhor análise. Quando há situações de autoengano, é preciso primeiro criar condições para o indivíduo perceber seu equívoco, para então dar melhor direcionamento ao problema que o aflige.

Os cristais desse grupo são muito eficazes em situações que requerem centramento para se observar o problema de maneira mais isenta, até que seja possível tomar as ações mais adequadas. A pessoa se apropria, digamos assim, de todos os ângulos da questão, examina-os, cria uma solução interior formada por um amadurecimento que vem de sua compreensão da natureza do problema e aí sim propõe uma mudança de segunda ordem.

As mudanças que estes cristais favorecem não são fortuitas, mas sim baseadas em uma modificação interior. Além disso, eles têm uma certa propriedade de criar um campo de proteção energética. O losango, dividido ao meio na horizontal, é formado por um triângulo que aponta para o alto e outro para baixo. Isso já pode sugerir como se dá a importante troca de energia.

Aqui se incluem Alexandrita, Aragonita, Barita, Celestita, Crisoberilo, Damburita, Enxofre, Olho-de-Gato, Peridoto, Purpurita, Tanzanita, Thulita, Variscita, Witherita e Zoisita.

A Damburita, bastante conhecida, é o nome comercial de uma pedra cujo nome correto é Coríndon Vermelho Sintético.

6. Sistema Monoclínico (um eixo inclinado)

Neste caso, dos três eixos um é inclinado, enquanto os outros dois formam ângulos de 90 graus entre si. Os três têm comprimentos diferentes.

Os cristais deste sistema possuem a característica de estarem constantemente se expandindo e contraindo – têm uma habilidade pulsátil. O cristal se expande até um certo ponto, então se fragmenta. Em seguida, começa a crescer novamente. Segundo Richard Gerber, em seu livro *Medicina Vibracional* (p. 291), os cristais deste grupo podem nos "apontar o caminho a seguir, ajudando-nos a remover obstruções à nossa visão interior". Eles correspondem ao nível do chakra frontal ou do terceiro olho e, para se alcançar uma melhor compreensão de si mesmo e dos outros, segurar um dos cristais deste sistema acima do chakra frontal favorece esse processo. Fazem parte deste grupo Azurita, Angelita, Berilonita, Brasilianita, Howlita, Jadeíta (Jade), Kunzita, Lazulita, Malaquita, Pedra da Lua, dentre alguns outros menos conhecidos.

7. Sistema Triclínico (três eixos inclinados)

Os cristais incluídos neste sistema possuem os três eixos inclinados, todos eles de comprimentos diferentes e inclinados entre si, sendo sua forma típica a pinacoide.

Por sua estrutura triangular, sob vibração do número três, os cristais deste grupo nos falam de integridade, equilíbrio, perfeição. Este sistema está relacionado com o chakra da coroa e os cristais com ele relacionados ajudam a promover o balanceamento entre as energias yin-yang. Pessoas com distúrbio bipolar ou ainda aqueles que apresentam um quadro de extremos em sua maneira de ver o mundo, ainda que não tenham os sintomas de uma patologia psíquica, se beneficiam dele.

Aqui se incluem Amazonita, Cianita, Feldspato Aventurina, Labradorita, Rodonita, Turquesa.

8. Pedras Amorfas (sem forma específica)

É necessário listar ainda as pedras agrupadas como "amorfas", que são Âmbar, Azeviche, Crisocola, Opala, Marfim, Moldavita, Obsidiana, dentre algumas outras. Embora nas referências técnicas do livro de Walter Schumann, *Gemas do Mundo*, a Madeira Petrificada não esteja incluída neste grupo, é aqui que ela se situa.

Sempre que há um padrão de rigidez a ser superado, situações que remetem a outras do passado e com ela se misturam, uma fragilidade ou codependência por imaturidade emocional, as pedras deste sistema são um importante auxílio.

É bom esclarecer que o fato de um cristal pertencer a um determinado grupo não impede que ele apresente variações de formação na estrutura cristalina. Ele pode surgir com uma combinação delas, sendo que a calcita, por exemplo, pode ter oitenta padrões diferentes de manifestação. No entanto, aquele encontrado em uma dada pedra mais frequentemente é conhecido como "formação de hábito" do cristal.

# Cristais e suas aplicações terapêuticas

## Abalone

O Abalone é uma gema orgânica, multicolorida. Na verdade, trata-se de uma concha encontrada principalmente nos mares tropicais da América do Sul, na China, no Japão, no Peru e na África do Sul. Na parte interna, apresenta coloração em tons de azul, verde, laranja, amarelo, rosa e branco, com textura lisa e brilhante. Externamente é rugosa, em tons de cinza esbranquiçado.

Tenho usado o Abalone muito focado no aspecto físico, ou seja, quando o desequilíbrio energético foi tão intenso, ou prolongado, que a desarmonia já se instalou no corpo físico.

No aspecto psicológico, para quem é muito indeciso nas tomadas de decisão porque é de sua personalidade, o Abalone é um excelente remédio vibracional. Pacientes desse tipo levam muito tempo analisando, ponderando, porque querem se defender preventivamente de um possível erro de sua parte, a tal ponto que o processo de tomada de decisão fica extremamente demorado e improdutivo. É como se a pessoa levasse muito tempo para digerir os diversos aspectos de uma questão. No entanto, uma vez decidida, ela geralmente é rápida na execução de todas as etapas do que decidiu fazer. Sabe fazer as alianças adequadas para a execução do seu projeto, e também não tem preguiça de fazer a parte que lhe cabe. Normalmente, no aspecto físico, são pessoas que têm uma digestão mais lenta e podem apresentar alguma somatização no ouvido – não necessariamente problemas de audição, mas talvez um eczema de tempos em tempos ou alguma outra manifestação. Pessoas do signo de Libra com frequência têm esse perfil.

O Elixir de Abalone também é recomendado quando há deficiência de cálcio em qualquer ponto do corpo, porque ele ajuda na fixação do elemento no organismo.

*Equilíbrio e maior rapidez nas tomadas de decisão. Harmonia nos grupos. Cooperação. Ouvido.*

*Cor:* Multicolorido.

*Nível físico:* Atua na deficiência de cálcio, na degeneração da coluna. Anticancerígeno. Em casos de desordens auditivas, auxilia a reequilibrar o quadro.

Fortalece o sistema muscular, particularmente o músculo cardíaco. Atua positivamente no timo. Auxilia na digestão. Estimula a assimilação de vitaminas A e D e das proteínas e a fixação do caroteno no organismo através das enzimas.

*Nível psicológico, mental, espiritual:* Traz equilíbrio nas tomadas de decisão, agiliza o processo. Protege contra atitudes e ações negativas que outros possam estar tendo contra a pessoa. Promove coesão, harmonia em grupos, cooperação mútua. Equilibra as qualidades femininas.

*Órgãos:* Coração, músculos, ouvidos, timo.

*Chakra:* 4º Fortalece todos os meridianos e nádis. Alinha o corpo etérico.

## Ágata (*Agate*)

Uma pedra com grande variedade de cores e efeitos, a Ágata é encontrada no sul do Brasil, no Uruguai, nos Estados Unidos, no México, na China, na Índia e em Madagáscar. Sua variedade de cores faz com que seja conhecida com denominações específicas: Ágata-de-Fogo, Ágata-Musgo, Ágata Azul Rendada etc. Para o preparo desta essência são empregadas diversas variedades, nas cores marrom, amarela, verde etc. É uma pedra utilizada desde a Antiguidade por seus poderes de cura, principalmente nos casos de perturbações mentais, epilepsia e contra picadas e mordidas venenosas. Era considerada um amuleto da verdade e empregada sempre que se queria obter favores dos poderosos da Terra ou das divindades silvestres.

Aspectos diferenciados à parte, todas as ágatas auxiliam no processo regenerativo e elas constam da Fórmula de Rejuvenescimento. As ágatas também têm duas outras características comuns a todas: estimulam atitudes mais práticas e objetivas, sendo muito boas para aqueles que dão voltas para chegar aonde desejam e amplificam os poderes de atuação dos demais remédios vibracionais, sejam essências de cristais ou florais.

Como foi mencionado, ao fazer o Elixir "Ágata" usei cores naturais variadas e quando preparei a tintura-mãe pela primeira vez, ao retirar a vasilha de água do sol, pude sentir as diversas energias de um mesmo cristal contidas ali. Além disso, a vibração era muito intensa quando empreguei o pêndulo para avaliar se o elixir estava realmente pronto para ajudar as pessoas dentro das características que o cristal possui. O círculo que o pêndulo fazia era ao mesmo tempo amplo e forte, tanto que ele quase se soltava de meus dedos. Considero as ágatas muito importantes para este momento em que vivemos, em que há uma grande necessidade de atitudes efetivas e práticas, porque se pode sentir uma espécie de "aceleração do tempo", o que torna cada segundo muito precioso nesta etapa da nossa evolução. Descrição mais detalhada de diferentes ágatas e suas atuações ajuda a formar um quadro mais específico de qual variedade escolher para uma fórmula.

Uma boa prática é colocar gotinhas da essência de ágata – a variedade que você prefira – em uma jarra com água mineral ou filtrada, para ser consumida ao longo do dia.

*Regeneração celular. Cabelo. Objetividade. Pragmatismo. Expressão verbal. Para quem sente inveja.*

*Cor:* Apresenta-se em cores variadas, sendo que para efeitos terapêuticos, não se utilizam gemas tingidas artificialmente.

*Nível físico:* Indicada para auxiliar energeticamente nos tratamentos visando a regeneração celular. Melhora a flexibilidade das veias e dos vasos. Fortifica o corpo, traz equilíbrio geral. Boa para o período de gravidez e parto. Nos casos de infecções com febre, envenenamento, dores, a recomendação é de que se coloque a pedra diretamente sobre o local e também o uso do elixir de 15 em 15 minutos, como coadjuvante no tratamento da medicina ortodoxa. Fortalece e dá brilho aos cabelos. Ajuda nos problemas de pele em geral. Fortalece gengivas. Problemas de coração, próstata podem ser aliviados com o uso do elixir. Em casos de sonambulismo, ajuda a eliminar suas manifestações. Ajuda ainda a repor a energia em períodos de *stress*, tensão, esforço físico ou mental mais acentuado.

*Nível psicológico, mental, espiritual:* Auxilia a enxergar mais claramente e distinguir o caráter das pessoas. Afasta o medo, aumenta a autoconfiança e a vitalidade. Equilibra as emoções e acalma o coração. Melhora a capacidade para se expressar, justamente porque autoconfiança e calma são fundamentais para isso. Contra pensamentos invejosos, para remover despeitos e mágoas, principalmente se a pessoa está buscando um novo relacionamento. Todas as variedades de ágata amplificam o efeito de outras essências vibracionais e melhoram a natureza prática do indivíduo, trazendo maior objetividade de pensamento e ações. A crença antiga fala da capacidade de proteger adultos e crianças contra quedas e tropeços, de auxílio nos problemas com a justiça para se alcançar a vitória contra os adversários e da proteção contra encantamentos e possessões.

*Órgãos:* Coração, sistema linfático, sistema circulatório, próstata, útero, pele, cabelo.

*Chakras:* 3º, 4º. Fortalece os meridianos e nádis. Promove o alinhamento dos corpos físico e etérico.

## Ágata Azul Rendada (*Agate Blue Lace*)

Esta variedade específica conquistou um espaço particular na utilização em forma de essência vibracional ou em tratamentos terapêuticos. Comecei a pesquisá-la em um momento em que na minha prática clínica começaram a surgir reclamações de pacientes a respeito de unhas fracas, quebradiças, com listinhas verticais. Essas são características secundárias de pessoas com desbalanceamento no hormônio da tireoide, e então passei a incluir este elixir nas suas fórmulas preventivamente, ao mesmo tempo em que as encaminhei a um endocrinologista para verificação. O relato subsequente foi de que as unhas deixaram de quebrar e as listinhas aos poucos foram se tornando menos salientes.

Fui fazendo cruzamento de informações a respeito da personalidade dos clientes que apresentavam esse problema nas unhas e na tireoide. Podemos rastrear problemas na tireoide pela visão da medicina psicossomática: a pessoa que se submete a uma situação sem se colocar, que não dá voz ao que sente, que deixa de agir de maneira verdadeira e passa a adotar máscaras em seus relacionamentos, tem uma alta probabilidade de congestionar seu chakra laríngeo.

Energia bloqueada é certeza de problemas de saúde no local e, no caso, a tireoide pode ser o órgão de choque para a situação que a pessoa está vivendo, de raiva reprimida. Por vezes, a pessoa ainda não se deu conta de que há muita raiva, dirigida ao outro a quem ela se submete e também a ela mesma e a terapia começa realmente por aí.

Este foi o caminho que eu comecei a trilhar na pesquisa deste cristal. Unhas quebradiças com listas verticais → problemas na tireoide → falsa *persona* → raiva reprimida → chakra laríngeo congestionado → problemas na tireoide → unhas quebradiças. A leitura começou no sintoma físico, que encurtou o caminho para a terapia propriamente dita.

No entanto, quando há um quadro de raiva reprimida, devemos nos lembrar ainda do quanto as energias do fígado podem estar em desequilíbrio, porque ele é o órgão que processa e digere essas emoções fortes. A Ágata Azul Rendada também é recomendada para trabalhar o equilíbrio do fígado.

Um bom terapeuta utiliza todas as pistas para chegar mais rápido ao ponto, embora às vezes a rapidez tenha mais a ver com a percepção do terapeuta da causa do problema. Quase nunca o tempo do terapeuta coincide com o tempo do cliente – e para isso também somos terapeutas: para enxergar as possibilidades de saídas que o cliente ainda não percebeu.

*Autenticidade. Falsa Persona. Máscaras. Senso prático. Regeneração de ossos, unhas e cabelos.*

*Cor:* Azul-claro rendilhada.

*Nível físico:* Regeneração óssea em geral. Fortalecimemo e saúde das unhas, inclusive crescimento. Indicada em casos de deformidades ósseas e artrites. Nos casos de glaucoma, usada em forma de compressas oftalmológicas ajuda a combater o cansaço e diminuir a pressão e dilatação do globo ocular. Elimina tensões no chakra laríngeo, bem como no pescoço e nos ombros. Uma pedra muito importante para quem sofre da tireoide, dor de garganta e de cabeça e infecções linfáticas. Ativa a energia do pâncreas e glândulas ligadas ao processo digestivo. Trabalha a remoção de bloqueios dos sistemas nervoso e capilar, ativação do cérebro, solidificação de fraturas, fortalecimento da estrutura óssea. Acalma.

*Nível psicológico, mental, espiritual:* Ajuda a liberar a autenticidade, sem temor de censuras e julgamentos, clareando as falsas *personas*, as máscaras utilizadas para esconder aquilo que é mais verdadeiro na pessoa. Amplia os estados de consciência, facilitando ainda o entrar em estado Alfa. Traz graça e leveza ao movimento. Promove harmonia familiar por meio do equilíbrio energético e limpeza extrassensorial, reduzindo as possibilidades de desavenças e brigas. Traz paz e felicidade. Amplifica os efeitos de outras essências vibracionais, de cristais ou de flores. Traz mais objetividade, por melhorar a natureza prática do indivíduo, como todas as variedades de ágata. Atua nas inflamações físicas e psíquicas, como febre, inflamações em geral, infecções, raiva.

*Órgãos:* Cabelo, cérebro, olhos, ossos, sistema digestivo, sistema nervoso, unhas, garganta.

*Chakras*: 4º, 5º, 6º e 7º. Equilibra as energias dos chakras transpessoais, sendo recomendada para meditações. Particularmente recomendada para o chakra laríngeo (garganta).

## Ágata Botswana (*Agate Botswana*)

Oriunda da Botswana, na África, que lhe confere o nome, é uma ágata em cuja composição encontramos a sílica. Segundo Gurudas, é indicada como remédio emergencial em casos de intoxicação por fumaça em incêndios, com danos cerebrais e pulmonares, ou para reavivar vítimas de afogamento.

Na clínica, comecei a investigar a Ágata Botswana para clientes que sofriam de insuficiência respiratória, depois da retirada de parte dos pulmões em casos de câncer ou por outros motivos. A melhora do quadro foi muito significativa sempre. No caso de fumantes de longa data que optaram por parar de fumar, a essência ajuda muito. Relatos de melhor capacidade respiratória foram registrados, facilitando exercícios físicos e melhorando a disposição geral.

É interessante notar que a coloração da Ágata Botswana é de um rosa que lembra os tecidos pulmonares sadios, de não fumantes, com círculos ou ovais esbranquiçados que podem ser comparados aos alvéolos do órgão. Pessoas com o sistema respiratório prejudicado têm menor oxigenação sanguínea, o que pode levar à letargia, preguiça, depressão. A pessoa letárgica não está "ligada", sua atenção aos detalhes é prejudicada. Por outro lado, pulmões são órgãos que falam da "troca" – no nível físico, do oxigênio que purifica o sangue; no simbólico, da troca entre as pessoas nos relacionamentos. Assim, aqueles que sofrem de problemas respiratórios ou pulmonares em níveis diversos, devem prestar atenção ao que anda acontecendo nas suas relações, em primeiro lugar.

*Regeneração celular. Sistema respiratório. Ancorar pessoas desligadas. Letargia.*

*Cor:* Rosa-acinzentado, com círculos ou ovais esbranquiçados.

*Nível físico:* Ajuda na completa reoxigenação da forma física – pulmões, tecidos da pele, glândulas endócrinas. Nas terapias de oxigenação em alta pressão, como para tratar tumores, regeneração neurológica e de tecidos da pele, bem como danos pulmonares, por inalação de fumaça, afogamento ou outras razões. Dá proteção contra superexposição aos raios X. Indicado para quem quer parar de fumar, pois ajuda a eliminar as toxinas do corpo.

*Nível psicológico, mental, espiritual:* Indicada contra depressão e letargia. Preguiça. Devolve a alegria primitiva, ao reequilibrar o corpo emocional. Estimula a atenção concentrada, observação dos detalhes, ancorando melhor a personalidade mais "desligada".

*Órgãos:* Pulmões, pele, glândulas endócrinas.

*Chakras:* 1º, 5º.

## Ágata-de-Fogo (*Agate Fire*)

Encontrada no Brasil, no México e nos Estados Unidos, a Ágata-de-Fogo trabalha particularmente questões relacionadas com a sexualidade, principalmente conflitos quanto à identidade sexual no homem ou na mulher.

Ao preparar esta essência pela primeira vez, eu não tinha em atendimento clientes que pudessem se beneficiar dele. No entanto, tão logo ele esteve disponível, surgiram novos casos em que pude observar sua eficácia. Seu preparo inicial não veio de uma demanda, mas de uma sintonização com a pedra, que me apontava a importância de se fazer o elixir naquele momento, o que eu sempre costumo respeitar.

Na adolescência e no período da menopausa para a mulher ou andropausa para o homem, quando os hormônios se alteram significativamente, é bastante comum surgirem conflitos na área da sexualidade, que podem ser mais explícitos ou não. Nessas fases, é muito importante um acompanhamento médico preventivo, para verificação das taxas hormonais etc., porque pode haver uma causa orgânica para esse conflito.

Na adolescência, particularmente, quando é comum ocorrerem experiências de cunho sexual com parceiros do mesmo sexo (sem que necessariamente haja relações sexuais), pode haver uma confusão nos papéis masculino e feminino. O Elixir de Ágata-de-Fogo ajuda a clarear os conflitos na área da sexualidade, com excelentes resultados.

No entanto, seu uso não está restrito a casos de distúrbios de ordem patológica. Na adolescência, quando a descoberta do sexo por si mesma já gera tensão, preocupação, ansiedade quanto ao desempenho e uma gama enorme de outras poderosas emoções, a Ágata-de-Fogo vem trazer equilíbrio e segurança nesta área, ajudando a clarear as questões.

Para os que trabalham com massagem – ou para seu uso próprio – pode-se preparar um óleo essencial com o cristal, para ser usado externamente. Para isso, coloque a pedra energeticamente carregada em um recipiente de vidro incolor, junte azeite de oliva até cobrir a pedra e deixe-a ao sol por oito horas. Tem um alto poder curativo quando usada juntamente com a cromoterapia, pois uma potencializa o efeito da outra. Outra forma é juntar gotas do elixir ao creme de massagem que se usa normalmente, com os mesmos efeitos benéficos.

A foto Kirlian da energia da pedra Ágata-de-Fogo mostra uma emanação muito forte em tons amarelo-dourado e laranja-avermelhado, chamando a atenção por sua vibração e beleza.

*Conflitos com sexualidade. Identidade sexual. Adolescência. Menopausa. Regeneração celular. Pragmatismo.*

*Cor:* Tons vibrantes de laranja, azul, bronze, marrom, verde.

*Nível físico:* Atua no sistema endócrino. Estimula a memória celular, melhorando a regeneração dos tecidos. Boa contra picada de insetos. Purifica o sangue.

*Nível psicológico, mental, espiritual:* Equilibra as qualidades masculinas. Conflitos na área da sexualidade, inclusive quanto à identidade sexual, no homem ou na mulher. Devolve o equilíbrio emocional, harmonizando o indivíduo. Tranquilidade, segurança quanto ao desempenho sexual. Todas as variedades de ágata aumentam a natureza prática de quem delas se utiliza.

*Órgãos:* Sistema endócrino, pele.

*Chakras:* 2º, 3º. Harmoniza e balanceia os chakras básico e cardíaco, permitindo que a sexualidade seja focada de maneira mais completa e equilibrada. Alinha os corpos sutis: emocional, mental e espiritual.

## Ágata-Musgo (*Agate Moss*)

Também conhecida como Ágata Musgosa, cientificamente ela está classificada no grupo das calcedônias, portanto, dos quartzos. Os estudiosos não apreciam uma grande variedade de nomes para classificar as pedras e não encorajam essa prática. É encontrada na China, nos Estados Unidos, na Índia e na Rússia. Por vezes pode ser confundida com o jaspe. Era usada em antigos rituais de encantamento, visando a obtenção de riqueza, felicidade, longevidade.

Na minha primeira sintonização com este cristal, senti uma certa confusão ao intuir tantos aspectos diferentes que poderiam ser tratados com ela. Sinusite, anorexia, fortalecimento capilar, doenças hereditárias, liberação de raivas e frustrações, soltar o velho e se permitir aceitar o novo... Meu racional interferia fortemente, pois minha postura frente ao que não entendo geralmente é de questionar, pesquisar, até chegar a uma conclusão que me apazigue internamente. Uma fé que pensa.

Busquei então a conexão entre os vários aspectos, se é que haveria alguma, dentro da medicina psicossomática, que foi como aprendi a lidar com os sintomas na universidade. O que descrevo abaixo explica um pouco do meu processo de construção do conhecimento embasado em parâmetros aceitos pela comunidade científica, depois da intuição do seu campo de atuação.

A sinusite está relacionada com um quadro de frustração crônica, de obstrução da agressividade e seu tratamento prevê a liberação da raiva, a libertação de coisas antigas que o indivíduo ainda carrega consigo, para abrir espaço para o novo. É interessante notar que, nesses casos, o jejum pode ser uma forma do indivíduo ver-se compelido a entrar em contato com o que o está congestionando. Interessante principalmente porque, em outra vertente, o Elixir de Ágata-Musgo é recomendado em casos de anorexia nervosa, que tem a ver com a compulsão por não comer, mantendo-se nessa posição até a morte, em situações extremas.

A anorexia nervosa fala, entre outros aspectos, do não aceitar a passagem da infância para a puberdade, do tornar-se mulher visto como algo impuro, que é preciso evitar a qualquer custo. O quadro de anorexia leva a uma suspensão da menstruação, marco da passagem da infância para a puberdade. Embora a primeira regra seja chamada de "menarca", palavra cujo significado é "tornar-se rainha", a adolescente que quer retardar sua entrada no mundo do feminino, com todas as suas implicações, não vê as coisas sob essa ótica. O corpo da mulher anoréxica tem um aspecto assexuado e infantilizado na sua magreza e é o registro de uma tentativa inconsciente de permanecer em um estado infantil.

Como minha intuição "pinçou" esses dois aspectos primeiramente, como objeto de pesquisa, aceitei a frase que me surgiu de imediato: "o equilíbrio mora no caminho do meio". Comecei a pensar o que os dois sintomas têm em comum, em termos da psicossomática. Para quem sofre de sinusite, o jejum pode ajudar a trazer à consciência o que está congestionando sua vida, o que deve ser descartado para acolher uma nova situação. Para quem sofre de anorexia, que é um jejum extremado, ele pode significar a morte. Por outro lado, tanto quem sofre de sinusite quanto os anoréxicos têm dificuldade em desprender-se do passado, em aceitar as mudanças. Soltar o passado: sejam acontecimentos, emoções diversas, uma fase da vida, a infância, enfim, perdas necessárias para o crescimento como indivíduo.

Nos casos de anorexia, eu sempre utilizo a Ágata-Musgo com a Crisocola e o Quartzo-Citrino, completando a fórmula com o que for mais cabível em cada caso.

Então, resumindo, vamos pensar em alguns dos sintomas que podem parecer desconexos à primeira vista, mas que têm um elo entre si, na prescrição da essência.

Raiva, agressividade reprimida, dirigida contra si mesmo; lidar mal com as frustrações → sinusite, anorexia.

Anorexia → resistir à passagem de um estádio para outro na vida, sair da infância para o tornar-se mulher; autoagressão até eventualmente a morte. Querer permanecer em uma condição do passado, a infância. A impossibilidade de concretizar isso leva à raiva e à frustração.

Sinusite → o passado congestionando as vias de acesso ao presente bem vivido.

Vencer uma etapa, conseguir superar o passado (vidas passadas, doenças hereditárias), eliminar raivas e frustrações e trazer autoconfiança.

O Elixir de Ágata-Musgo entra na composição da Fórmula de Rejuvenescimento Capilar entre outras razões porque esta gema atua nas doenças hereditárias e a calvície tem um forte componente genético.

*Doenças hereditárias. Cabelo. Vidas passadas. Raiva. Frustrações. Autoconfiança.*

*Cor:* Incolor e esbranquiçada, com inclusões verde-musgo, às vezes em forma de paisagem.

*Nível físico:* Nos quadros de doenças genéticas, congênitas, hereditárias, decorrentes de situações trazidas de vidas passadas, tem excelente atuação e deve ser empregada juntamente com outras pedras. Fortalece e dá brilho aos cabelos. Indicada para combater a sinusite. O elixir é muito bom em casos de retenção de líquidos, edema pulmonar, mau funcionamento dos rins, fígado e alergias, pois promove a eliminação de toxinas do corpo através do sistema linfático. Como coadjuvante nos tratamentos da medicina ortodoxa nos casos de anorexia nervosa, diabete, hipoglicemia, linfomas, mal de Hodgkin. Atua no sistema nervoso e no cardíaco, bem como nos estados de fraqueza. Alivia torcicolo. Em tratamentos de infecções por fungos. Melhora a capacidade de absorção dos nutrientes pelas células, sendo assim indicada também no período de gravidez.

*Nível psicológico, mental, espiritual:* Promove o equilíbrio nas relações afetivas, pois melhora a percepção das prioridades nos relacionamentos. Usada nos quadros de depressão, por restaurar o equilíbrio mental e emocional. Traz uma energia que predispõe ao estabelecimento de novas amizades, a se soltar do antigo e abrir-se para o novo. Traz harmonia, alegria. Libera raiva e frustrações. Indicada como auxiliar nas terapias de vidas passadas. Desenvolve a autoconfiança e traz uma confiança equilibrada nos outros. Faz a limpeza do corpo emocional. Auxilia a fazer a conexão com o plano espiritual, mantendo a capacidade para lidar com os aspectos práticos da vida – assim, é indicada para aqueles que têm uma tendência a fanatizar a ligação com o divino. Essência muito boa para aqueles que lidam com agricultura ou plantas em geral, pois ajuda a fazer a sintonia com a natureza.

*Órgãos:* Coração, sistema linfático, cólon, sistema circulatório, pâncreas.

*Chakra:* 4º. Promove o balanceamento dos corpos sutis: emocional e mental.

## Água-Marinha (*Aquamarine*)

A Água-Marinha é um tipo de Berilo, encontrada no Brasil, nos Estados Unidos, na Índia, no México e na Rússia. Na Idade Média, acreditava-se que os poderes telepáticos eram desenvolvidos com o uso da Água-Marinha. De forte atuação no 3º e 5º chakras, este elixir ativa as glândulas pineal e pituitária (hipófise) e o hemisfério direito do cérebro, que é a parte do cérebro que trabalha a intuição.

Sempre que a pessoa tem dificuldades para "pôr ordem na casa", simbólica ou concretamente, eu rastreio onde mora o medo que impede a ação. Certa ocasião, uma cliente que tinha sérios problemas relativos a medos irracionais conseguiu dar uma guinada em sua vida, depois que acrescentei a Essência de Água-Marinha em sua fórmula. Medos irracionais tiram a pessoa do seu eixo interior e sua energia fica girando em círculos, sem que seja possível uma solução. Este cristal dá a intuição da saída e ajuda a dar um centramento e uma direção na vida, pondo ordem na casa – concreta e simbolicamente.

A Água-Marinha, tradicionalmente, é recomendada em casos de problemas de visão. Quem tem dificuldade em enxergar onde está a raiz de suas dificuldades – ou não gosta do que vê e assim procura distorcer a visão dos fatos, mesmo que de forma inconsciente, com certeza terá muita dificuldade em promover uma mudança em sua vida, em agir. A pessoa que desenvolve um mecanismo de defesa disfuncional como esse o faz porque tem medo do que vê e não sabe como lidar com a questão. Assim, o cristal atua em vários níveis, libertando dos medos paralisantes, na medida em que se consegue enxergar melhor a situação.

Por sua atuação no 5º chakra, o Laríngeo, a Água-Marinha também é prescrita para problemas relacionados com a garganta e a comunicação.

*Centramento em meio às responsabilidades. Direção de vida. Medos irracionais. Calma. Pensamentos repetitivos. Stress mental. Alergias. Sistema imunológico. Intuição. Harmonia. Visão. Olhos. Garganta.*

*Cor:* Azul-claro, azul, azul-esverdeado, translúcida.

*Nível físico:* Limpeza de toxinas através dos poros. Fortalece os órgãos purificadores, como estômago, fígado, rins, baço, tireoide, tendo excelente atuação nos mesmos. Indicada em casos de hepatite, inflamação da garganta, sinusite, adenite. Atua nas alergias e dificuldades de respiração. Ativa o hemisfério direito do cérebro e as glândulas pineal e pituitária. Favorece a assimilação das vitaminas A e E. Como coadjuvante nos tratamentos de problemas de visão e inflamações glandulares. Problemas no pescoço, queixo e garganta, como dor de dente, tosse, entre outros. Fortalece o sistema imunológico.

*Nível psicológico, mental, espiritual:* Desenvolve a paciência, a perseverança. Ajuda aqueles perdidos em suas responsabilidades a "pôr ordem na casa". Quando a pessoa se sente desorientada, ajuda a dar um senso de direção. Reduz o medo, principalmente aquele que não tem exatamente uma razão de ser. Facilita a comunicação de alto nível, pelo desbloqueio energético do 5º chakra. Na comunicação falha, nos casos de inabilidade em se expressar, atua aguçando a clareza mental. Traz calma, receptividade, moderação, estabiliza e harmoniza ambientes perturbados. Para quem sofre de *stress* mental e está sempre acelerado. Traz calma à mente, quando há um quadro de pensamentos repetitivos, ou hiperatividade mental. Traz vibrações de coragem, felicidade no casamento, por propiciar o desenvolvimento das vibrações de tolerância. Aguça a intuição e permite uma melhor compreensão de nossas emoções. Acentua as qualidades femininas.

*Órgãos:* Sistema glandular, sistema endócrino, cérebro, olhos, garganta.

*Chakras:* 3º e 5º. Promove a abertura dos centros de energia vital, melhorando o fluxo energético através dos meridianos. Faz alinhamento dos chakras. Estimula, limpa e abre os chakras do baço, plexo solar e laríngeo. Ajuda na conexão do corpo físico ao astral, promovendo a integração de corpo-mente-espírito.

Para aumentar seus efeitos, juntar sete gotas de Essência de Turquesa à de Água-Marinha.

## Alexandrita (*Alexandrite*)

A Alexandrita é uma variedade do crisoberilo e pode ser encontrada no Brasil, no Sri Lanka, no Zimbábue (antiga Rodésia), em Madagáscar (República de Malgaxe), na Tasmânia e nos Estados Unidos; as antigas jazidas na Rússia encontram-se esgotadas. Sua denominação foi dada em homenagem ao Czar Alexandre II, da Rússia, que governou de 1855 a 1881. Na Antiguidade, a Alexandrita era usada em encantamentos de amor. À luz do dia, a Alexandrita tem a coloração verde, mas quando observada sob a luz artificial, ela é vermelha.

Um cristal que trabalha a autoestima, o equilíbrio interior, mas também o refinamento, pode ser utilizado sempre que se esteja em um processo de mudança de nível social. Digo que a Alexandrita é o elixir para os emergentes sociais, aqueles que estão saindo da classe baixa para a média, ou da média para a alta. Esta mobilidade é inclusive muito saudável para o país, sinal de que há oportunidades a serem aproveitadas – mas nem sempre a adaptação é fácil. Então a essência ajuda a se atingir uma percepção mais acurada a respeito das regras vigentes no novo ambiente, um gosto mais apurado. Evidentemente, serve sempre que se deseje um refinamento em atitudes e visão de vida, ou seja, está se preparando para uma nova condição. Esta mudança é possível quando sorte e prosperidade andam de mãos dadas e ela pode vir através de um casamento, de uma herança ou de atividades profissionais.

Para quem se sente intimidado em ambientes diferentes dos que frequenta habitualmente ou em viagens ao exterior, para assimilar mais rapidamente a cultura local.

Também ajuda os homens a refinarem sua percepção do feminino.

*Autoestima. Refinamento. Sorte. Prosperidade.*

*Cor:* Vermelha, verde ou alaranjada.

*Nível físico:* Atua no baço, pâncreas, testículos e sistema nervoso. Ajuda na regeneração das células dos tecidos neurológicos, ao facilitar a absorção de nutrientes. Tem efeito no sistema nervoso central e ajuda nos quadros de leucemia, adenoma das linfas e problemas com o baço. Usado juntamente com a cromoterapia, amplifica seus efeitos.

*Nível psicológico, mental, espiritual:* Em casos de baixa autoestima e dificuldades de autocentramento, promove melhora e leva a pessoa a se sentir mais feliz consigo mesma e com os outros. Atrai sorte e prosperidade. Ajuda a desenvolver um certo refinamento nas percepções e no comportamento, trazendo mais sofisticação ao indivíduo. Melhora a criatividade. Traz equilíbrio emocional pelo balanceamento dos chakras. Inibe as emanações negativas tanto de emoções pesadas quanto de computadores e fornos de micro-ondas.

*Órgãos:* Baço, pâncreas, testículos, sistema nervoso.

*Chakras:* 2º, 3º. Alinha os corpos sutis: emocional, mental e etérico.

## Amazonita (*Amazonite*)

Pertencente ao grupo do feldspato, a Amazonita é encontrada no Brasil, no Canadá, nos Estados Unidos e na Rússia. Seu nome vem do Rio Amazonas, no norte do Brasil, embora não seja encontrada exatamente naquela região do país.

Uma das vezes em que fiz meditação buscando sentir o que a Amazonita me transmitia, entrei em uma faixa mental em que eu me via mergulhada em um mar de águas de um verde-azulado tão claro que não tinha registro entre os lugares que eu conheço. O estar sem peso e ao mesmo tempo respirando normalmente na água me deu uma sensação de profundo relaxamento e bem-estar e eu pude apreciar as variedades de cores translúcidas. Sentia um fluxo de líquidos passando por mim e dentro de mim ao mesmo tempo e minha intuição dizia que o que ocorre "fora" espelha o que vai por "dentro" do nosso corpo e vice-versa.

O estar de bem com o fato de ser mulher, com minha sexualidade feminina, foi algo que me surgiu na mente naquele momento. Pensei então que a ausência de conflitos psíquicos nessa área também se refletia no fato de nunca ter tido dores de qualquer tipo no período menstrual.

Partindo da minha vivência particular, fui pesquisar a Amazonita nos livros e, para minha surpresa, o que encontrei apontava exatamente nessa direção, dos distúrbios hormonais. Quando você atende uma mulher que, por exemplo, tem um período pré-menstrual complicado, cheio de dores, ajude-a a pensar sobre sua relação com o feminino. Como ela aceita ou não seu corpo, tão influenciado pelos líquidos, pelas marés. Qual é a visão que ela tem do que é ser mulher, se isso implica mais vantagens ou desvantagens em seu ponto de vista. Como são as mulheres em sua família, que tipo de personalidade predomina, que características são mais marcantes, de que dores elas padecem? Esse pode ser um bom caminho para a descoberta de detalhes significativos para o andamento da terapia, de modo mais abrangente.

Para trabalhar problemas hormonais, em qualquer fase da vida, a Amazonita tem um papel fundamental.

*Desequilíbrios hormonais. TPM. Adolescência. Menopausa. Capacidade de síntese. Criatividade. Amplificador dos efeitos de essências vibracionais. Relaxante muscular.*

*Cor:* Verde-azulado opaco.

*Nível físico:* Estimula as sinapses neurológicas e, ao mesmo tempo, acalma o cérebro e o sistema nervoso, ou seja, traz equilíbrio nessas funções. Atua como relaxante muscular e descongestionante do peito. É um amplificador dos efeitos de remédios vibracionais. Indicada contra cólicas no período menstrual, TPM (tensão pré-menstrual). No climatério (período que antecede a menopausa, que na verdade é a última regra da mulher), alivia as ondas de calor e regula o fluxo. Este elixir é muito bom para os desequilíbrios hormonais em qualquer época da vida. Alivia problemas de gravidez e parto. Um óleo de massagem pode ser preparado para se aplicar externamente na base dos pés e ao longo de toda a coluna vertebral, até o cóccix.

*Nível psicológico, mental, espiritual:* Ajuda na capacidade de síntese, fazendo a integração das informações disponíveis com a intuição, o que leva a uma análise mais acurada. Melhora o racional e ajuda a lidar melhor com conceitos de senso comum. Amplia as qualidades masculinas. Boa para aqueles ligados à arte, pois estimula a criatividade. Elimina o medo das experiências extrassensoriais.

*Órgãos:* cérebro, neurônios, sistema reprodutor feminino e masculino.

*Chakras:* 2º, 4º. Atributos psicológicos dos chakras cardíaco e umbilical são ativados. Promove o alinhamento dos corpos etérico e mental. Fortalece todos os meridianos.

## Âmbar (*Amber*)

Âmbar de fato não é uma pedra, mas uma resina fossilizada dos pinhos do período terciário que muitas vezes apresenta inclusões de insetos ou plantas. O Âmbar é usado por xamãs para fortalecer seus poderes, quando fazem rituais de proteção ou de magia. É tido como uma pedra (e assim também seu elixir) que realça a beleza e o poder de atração de quem a usa. É usado em rituais para atrair dinheiro, prosperidade, amor, poder e sucesso na direção de quem se utiliza dele. Desde a Antiguidade, é considerado como capaz de aliviar problemas de saúde em geral, para quem o porta.

Minha experiência com o Elixir de Âmbar sempre esteve muito centrada na questão da liberação de bloqueios antigos, situações nas quais a pessoa se vê presa sem ter qualquer consciência delas como um problema, muitas vezes. Assim, seja para a terapia de vidas passadas (para a qual utilizo a hipnose ericksoniana como instrumento e uma visão abrangente do mundo espiritual como método de investigação), seja para uma abordagem centrada na presente experiência do indivíduo, o Âmbar sempre teve um papel importante.

A ansiedade e o *stress* (que pode advir de uma ansiedade muito prolongada, inclusive) são aliviados com o uso desta essência. Isto acontecendo, é natural que haja maior abertura para o prazer de viver, um relaxamento interior que pode se refletir tanto em melhor qualidade da vida sexual quanto, por exemplo, em um compromisso menos rígido com o preestabelecido. Ou seja, a originalidade pode se manifestar de diversas formas.

A medicina psicossomática interpreta alguns sintomas descritos neste cristal, da seguinte forma: agressividade reprimida, mal trabalhada → inflamações em geral (qualquer órgão pode ser o "órgão de choque", que varia de pessoa para pessoa), problemas na vesícula, gota.

Na malária, a leitura da psicossomática aponta para a necessidade de se tomar consciência dos inimigos externos e internos, para combatê-los. O que podemos observar sempre é que as emoções fortes, mal trabalhadas ou, pior ainda, negadas, desencadeiam um desequilíbrio energético de tal ordem que leva a uma forte predisposição à doença.

*Ansiedade. Originalidade. Terapia de Vidas Passadas. Bloqueios antigos. Prazer.*

*Cor:* Amarelo forte, alaranjado, translúcido, mais comumente. Pode também ser encontrado nas tonalidades de marrom-escuro e, por vezes, verde ou violeta.

*Nível físico:* Fortalece a tireoide, o ouvido interno e tecidos neurológicos. Estimula o processo de DNA e ajuda na mitose celular. Usado para tratar doenças cerebrais e do sistema nervoso central, e inflamações viróticas da laringe, dos rins e da bexiga. É um antibiótico natural e facilita a assimilação da vitamina B. Usado nos quadros de asma, bronquite, catarro gástrico, erisipelas faciais, problemas intestinais, surdez, dor de ouvido, vertigem, problemas da vesícula, reumatismo, envenenamento, malária, Mal-de-Basedow. Estimula o intelecto, a coluna vertebral, o sistema nervoso central. Bom para memória. Combate a gota. Fortalece os olhos. Em caso de curas terapêuticas com argila, aumenta os efeitos do tratamento. Ouro e âmbar combinam bem e podem ser usados simultaneamente.

*Nível psicológico, mental, espiritual:* Deve ser empregado nas Terapias de Vidas Passadas, por ajudar a remover bloqueios antigos, registrados nos corpos sutis. Nesses casos, pode ser usado juntamente com as Essências de Madeira Petrificada, Azeviche e Obsidiana, para acelerar o processo. Em casos de problemas na sexualidade, ativa o poder de atração e desenvolve uma melhor capacidade de aproveitar o prazer. Seu elixir é muito bom em casos de indecisão, ansiedade. Alivia o *stress* e melhora a capacidade para tomar decisões. Elimina energias negativas, transmutando-as em positivas.

Para as pessoas muito "certinhas" em seus comportamentos, traz um toque de excentricidade que dá mais colorido e originalidade ao seu modo de estar no mundo. Usado contra encantamentos e mau-olhado desde a Antiguidade.

*Órgãos:* Bexiga, cérebro, laringe, ouvidos, tecidos neurológicos, rins, tireoide.

*Chakra:* 7º. Alinha os corpos mental e espiritual. Alinha energias etéricas dos corpos físico, mental e emocional.

## Ametista (*Amethyst*)

Desde a Antiguidade a Ametista é uma pedra que evoca autoridade, poder e também espiritualidade. Reis, duques, bispos católicos, o papa – todos costumam portar anéis cuja pedra é a Ametista, como símbolo do seu poder temporal e espiritual. Há referências diversas de que a Ametista auxilia na resolução de questões jurídicas e, na China, aqueles que tinham pendências judiciais costumavam usá-la em busca de uma justa solução. Quem não tivesse condições de ter a sua própria ametista, podia alugar uma, para essa finalidade. Pode ser usada na forma de essência vibracional ou esfregada diretamente na pele: em casos de insônia nas têmporas e, em outros sintomas, no local afetado.

É uma pedra que tem uma "signatura" muito interessante, pois seus cristais são construídos em camadas e podemos pensar em um conhecimento que vai sendo construído à medida que se galgam novos degraus na espiral evolutiva.

Este elixir foi preparado em Atenas, na Grécia, a partir de uma Ametista de coloração muito intensa que costumo carregar sempre comigo. Acredito que os cristais também apresentam níveis diversos de consciência, a respeito da tarefa que cada elemento específico veio cumprir neste plano. Quando me conecto com um deles pela primeira vez, é possível sentir se o cristal já está aberto para seu trabalho ou se precisa ser despertado.

As Ametistas atuam nas mágoas guardadas, na raiva, no ódio e nas emoções fortes que causam danos à aura e destroem a alegria. Quando isso ocorre por um período mais prolongado, a doçura de viver se perde e o organismo fica fragilizado, podendo se instalar o diabete, principalmente quando há registros de casos na família. Doenças que contêm uma carga genética têm a ver com o karma familiar e a Ametista ajuda a fazer a limpeza através da modificação na faixa vibratória, uma abertura para o perdão incondicional, para que se faça a ligação com a Fonte primordial de amor, equilíbrio e saúde.

No meu trabalho com pessoas obesas (algumas delas com obesidade mórbida), pude observar que sob uma frequente aparência de bom humor, encontramos muita insegurança, baixa autoestima e por vezes inveja – raiva, mágoa – daqueles que não enfrentam esse problema. Quando nos sentimos desprotegidos, nossa mente dá um comando para que o corpo crie "camadas" de proteção – no caso, gordura, concretamente falando. O Elixir de Ametista ajuda a dissolver as camadas indesejáveis de tecido adiposo que foram se acumulando a partir da ordem constante para buscar proteção, aconchego, calmante natural "acolchoamento" para momentos de adversidades.

P.-V. Piobb, famoso ocultista francês, relata que a Ametista tem o poder mágico de evitar a embriaguez e também ajuda a resolver problemas com a justiça. Richard Gerber (*Medicina Vibracional*, p. 293) indica para os casos de trombose venosa que se coloque o cristal sobre a artéria prejudicada por cerca de 10 minutos; em seguida deve-se transferi-lo para a região do chakra cardíaco. Ao mesmo tempo, deve-se tomar o Elixir de Ametista com outras pedras adequadas para o caso.

*Mágoa. Raiva. Ódio. Assimilação de novas ideias. Integração. Limpeza do karma. Calmente natural. "Acolchoamento". Autoestima. Coordenação motora. Hiperatividade. Espiritualidade. Obesidade.*

*Cor:* Roxo-claro ou escuro.

*Nível físico:* Eleva a taxa metabólica do pâncreas e estimula a glândula pineal, a pituitária, o timo e a tireoide. Equilibra o metabolismo do corpo e os hemisférios direito e esquerdo do cérebro. Auxilia no equilíbrio da taxa de açúcar do sangue, no diabete e na hipoglicemia. Coadjuvante nos tratamentos de obesidade, por ajudar a dissolver o tecido adiposo. Estimula a regeneração dos tecidos e a produção de glóbulos vermelhos. Estimula a dissolução de coágulos sanguíneos, sendo indicada em casos de trombose venosa ou tromboflebite. Tem efeito nos casos de dislexia, autismo, epilepsia e convulsões. Melhora a coordenação motora. Alivia impurezas da pele e do sangue. Atua nos problemas auditivos e da visão, inclusive daltonismo. Usada tradicionalmente contra embriaguez, problemas com álcool, dor de cabeça, desordem e confusão mental, doenças venéreas, artrite, nevralgia. Melhora as condições físicas do trato digestivo, coração, estômago, pele, dentes. Boa contra distúrbios do sono, inclusive insônia. Equilibra os sistemas imunológico, nervoso e motor. Boa para a memória. Indicada também para favorecer o crescimento de plantas abaixo do solo.

*Nível psicológico, mental, espiritual:* Livra o coração de ódios, rancores. Proporciona julgamento justo, em caso de disputas judiciais. Combate ansiedade, raiva, medo, fobias. Dissolve a mágoa. Melhora a autoestima. Dá mais tranquilidade a crianças ou adultos hiperativos. Ajuda a dar um eixo interior, a centrar o indivíduo. Alivia *stress*, estados confusionais. Traz melhor sensação de integração na sociedade. Traz sorte e proteção contra más influências. Melhora a clareza intuitiva e a interpretação dos sonhos. Contra o desgosto amoroso, a saudade. Traz alegria, estabilidade, força e permite uma melhor assimilação de novas ideias. Traz conforto emocional e pode ser usada como um calmante natural "acolchoamento" nas terapias, quando se está tratando de questões difíceis ou delicadas. Melhora a autoestima, a força de vontade e permite melhor controle das emoções. Favorece os resultados nas visualizações criativas durante a meditação. Trabalha a humildade. Melhora a postura com as amizades. Faz a abertura para o mundo espiritual. Leva à compreensão da causa do problema, em vez de lidar com os sintomas. Ajuda na limpeza do karma.

*Órgãos:* Cabeça, coração, dentes, estômago, glândula pineal ou epífise, pele, trato digestivo.

*Chakra:* 7º.

## Apatita (*Apatite*)

Encontrada no Brasil, na Birmânia, na Índia, em Madagáscar, no Sri Lanka, no México e nos Estados Unidos, a Apatita entrou no meu rol de cristais pesquisados pela busca de uma fórmula que ajudasse a dar suporte para aqueles que desejam emagrecer. Tendo encontrado referências literárias de que ela minimizaria a fome, passei a prescrevê-la para esses casos e a resposta foi muito boa. Mas fazendo meditação para saber mais sobre suas qualidades particulares, minha intuição fluiu na direção de que as pessoas obesas precisam, em primeiro lugar, aceitar sua aparência e deixar de se incomodar com a aparência dos demais. Ou seja, achar seu próprio ponto de equilíbrio no peso e na autoestima, em vez de estar todo o tempo se comparando. Maior objetividade na maneira de se ver é fundamental para isso.

Nas pesquisas que realizei, encontrei referências a respeito da Apatita ser recomendada para casos de gagueira. Pensando na conexão entre um e outro aspecto, obesos e gagos tem um problema com a boca. No primeiro caso, há um descontrole quanto ao que se ingere, algumas vezes de modo pouco consciente – quando viu, a pessoa já comeu a barra toda de chocolate! O gago, por sua vez, busca ter um controle sobre a fala, também para não deixar que o que o congestiona inconscientemente se exponha no plano consciente. Em ambos os casos, a medicina psicossomática fala de uma necessidade de estar no controle, de ser considerado e ter poder. Estes são pontos confluentes nos dois sintomas, embora cada qual tenha suas particularidades. É nessa questão relativa ao controle que o elixir serve para ambos os casos.

*Emagrecimento. Aceitação do outro como é. Objetividade aos pensamentos. Autocontrole. Radiação.*

*Cor:* Azul-claro, violeta, verde, rosa, amarela, incolor.

*Nível físico:* Fortalece os tecidos musculares e ajuda nas respostas das coordenações motoras. Aumenta a mitose das células. Degeneração dos tecidos musculares e ossos, especialmente devido à superexposição à radiação, pode ser tratada com Apatita. Aumenta a absorção de cálcio, magnésio e vitamina C. Combate a hipertensão. Estimula os rins. Alivia as doenças da pele. Usada nas dietas de emagrecimento, por sua capacidade de minimizar a fome. Coadjuvante nos tratamentos de problemas de visão em geral.

*Nível psicológico, mental, espiritual:* Em casos de gagueira, auxilia na cura. Alivia o *stress* emocional e dissolve a tensão nervosa. Facilita a expressão verbal. Trabalha o amor incondicional e a aceitação do outro como ele é, o que permite que seja facilitado o trato com pessoas irritadiças, com personalidades difíceis. Traz clareza e objetividade ao pensamento, centrando a pessoa em casos de confusão mental.

*Órgãos:* Tecidos musculares, ossos, olhos.

*Chakra:* 5º. Oito gotas do elixir em um litro de água destilada adicionada ao banho ativa o 5º chakra, o laríngeo, estimulando a autoexpressão.

## Aventurina (*Aventurine*)

A Aventurina é uma pedra do grupo dos quartzos, que foi descoberta por volta de 1700, por acaso, *all'avventura*. Sua cor verde-escuro possui um brilho metálico devido a inclusões de fuchsita. Quando há inclusões de mica, que contém ferro, a Aventurina possui tons avermelhados e pode ser confundida com o feldspato aventurino. É encontrada no Brasil, na Índia e nos Estados Unidos e, em geral, é considerada uma pedra que traz boa sorte.

O medo de se lançar impede muitas vezes a pessoa de alçar voos em sua vida profissional, fazer modificações importantes na direção que está seguindo, adotando uma postura rígida e disfuncional.

Pessoas que têm dificuldade em assumir riscos, geralmente não o fazem porque foram condicionadas desde a infância a não se arriscar. Uma criação muito repressiva, superprotetora, mesmo que tenha sido proporcionada com as melhores intenções, acaba por tornar o indivíduo pouco treinado para a vida, esperando uma segurança quase que absoluta para mudar de posição, o que torna a vida muito difícil.

O Elixir de Aventurina trabalha essas questões de maneira muito efetiva, principalmente porque ajuda na tomada de decisões conscientes, centradas em seu juízo, sem que se dependa do aval de um terceiro. Nas psicoterapias, facilita o processo de entrar em contato com o que atemoriza o indivíduo, para que ele possa "prender o que o prende". Como dizia Ralph Waldo Emerson, "Faça aquilo que você mais teme", para superar seus medos limitantes. Apenas enfrentando nossos inimigos interiores podemos passar para uma próxima etapa.

Pessoas rígidas, que têm medo de se arriscar – porque podem errar – no fundo possuem uma forte dose de orgulho, que pode estar mascarado. Assim também é com os tímidos, que se retraem porque têm medo de comprometer seu orgulho, se cometerem erros.

*Assumir riscos de forma positiva. Eliminar medos antigos. Codependência afetiva. Rigidez mental. Dificuldade em se abrir. Psicoterapias. Alterações na pressão sanguínea. Orgulho. Timidez.*

*Cor:* Verde com inclusões metálicas.

*Nível físico:* Alivia doenças de pele. Usado no antigo Tibete para amenizar miopia. Alivia doenças psicossomáticas. Estimula os tecidos musculares e neurológicos. Corrige alterações na pressão sanguínea. Boa para relaxar os olhos – em compressas ou direto sobre as pálpebras. Relaxante, alivia tensões e estados de choque. Melhora o sono. Nos casos de enxaqueca por tensão ajuda na cura. Aumenta a força física.

*Nível psicológico, mental, espiritual:* Torna a pessoa mais independente e original. Ajuda o indivíduo a ousar, assumir riscos calculados, ir além dos limites autoimpostos. Para os que têm medo do desconhecido e estão sempre prontos para desistir das empreitadas ao primeiro obstáculo. Diminui a ansiedade e o *stress*. Elimina medos, principalmente aqueles originados nos primeiros sete anos de vida, devido ao seu efeito no timo, que é especialmente ativo durante esse período. Para fortalecer e amplificar formas-pensamento. Aguça a clareza mental, para se ver a realidade como ela é. Restaura o equilíbrio emocional. Aumenta a percepção e *insight* criativo. Nas codependências afetivas, auxilia o indivíduo a assumir a responsabilidade por suas questões emocionais, sem se confundir com as atitudes do outro. Em psicoterapia, é usado para desenvolver maior tranquilidade e uma atitude positiva frente à vida. Como resultado desses efeitos, aumenta o interesse em meditação e visualização criativa, e se abrem os chakras do coração e da garganta. Um dos elixires mais importantes para a psicoterapia, deve ser usado com o Quartzo-Rosa, pois a Aventurina pode trazer à tona velhas mágoas e feridas emocionais que o Quartzo-Rosa ajuda a curar. Excelente em casos de rigidez mental, orgulho, dificuldade em se abrir.

*Órgãos:* Olhos, pulmões, coração, garganta.

*Chakras:* 4º, 5º. Promove a limpeza dos corpos etérico, emocional e mental.

## Azeviche (*Jet*)

Também conhecido como âmbar-negro, ou âmbar-de-bruxa, o Azeviche é uma madeira fossilizada, dura e brilhante. É considerada uma pedra mágica desde os primórdios da nossa civilização – uma das crenças é de que, mais do que todas as outras pedras, o Azeviche fica impregnado das energias da pessoa que o usar junto ao corpo por um certo tempo. Dessa maneira, se outra pessoa tiver acesso a ele, terá também poderes sobre seu antigo portador, o que eventualmente poderia ser muito arriscado, no mínimo. É considerado desde sempre uma pedra de cura, em diferentes culturas. Encontrado nos Estados Unidos, na Espanha, na França e na Inglaterra.

Este elixir foi preparado também em Atenas, na Grécia. Eu estava em viagem de estudo na área da Psicoterapia Familiar em Milão e, ao falar com um conhecido sobre o meu trabalho paralelo com a terapia floral e os cristais, ele me presenteou com um belo pedaço de Azeviche, que eu conhecia de nome porém nunca tivera em mãos antes. Então, quando em seguida fui para a Grécia, ao preparar lá algumas essências, fiz também a de Azeviche.

Primeiro fiz sua limpeza energética em água sob o sol mediterrâneo, e quando o senti pronto, busquei uma sintonia com a pedra. Ao segurá-lo na mão esquerda suavemente, senti uma vibração muito forte e uma dor profunda no coração, embora não exatamente no sentido físico. Era como se tivesse sido retirado algo há muito esquecido ali, que sempre estivera incomodando, mesmo que eu não tivesse consciência disso. A percepção era de que era hora de tomar consciência da dor que houvera ali, porque agora ela já podia ser finalmente eliminada.

A dor emocional pode empanar o brilho da alma e muitas vezes – embora não necessariamente – ela está no fundo do quadro de depressão. Assim, esta essência atua também de forma eficaz nesses casos. Tenho empregado o Azeviche em forma de elixir nos quadros de distúrbio bipolar também e noto uma mudança significativa na resposta ao tratamento.

*Limpeza de mágoas inconscientes. Distúrbio bipolar. Enxaqueca com dor no fundo dos olhos. Miasmas de metais pesados. Clarividência. Jardinagem.*

*Cor:* Negra.

*Nível físico:* Atua na ansiedade, depressão profunda, nos quadros maníaco-depressivos. Recomendado nos casos de enxaqueca e dores no fundo dos olhos. Para tratamentos de infertilidade no homem ou mulher. Alivia os miasmas dos metais pesados. Empregado na jardinagem, sob a forma de elixir diluído em água, ajuda no crescimento e desenvolvimento das plantas.

*Nível psicológico, mental, espiritual:* Acalma os medos. Limpa as mágoas profundas que estão registradas no plano inconsciente. Ajuda a desenvolver a clarividência e o despertar para níveis mais elevados de consciência.

*Órgãos:* Olhos, timo, órgãos reprodutores.

Chakras: 1º, 5º.

## Azurita (*Azurite*)

A Azurita é uma pedra azul, frequentemente encontrada junto a formações de Malaquita, em uma combinação de grande beleza. Pode ser extraída nos Estados Unidos, na França, na Grécia, na Itália, no Marrocos, na Rússia, no Zaire.

A Azurita ajuda muito a pessoa que está com dificuldade em enxergar a realidade como é, porque prefere continuar se apoiando em algo que já não existe. Ela nega a realidade porque não se conforma com o que está vivendo, e seu referencial ainda é o passado, do qual acha difícil se desvencilhar.

Um exemplo clássico para o emprego da Essência de Azurita é a situação em que o casamento já acabou, mas um dos dois reluta em enxergar isso, porque é mais cômodo continuar fazendo de conta que a relação vai bem. Quando apenas o marido ou a mulher está nessa situação, geralmente o desfecho é um pedido de separação por parte do que está conseguindo aceitar melhor o que está acontecendo.

No entanto, se o casal adota a postura de não entrar em contato com os problemas para manter a estrutura como está, o mais comum é que o relacionamento se prolongue – algumas vezes, um mau relacionamento, disfuncional – até que algo mais significativo ocorra e provoque uma mudança.

Todo relacionamento possui um contrato, embora a maioria das pessoas não se dê conta disto, o que dificulta as coisas. Quando um casal se une, ambos têm expectativas com relação ao outro e a essa união. Essas expectativas constituem o contrato: onde vão morar, que tipo de família terão, que sonhos são importantes para serem alcançados em conjunto etc. Quando, por qualquer razão, um dos dois se distancia do modelo inicial, o "contrato" do casamento precisa ser rediscutido, para que a relação não entre em um beco sem saída, cheia de acusações veladas e má vontade. O Elixir de Azurita é perfeito para ajudar no clareamento dessas questões.

*Capacidade de decisão. Liderança. Responsabilidade. Visualizações criativas. Visão interior. Enxergar a realidade como é. Preconceito. Liberação de padrões de crença inadequados e limitantes. Liberação de conflitos por meio dos sonhos. Concentração. Disciplina mental. Hipotireoidismo. Emagrecimento.*

*Cor:* Azul-escuro.

*Nível físico:* Excelente nos problemas de visão e audição. Estimula o baço, o tecido da pele, a tireoide. Ajuda na cura das doenças dos ossos, como artrite, problemas de coluna, inflamações da pele e hipotireoidismo. Assim, pode ser usada também em fórmulas para emagrecimento. Aumenta a absorção de cobre, fósforo, magnésio e zinco, bem como de cálcio. Uma boa forma de aplicação em massagem contra artrite ou problemas de coluna consiste em óleo de jojoba e de oliva em partes iguais, ao qual se acrescentam gotas de Elixir de Azurita.

*Nível psicológico, mental, espiritual:* Nas dificuldades em lidar com os dados da realidade, ajuda a pessoa a enxergar as coisas como são. Liberta dos padrões de crenças que já não servem mais e não deveriam ser usados, permitindo que se abracem novas ideias. Indicado para personalidades preconceituosas. Ajuda a libertar do passado. Melhora a capacidade de tomar decisões; promove o equilíbrio e dá maior clareza mental; aumenta a disciplina mental e a capacidade de concentração. Amplia a visão interior. Excelente auxiliar nas meditações e visualizações criativas. Traz senso de responsabilidade. Ajuda na liberação de medos e fobias. Contra depressão. Aumenta a sensibilidade. Bom para os que desejem desenvolver sua mediunidade. Auxilia a extravasar os conteúdos conflituosos por meio dos sonhos; melhora a capacidade de sonhar e de lembrar dos sonhos. Grande auxiliar na hipnoterapia. Indicado para terapeutas, que têm suas habilidades curativas ampliadas.

*Órgãos:* Olhos, ouvidos, garganta, tireoide, baço, ossos, pele.
*Chakras:* 3º, 5º.

## Azurita/Malaquita (*Azurite/Malachite*)

Encontrada na Austrália, nos Estados Unidos, no México e na Rússia, esta combinação dos dois minerais possui coloração verde e azul em tons variados e alia as qualidades das duas pedras de forma particular.

O pedaço de Azurita/Malaquita, de que foi feito o elixir, chama a atenção por sua beleza e era, na verdade, uma pedra de colecionador. Não consegui me desligar de sua imagem, até conseguir comprá-la e sempre acho que ela valeu seu preço. Sua vibração é forte e sua capacidade de transmissão das energias muito elevada.

*Compulsão alimentar. Anorexia. Hiperatividade. Ansiedade. Stress físico e mental. Câncer. Regeneração celular. Nervo ciático. Disciplina. Sonhos. Clarividência. Projeção Astral.*

*Cor:* Azul e verde.

*Nível físico:* Combate o *stress* físico e mental. Recomendado em casos de alteração celular de todos os tipos, câncer, melanoma. Atua na pele, fígado, timo, tecido muscular. Indicado para cirrose hepática, os mais variados distúrbios da bile, problemas na pele, distrofia muscular. Melhora a assimilação de cobre, zinco e vitaminas A e E. Nos desequilíbrios da alimentação, seja em casos de anorexia nervosa ou compulsão alimentar, ajuda a fazer o retorno ao nível saudável. Contra dor do nervo ciático, pode ser usado um óleo preparado com o elixir desses cristais, mais gotas das essências de Turquesa e Lápis-Lazúli, friccionando-se sobre o local. O uso da essência em banhos aumenta a capacidade de absorção de suas propriedades pelo corpo.

*Nível psicológico, mental, espiritual:* Aumenta o número de sonhos, restaura o equilíbrio emocional. Traz mais paciência. Bom no combate ao *stress* mental. Indicado contra ansiedade e suas manifestações, inclusive no caso de crianças hiperativas. Ajuda a trabalhar a falta de disciplina. Eleva a consciência rumo à espiritualidade, ampliando a capacidade de clarividência. Bom para os que fazem treinamento em projeção astral.

*Órgãos:* Pele, fígado, músculos.
*Chakras:* 3º, 6º.

## Basalto (*Basalt*)

O Basalto é uma formação de lava vulcânica, podendo ser encontrado em diversas partes do mundo. As pedras que serviram de base para esta essência foram retiradas no litoral norte de São Paulo e o preparo se deu em Ilha Bela, uma região que alia praia e mata em formação rochosa, com uma energia muito forte.

A essência de Basalto traz estabilidade nos processos de mudança, dando muito centramento.

*Estabilidade nos processos de mudança. Liberação da raiva.*

*Cor:* Negro.

*Nível físico:* Em casos de infertilidade. Problemas no sistema reprodutivo em ambos os sexos. Fortalece a estrutura muscular.

*Nível psicológico, mental, espiritual:* Traz estabilidade emocional em processos de mudança. Dá força para enfrentar as dificuldades, capacidade de adaptação ao novo. Dissipa a raiva. Promove a solidariedade.

*Órgãos:* Reprodutores feminino e masculino.

*Chakra:* 2º.

## Berilo (*Beryl*)

Encontrado nos Estados Unidos, na Índia e na Rússia, o Berilo pertence ao grupo dos Berilos, que agrega ainda as Águas-Marinhas e as Esmeraldas. O Berilo é uma pedra que desde os tempos antigos vem sendo utilizada com fins mágicos – seja para salvar seu portador de ataques inimigos, seja para reacender o amor no casamento. Era reconhecido como um importante auxiliar para quem quisesse se manter livre de encantamentos, ou mesmo de manipulação psíquica por parte de indivíduos bem falantes; essas pessoas acabam induzindo o outro a adotar seu ponto de vista ou a comprar uma ideia que não deseja. Ocultistas atribuem ao Berilo a capacidade de tornar o aluno mais estudioso e de ajudar a se obter ganho de causas na justiça.

Pessoas com uma personalidade muito crítica, rígidas nas suas posturas e julgamentos, tendem a expor de forma concreta em seu corpo essas características, através da somatização. Assim, quadros de endurecimento das artérias ou articulações podem se manifestar como consequência das posturas mentais. Na medicina psicossomática, os quadros de diarreia estão ligados a um excesso de análise e de crítica, falta de flexibilidade e apontam para a necessidade de se soltar internamente, liberando as toxinas psíquicas e orgânicas.

*Rigidez mental. Personalidades críticas. Endurecimento das artérias. Menstruação. Visão. Julgamento. Preconceito. Ambição. Calma. Disciplina. Persistência na busca de soluções. Preguiça. Sistema circulatório. Trato intestinal.*

*Cor:* Amarelo, ouro, branco, azul, verde.

*Nível físico:* Nos casos de endurecimento das artérias, doenças cardiovasculares, hemorragias, diarreias. Equilibra o ciclo menstrual e atua nos problemas na boca, nas infecções da garganta e no estômago. Fortifica o sistema circulatório, os pulmões, o sistema linfático e órgãos de purificação, como fígado, rins, intestinos. Melhora a visão, que muitas vezes fica prejudicada pela tensão. Promove a limpeza do trato intestinal.

*Nível psicológico, mental, espiritual:* Fortalece o equilíbrio e aumenta a clareza e disciplina mental. Usado junto com o Elixir de Esmeralda e Lápis-Lazúli, é um excelente sedativo, acalmando a mente e o corpo. Alivia o *stress* mental e a tensão nervosa. Combate a preguiça, a ansiedade e dá agilidade ao pensamento. Personalidades muito críticas, que analisam e julgam tudo e todos aprendem a superar sua rigidez mental. Estimula o desejo de ser bem-sucedido. Traz persistência na busca de soluções dos problemas da vida. Na gravidez, é bom por sua capacidade de proteção geral. Como proteção, a pedra deve ser usada junto ao corpo ou a essência deve ser esfregada no tórax.

*Órgãos:* Ovário, trompas, útero.

*Chakras:* 1º, 2º, 4º.

## Calcedônia (*Chalcedony*)

A Calcedônia é um tipo de pedra que engloba um grupo grande de pedras conhecidas por outros nomes: ágata, ágata-musgo, calcedônia verdadeira, cornalina, crisoprásio, dendrita, heliotrópio, jaspe, madeira petrificada, ônix e sardo. Pertence ao grupo dos quartzos e a pedra utilizada é a "calcedônia verdadeira". Como é porosa, pode-se tingi-la e comercialmente se veem muitas delas coloridas artificialmente. Para uso terapêutico, essas pedras com a formação original alterada não devem ser utilizadas. É encontrada no Brasil, no México, no Sri Lanka e na Rússia. Assim como o berilo, a Calcedônia é mencionada pelos ocultistas como uma pedra que favorece o ganho de causas judiciais.

Eu gosto muito de trabalhar com a Calcedônia com mulheres grávidas ou que estão amamentando, porque uma amamentação bem feita tem um reflexo altamente benéfico tanto para a mãe quanto para o bebê. Mulheres com dificuldades em lidar com a maternidade conseguem estabelecer uma melhor conexão com esse papel em sua vida, melhorando sensivelmente a qualidade do relacionamento e fortalecendo o vínculo mãe-filho. A dificuldade em lidar com a maternidade pode se manifestar em constante irritação com a criança e a Calcedônia permite uma modificação consistente nesse quadro. Indicado para personalidades irritadiças de um modo geral.

*Alegria. Otimismo. Maternidade. Amamentação. Vínculo mãe-filho. Melancolia. Personalidades irritadiças. Endurecimento das artérias. Anemia.*

*Cor:* Azulada, branca, cinzenta.

*Nível físico:* Estimula a saúde da medula óssea, do baço, dos corpúsculos vermelhos e dos tecidos do coração. Melhora a falta de ar e o endurecimento das artérias. Indicado nas anemias por falta de ferro, sílica e vitamina K, pois estimula a absorção dessas substâncias pelo organismo.

*Nível psicológico, mental, espiritual:* Estimula o otimismo e a criatividade artística. Traz abertura para a espiritualidade e suas questões. Empregada contra a melancolia, alivia a depressão. Aumenta o número de sonhos e diminui os pesadelos. Personalidades irritadiças se beneficiam deste elixir. Combate a negatividade. Traz equilíbrio e maior clareza mental. Promove maior alegria e sensação de felicidade. Melhora a boa vontade. Torna a mulher mais sensível aos sentimentos maternais e aumenta a lactação após o parto.

*Órgãos:* Baço, coração, medula óssea.

*Chakra:* 4º. Promove a abertura do chakra cardíaco. Fortalece os meridianos.

## Calcita Amarela e Laranja (*Yellow and Orange Calcite*)

A Calcita é uma das variedades de gemas mais abundantes no mundo, e pode ser encontrada com facilidade nos Estados Unidos, na Inglaterra, no sudoeste da África, no México, na Noruega. Possui uma grande gama de cores, entre elas o amarelo e o laranja.

Existem pessoas que, embora altamente qualificadas e com toda a possibilidade de crescimento profissional, sempre dão um jeitinho de pôr a perder suas boas oportunidades. Pessoas que estão sempre "quase chegando lá", no seu objetivo, mas que, no fundo, tem medo de serem bem-sucedidas porque acham que não vão dar conta das novas responsabilidades. Desejam o sucesso, mas o temem. Esse conflito atrasa muito a vida profissional e também a pessoal, porque expectativas altamente acalentadas vão por água abaixo.

O perfil mais completo do indivíduo que necessita tomar Calcita eu encontrei em um alto executivo de uma multinacional, cujo histórico profissional era bastante instável. Sempre que fora indicado para uma promoção, pouco tempo depois ele acabava sendo demitido. Como era muito competente, logo arranjava outra colocação, mas o ciclo recomeçava. Sua postura era de constante insatisfação com as condições que tinha no momento, tanto na vida profissional quanto na pessoal. Por fim, trabalhando em uma fábrica de automóveis, foi enviado para a Alemanha para ser treinado para ocupar um cargo de diretoria na sua volta. Prestes a voltar para o Brasil, provocou uma discussão com o presidente mundial da companhia e acabou sendo deixado de lado, até ser finalmente desligado quando de seu retorno.

Indivíduos com esse quadro possuem um pessimismo latente, que precisa ser combatido ao mesmo tempo em que se trabalham as raízes do medo do sucesso.

Pensar no que não ficou consolidado no seu crescimento psíquico, qual é o ponto que foi atingido em sua idade emocional, em defasagem com a idade cronológica, que faz com que essas pessoas se sintam ameaçadas e inseguras frente à possibilidade de crescimento e as responsabilidades que isso implica.

Homens com esse perfil podem apresentar também dificuldade em assumir plenamente o casamento, a paternidade, enfim, as responsabilidades da vida adulta, o que pode arruinar bons relacionamentos. Para essa defasagem entre a idade cronológica e a emocional, adiciono sempre a essência de Crisocola também.

*Medo do sucesso. Medo de estabelecer metas na vida e de não conseguir realizá-las. Letargia. Metabolismo lento. Calcificação dos ossos em crescimento. Pessimismo.*

*Cor:* Amarela e laranja, com manchas esbranquiçadas.

*Nível físico:* Boa contra a maior parte das doenças. Favorece a boa calcificação dos ossos em crescimento e também pode ser empregada em casos de contusões. Ajuda na eliminação de toxinas do organismo, pois fortalece os rins, o baço e o pâncreas. Alivia os miasmas da sífilis.

*Nível psicológico, mental, espiritual:* Dissipa a tristeza e mesmo a depressão, trazendo conforto. Combate o medo. Dá coragem para aqueles que não conseguem estabelecer objetivos na vida, por receio de que não possam realizá-los. Melhora as capacidades psíquicas dos que treinam ou praticam projeção astral. Equilibra as energias yin-yang. Nos casos de metabolismo lento, letargia, pessimismo, melhora o ânimo e ajuda a ver o lado positivo das coisas na vida. Fortalece a memória e a concentração. Excelente para profissionais da área da saúde mental ou física.

*Órgãos:* Baço, pâncreas, rins, ossos.

*Chakra:* 7º. Ativa todos os demais.

## Cianita (*Cianite*)

A Cianita é uma pedra cuja formação se dá em camadas, nas cores azul e branca perolada, devido à alta concentração de silicato de alumínio em sua composição. Encontrada principalmente no Brasil, nos Estados Unidos, na Áustria e na Suíça. Os antigos a prescreviam como proteção contra os perigos do mar.

Todo pensamento que temos possui um *quantum* de energia que é registrado no éter. Quanto mais pensamos em algo, positivo ou negativo, mais força damos a essa forma-pensamento, que aos poucos vai se plasmando, até realizar-se no plano concreto.

Esse é basicamente o princípio da visualização criativa. Quando temos formas-pensamento inadequadas, devemos eliminá-las, por princípio de higiene mental. A essência de Cianita faz uma limpeza profunda, nos registros de nossos corpos sutis, daqueles pensamentos nos quais investimos uma certa quantidade de energia e depois deixamos de lado. Essas formas-pensamento estão inativas, mas retêm nossa energia. Assim como precisamos fazer a reorganização nos dados do computador, fazendo a desfragmentação do disco e eliminando pedaços de arquivos inoperantes, devemos também cuidar de nosso computador pessoal para termos mais energia a ser investida nos projetos efetivamente em andamento. Assim, a Cianita serve também para dar mais força às visualizações em que usamos a tela mental como projeção de nossos objetivos a serem alcançados.

A Cianita é excelente também para pessoas que estão em um processo de desorganização do ego, que têm dificuldade em lidar com dados da realidade, fantasiando muito ou já em franco processo de esquizofrenia, pois dá um chão, uma base confiável como suporte para a psicoterapia. Evidentemente, ao se deparar com um paciente com um quadro psicótico, se o terapeuta não tiver formação específica na área de saúde mental, deve imediatamente encaminhá-lo a um profissional que possa atender adequadamente a situação, até por uma questão de bom-senso e respeito.

Certa ocasião, atendi a uma família de pais separados, com um garoto de 7 anos em claro processo psicótico, com atuações extremamente desordenadas e agressivas, tanto para os outros quanto para si mesmo. Sua fala era incoerente, a pronúncia pouco inteligível e ele apresentava tiques nervosos como piscar seguidamente e se contorcer ao falar. Na escola de classe média alta onde estudava, suas atitudes eram abusivas e sem limites. No entanto, em outros momentos era a mais doce das crianças. No consultório, a criança me desqualificava (repetindo a fala do pai, que dizia que o filho não tinha problemas) ao mesmo tempo em que me pedia ajuda. Suas atitudes para comigo eram hostis e cheias de sentimentos persecutórios e, às vezes, ele se portava como um bebê, usando a mamadeira da caixa de ludoterapia. Pude identificar a dinâmica familiar disfuncional, que depois da separação dos pais criara um contexto de cisão – tudo era dividido, alternado, oposto. Ele dormia nos dias pares na casa do pai e nos dias ímpares, com a mãe. Se a mãe dissesse que estava quente, o pai discordava afirmando que estava frio. Não havia um consenso, quer fosse em questões relativas a valores morais quer fosse quanto ao tipo de comida que a criança deveria comer. Tentando agradar a pais totalmente opostos, a criança aos poucos se dividia em dois, cindindo a realidade.

Depois de diversas sessões com a família, deixando claro para os pais o que estava acontecendo com o filho único – a mãe aceitava que o filho tomasse fórmulas com florais ou elixires de cristais, o pai queria somente atendimento psicoterápico –, chegamos a uma solução intermediária e passei a lhe dar regularmente apenas durante as sessões a essência de Cianita com Basalto e Crisocola. A partir daí pude observar maior estabilidade em suas atitudes, o que facilitou muito o andamento da terapia, com bons resultados.

*Assertividade. Cisão da realidade. Desorganização do ego. Estabelece conexão entre desejo – necessidade – realidade. Digressão. Esquizofrenia. Síndrome de Down. Limpeza de formas-pensamento inadequadas. Mediunidade.*

*Cor:* Azul.

*Nível físico:* Indicada para problemas na laringe, na fala, perda da voz, gagueira, audição, olhos, duto respiratório, duto alimentar, dores no pescoço, nos músculos. Auxilia no tratamento da Síndrome de Down (mongolismo). Atua positivamente nas glândulas adrenais e no cérebro.

*Nível psicológico, mental, espiritual:* Realça a comunicação, a expressão artística. Acalma os nervos, melhora a concentração. Dá clareza à locução e assertividade (capacidade de ser objetivo no falar). Recomendada para professores, aconselhadores, cantores, vendedores. Em casos de digressão, traz de volta a realidade. Estabelece contato entre desejos, necessidade e realidade. Nesse sentido, é recomendada para indivíduos com quadro de esquizofrenia, como tratamento complementar aos cuidados médico-psiquiátricos requeridos. Boa contra perturbações do sono, inclusive sonhos. Boa para meditação, pois suas vibrações ajudam a plasmar as formas-pensamento que criamos. Indicada para médiuns, pois facilita a conexão com os planos sutis. Para eliminação de formas-pensamento inadequadas, a limpeza pode ser feita borrifando-se essência de Cianita ao redor do corpo e, em seguida, passando-se uma lâmina da pedra junto ao corpo, principalmente ao redor da cabeça. Na impossibilidade de se usar a pedra, borrifar o elixir duas vezes ao dia, por três dias.

*Órgãos:* Olhos, ouvidos, nariz, laringe, sistema respiratório.

*Chakra:* 5º, laríngeo.

## Coral (*Coral*)

O Coral é um mineral formado a partir da fossilização de organismos marinhos e pode ser encontrado em praticamente todos os mares do planeta. Na Antiguidade, era uma pedra usada para atrair o amor, sendo que, na Índia, é considerada também uma proteção contra maus espíritos. Textos esotéricos de antigos ocultistas mencionam que o Coral preserva seu portador de epidemias e ajuda a fazer julgamentos prudentes, devendo portanto ser usado por juízes.

Na medicina ayurvédica, o Coral é utilizado nos problemas de secreções em geral, inclusive nas mucosas e na bile.

A leitura mais direta do emprego da essência de Coral seria observar o ciclo que se inicia com a tireoide preguiçosa: Hipotireoidismo → metabolismo lento → obesidade → problemas de coluna pelo aumento do peso. Estimulando a tireoide, há uma aceleração no metabolismo como um todo, a circulação sanguínea melhora, há maior queima das calorias ingeridas, diminui-se o risco da obesidade ou facilita-se o emagrecimento, com o alívio da coluna. Por outro lado, o Coral tem uma estreita ligação com o sangue e com todas as questões relativas a ele – desde a menstruação irregular até melhora na coagulação, facilitando a cicatrização – e tenho obtido resultados significativos em problemas dessa ordem.

É um excelente estimulador da regeneração dos tecidos, entrando na Fórmula de Rejuvenescimento e atuando também nos casos de dispersão mental e senilidade.

*Regeneração dos tecidos. Sistema circulatório. Menstruação irregular. Colesterol. Cicatrização. Dispersão. Tireoide. Acelera o metabolismo. Obesidade. Problemas na coluna. Equilíbrio. Dispersão mental. Senilidade.*

*Cor:* Rosa, vermelho, branco, branco-rosado.

*Nível físico:* Ajuda na regeneração dos tecidos em geral, particularmente o tecido ósseo. Indicado para feridas abertas, com dificuldade de cicatrização. Fortalece o coração, o sistema circulatório, o timo, os ossos e cabelos. Nutriente das células do sangue. Excelente contra asma, resfriados e gripes, constipação intestinal. Facilita a recomposição das estruturas cerebral e olfativa. Bom para quem sofre de varizes, varicose, hemorroidas, hemorragias, contração dos vasos sanguíneos, anemia. Nas disfunções menstruais, atua como regulador. O Coral vermelho ativa a tireoide, acelerando o metabolismo – daí sua prescrição para distúrbios da alimentação como perda de apetite e obesidade. Elimina as toxinas dos tecidos musculares. Indicado nos problemas de coluna, seja nos desvios, seja no desgaste ósseo. Auxilia na nutrição celular, favorecendo a absorção principalmente da lecitina, vitamina E, sílica e proteína. Ajuda a regular os níveis de colesterol no sangue. Estimula a fertilidade masculina e feminina.

*Nível psicológico, mental, espiritual:* Bom para concentração, equilíbrio. Nos quadros de dispersão mental ou senilidade, ajuda a reverter a situação. Traz sabedoria e prudência e é coadjuvante nos tratamentos da loucura.

*Órgãos:* Sistema circulatório, cérebro, coração, nariz, ossos.

*Chakras:* 1º, 2º, 7º. Alinha os demais. Dissipa os bloqueios energéticos do corpo físico. Fortalece o corpo etérico.

## Cornalina (*Cornelian ou Carnelian*)

A Cornalina pertence à espécie das calcedônias, como as ágatas. É proveniente do Brasil, do Uruguai, da Índia e de Madagáscar. Considerada uma pedra de cura por excelência, tem um amplo espectro de atuação. A Cornalina é mencionada por antigos ocultistas como uma pedra capaz de preservar seu portador de hemorragia e proporcionar boa sorte. Gurudas recomenda o Elixir de Cornalina para anorexia nervosa e bulimia; doenças do trato digestivo e intestinal, fígado, rins, baço, pulmões, olhos, gengivas, pele, inclusive queimadura e doenças decorrentes da exposição aos raios X, que levam à deficiência nutritiva.

No aspecto emocional, eu o prescrevo sempre que me deparo com pessoas pouco seletivas nas suas escolhas afetivas, que vão entrando nos relacionamentos sem fazer uma reflexão a respeito daquele com quem estão começando a se envolver. Sempre que mantemos uma relação íntima com alguém, as energias se misturam, para melhor ou para pior. Pessoas que, por ingenuidade ou por serem desatentas a respeito de si mesmas, simplesmente vão amando e não assumem adequadamente as rédeas da própria vida, o que pode levá-las a escolhas altamente inadequadas, com sérias consequências. A essência de Cornalina é um facilitador para esse processo de ancoramento, no sentido de prestar atenção onde é que se está entrando, em vez de simplesmente "ir".

*Poder pessoal. Timidez. Ingenuidade. Escolhas pessoais. Assumir as rédeas da própria vida. Ancoramento. Adolescência. Afrodisíaco.*

*Cor:* Laranja, vermelha, vermelho-acastanhado, cor da pele. Pode ser translúcida ou opaca.

*Nível físico:* Atua nos órgãos sexuais masculinos e femininos. Dá novo vigor ao impulso sexual, atuando como um afrodisíaco. Fortalece a voz. Por seu efeito purificador, é bom contra infecções, reumatismo, nevralgia. Tem poder antisséptico e cicatrizante nas feridas. Restaura a energia após gripes e resfriados. Tem efeito positivo nos casos de febre, doenças de pele e do sangue em geral. Esfregar sobre a pele em locais onde há uma cicatriz ou ferida doída que está demorando a cicatrizar.

*Nível psicológico, mental, espiritual:* Para aqueles que são confusos, têm atitudes erráticas. Indicada para pessoas muito ingênuas, tornando-as mais seletivas em seus relacionamentos amorosos ou de amizade. Auxilia a desenvolver a atenção concentrada. Deve ser tomada quando há uma quantidade muito grande de informações que precisam ser peneiradas, para separar o que é importante do que não é. Para ajudar o indivíduo a assumir seu poder pessoal e exercitá-lo no mundo, construindo seu campo de atuação de maneira equilibrada. Dá condições para se assumir as rédeas da própria vida, fazendo as escolhas mais adequadas para atingir seus objetivos. Ajuda a sentir-se de bem com o meio onde se vive. Estimula a criatividade e a curiosidade, impulsionando em direção a novas perspectivas. Dá equilíbrio àqueles que têm uma imaginação exacerbada. Faz ancoramento, sendo indicada para pessoas distraídas, avoadas. Fortalece laços de sangue e amor em família, promovendo a harmonia. Em uma visão mais universal, abre o coração para a caridade. Estimula a eloquência, agindo bem sobre a timidez. Devolve atitudes positivas para com a vida, após doenças que debilitam muito o organismo e o ânimo. Evita pesadelos. Dissipa mau-olhado e oferece proteção contra a inveja. Combate a melancolia e a angústia.

*Órgãos:* Órgãos reprodutores masculinos e femininos, todo sistema de limpeza do organismo.

*Chakras:* 2º, 4º.

## Crisocola (*Chrysocolla*)

Encontrada no Chile, nos Estados Unidos, no México, na Rússia e no Zaire, a Crisocola é uma pedra porosa parecida com a turquesa. De acordo com Gurudas, as referências mais antigas de suas indicações terapêuticas apontam para a dissipação do medo, da tensão nervosa, da culpa e, fisicamente, era indicada para problemas com o trato digestivo, úlceras, calcificações ósseas, artrites.

O emprego da Crisocola me parece ainda mais eficaz nos casos de descompasso entre a idade cronológica e a idade emocional, que é mais comum do que se pode imaginar. Crianças que apresentam comportamentos regressivos, inadequados para sua idade, embora não necessariamente tenham um quadro de comprometimento intelectual; mulheres que dependem emocionalmente do parceiro, ainda que sejam economicamente ativas e independentes; pais que competem com os filhos adolescentes e se comportam eles próprios como jovens; pessoas que não lidam bem com a passagem das etapas na vida, estão no mesmo caso de imaturidade emocional que pode ser tratada com a Crisocola.

Permite trabalhar a tristeza e a raiva (que inclusive podem com frequência estar no mesmo quadro psicológico da depressão), pondo esses sentimentos para fora. Na depressão pós-parto é importante auxiliar. Este sintoma fala da dificuldade que a mulher sente com as responsabilidades do papel de mãe e, ao mesmo tempo, permite que se exima da assunção plena de sua função, ao menos enquanto estiver doente.

No aspecto físico, quadros de tensão pré-menstrual com cólica, desconforto etc., têm sido solucionados com o emprego da Crisocola junto com a Amazonita. Fórmulas mais complexas estão disponíveis no capítulo "Repertório por Sintomas".

*Imaturidade emocional. Codependência. Raiva. Culpa. Depressão com fundo de raiva. Medo do sobrenatural. Depressão pós-parto. TPM. Hipertensão.*

*Cor:* Verde, azul.

*Nível físico:* Na TPM (tensão pré-menstrual) e seus sintomas, combate a cólica e a indisposição. Previne contra aborto. Contra dor nas costas, artrite, reumatismo, calcificação óssea. Minimiza os problemas de úlceras gástricas e doenças do aparelho digestivo e do trato intestinal. Boa para baixar febres e em casos de queimaduras em geral. Nas depressões, notadamente a que ocorre pós-parto. Tem efeito descongestionante. Indicada para hipertensão. Fortalece os pulmões, tireoide e cóccix. Estimula a produção de hemoglobina. Alivia os miasmas da tuberculose.

*Nível psicológico, mental, espiritual:* Equilibra as emoções, trazendo centramento quando há um comportamento descontrolado ou oscilante. Auxilia a combater a depressão e a melancolia crônica, e ajuda nas crises nervosas. Abre o coração para a capacidade de perdoar. Alivia sentimentos de culpa que paralisam o indivíduo. Ajuda crianças e adultos emocionalmente imaturos. Tem efeito altamente positivo na codependência afetiva. Acalma a mente e o coração. Combate *stress*, ansiedade, tensão nervosa e medo do sobrenatural. Promove a elevação da consciência, dando uma direção de vida, rumo ao chamado interior. Bom para meditação. Ajuda na limpeza da mente subconsciente.

*Órgãos:* Órgãos reprodutores femininos.
*Chakra:* 4º.

## Crisólita (*Chrysolite*)

*Sinônimos: Olivina, Peridoto (Veja "Peridoto")*

## Crisoprásio (*Chrysoprase*)

Trata-se de uma gema pertencente ao grupo dos quartzos, encontrada no Brasil, na Austrália, nos Estados Unidos e na Rússia.

Quando comecei a estudar a forma como a essência de Crisoprásio atua, antes mesmo de começar a minha pesquisa clínica com este mineral, encontrei um eixo que me pareceu bastante claro, relacionado com a personalidade de caráter histérico com traços obsessivos, de acordo com a psicanálise. Distúrbios na sexualidade, tendência à repressão dos acontecimentos reais da sua vida, mitomania (fantasias, mentiras, invenção de uma série de aventuras nas quais a pessoa seria a protagonista) e tendência moralizadora estão no quadro do caráter histérico.

A pessoa com predominância desses traços em sua personalidade apresenta também uma defasagem entre o que ela é e o que ela gostaria de ser, sendo que, por vezes, incorpora uma "máscara" que esconde quase totalmente o que realmente é. Essa plasticidade e inconstância na personalidade histérica estão também na doutrina da "signatura" do cristal, com suas fissuras e cores irregulares, que podem clarear ou escurecer, de acordo com as condições do lugar onde é guardada.

Traços secundários da personalidade obsessiva são por exemplo, a desconfiança, a insegurança mascarada, a avareza, o egoísmo, a inveja, a rigidez de postura.

Ao observar essa relação, passei a empregar clinicamente o Elixir de Crisoprásio sempre que me deparava com pessoas que mentem compulsivamente, para quem cada situação relatada tem um forte cunho fantasioso, desconfiadas, que querem reter tudo para si, ou com distúrbios na área da sexualidade – mesmo que não necessariamente apresentassem todo o quadro, é claro –, e a resposta sempre foi muito efetiva.

*Inveja. Avareza. Egoísmo. Desconfiança. Postura defensiva. Insegurança. Culpa relacionada com a sexualidade. Complexo de inferioridade. Personalidade histérica. Mudança. Criatividade. Bons negócios. Sexualidade. Otimismo. Alienação.*

*Cor:* Verde, verde-maçã. As drusas são cheias de fissuras e cores irregulares. A cor pode clarear sob ação do calor ou do sol, mas recobra a coloração quando é armazenada em lugar úmido.

*Nível físico:* Problemas de ordem sexual. Previne doenças sexualmente transmissíveis e fortalece o sistema reprodutor masculino e feminino. Atua na próstata, testículos, trompas e ovários. Reforça a visão e dá alívio a dores reumáticas, à gota. Libera as tensões. Combate o *stress*. Equilibra a pressão arterial. Aumenta o nível de fertilidade em ambos os sexos. Alivia os miasmas da sífilis e da gonorreia.

*Nível psicológico, mental, espiritual:* Atua nos casos de distúrbios sexuais. Dá equilíbrio nas atuações das personalidades histéricas. Ajuda a lidar com os complexos de culpa e inferioridade. Para aqueles que estão sempre na defensiva. Elimina a avareza, a inveja, o egoísmo. Ajuda no tratamento das doenças mentais. Pessoas que mentem muito. Quando há uma sensação de alienação com relação ao estar no mundo, ou para quem não se sente confortável com o próprio corpo. Traz uma sensação boa de "estar em casa" no mundo. Pessoas inseguras em lugares novos, em casos de mudança de escola, de cidade etc. Ótimo para crianças. Traz animação, sucesso em novos empreendimentos e atrai amigos para a pessoa que utiliza sua essência vibracional. Ajuda a despontar novos talentos no indivíduo e estimula a criatividade. É um verdadeiro escudo contra a negatividade em geral e a depressão. Fortalece os laços de amizade e atrai dinheiro em bons negócios. Reforça a atitude positiva.

*Órgãos:* Olhos, ossos, órgãos reprodutores masculinos e femininos.

*Chakra:* 5º. Promove a abertura do chakra sexual, fortalece o corpo etérico.

Dicas de combinações: Crisoprásio + Esmeralda + Safira + Sodalita + Pérola: para pessoas muito desconfiadas, cheias de defesas, de barreiras, que acabam dificultando sua interação no mundo.

## Diamante (*Diamond*)

Considerada a pedra mais dura entre as conhecidas, o Diamante é encontrado nas mais variadas cores, principalmente na Austrália, na África do Sul e na Rússia.

Nas curas terapêuticas, o Diamante é recomendado como uma essência de suporte para qualquer outro, pois remove eventuais bloqueios e negatividade que possam dificultar o trabalho das essências vibracionais. Povos do Oriente, como os árabes, persas e egípcios atribuem ao Diamante a capacidade de trazer boa sorte.

*Autoestima. Desbloqueio de aspectos travados da personalidade. Disfunções sexuais de fundo psicológico. Dislexia. Coordenação motora. Amplificador. Ansiedade. Tensão. Terapia craniossacral. Prosperidade. Todos os tipos de miasmas.*

*Cor:* Incolor, azul, negro, verde, champanhe, rosa, vermelho, castanho.

*Nível físico:* Doenças dos hemisférios cerebrais, cerebelo, crânio – febre, tumores, hemorragia, inflamações. Atua nas glândulas pineal e pituitária, timo, coração, plexo solar. Nas disfunções sexuais de fundo psicológico. Ajuda nas disfunções oriundas do hemisfério esquerdo do cérebro, como: autismo, dislexia, epilepsia, descargas neurológicas, problemas visuais, inclusive glaucoma, e de coordenação motora. Alivia o efeito de todos os miasmas, principalmente o da sífilis. Melhora as sinapses neuronais. Fortalece os testículos. Melhora a circulação. Enfraquece as manifestações das doenças. Aumenta a capacidade de absorção das vitaminas B e E. Centra e amplifica a capacidade de atuação dos demais elixires e essências florais.

*Nível psicológico, mental, espiritual:* Remove padrões de energia negativa e negatividades. Elimina tensões, ansiedade e padrões de insegurança. Melhora a autoestima. Atua nas disfunções sexuais de fundo psicológico. Traz o desejo da verdade, amor e aumenta a coragem. Indicado para uso na terapia craniossacral. Traz vibrações de abundância e prosperidade. Promove o desbloqueio de aspectos travados da personalidade.

*Órgãos:* Coração, olhos, glândulas timo e pituitária (ou hipófise).

*Chakras:* 2º, 4º, 6º, 7º. Desbloqueio energético do chakra coronário. Alinha o corpo etérico ao corpo físico. Faz a limpeza de todos os corpos sutis.

## Enxofre (*Sulfur*)

Considerada uma pedra mágica desde a Antiguidade, o Enxofre sempre foi utilizado como proteção ou para afastar maus espíritos. Em papiros do Egito antigo encontramos menção de seu emprego com fins terapêuticos e os alquimistas se utilizavam dele com frequência em seus experimentos. Quando queimado, produz um cheiro forte e áspero, muito característico, sendo que, nas religiões afro-brasileiras, é usado nos rituais de descarrego e purificação. É encontrado nos Estados Unidos, na Índia, no Japão e no México.

O Enxofre é também um poderoso adstringente, encontrado nas fórmulas de sabonetes para uso em cabelos e pele oleosos.

O Elixir de Enxofre ajuda realmente a modificar as energias negativas e o padrão de comportamento daquelas pessoas que estão sempre irritadas, mal-humoradas, cuja rigidez mental se espelha também no físico em doenças como artrite, artrose, reumatismo e outras dessa ordem. No aspecto psicológico, há uma raiva que não se desprende claramente, mas fica contaminando todas as atitudes e relações. O pensamento pode ficar a mil por hora, o que leva a um quadro de insônia constante.

Personalidades com esse perfil podem fazer um verdadeiro inferno da vida dos que os rodeiam, com sua irascibilidade e humor inconstante. Costumam ser muito críticas, implicantes por coisas pouco significativas, mas que elas transformam em um problema quase que intransponível.

Uma família atendida apresentava muitas dificuldades de relacionamento. Uma das primeiras queixas da esposa era de que o marido ficara quinze dias sem lhe dirigir a palavra, porque quando ele foi se servir de água na geladeira, a garrafa estava vazia. Uma pessoa com tal capacidade de armazenar raiva concentrada, por assim dizer, que digere tão mal suas emoções, por certo vai apresentar comprometimento no campo físico. Ele tinha psoríase, herpes labial e genital e hemorroidas, conforme foi me sendo dito ao longo das sessões. Sua postura corporal era rígida e tensa, sendo que sofrera um infarto aos 38 anos de idade. Sua esposa se queixava do seu distanciamento emocional e incapacidade para compartilhar ideias. Embora fosse um bom provedor para a família, frequentemente gastava além do que podia, colocando as finanças em risco mesmo.

Segundo a psicossomática, a psoríase é uma formação reativa decorrente das couraças do caráter, do medo de se machucar. A herpes labial fala de ira reprimida e inarticulada, de fraqueza defensiva, que não consegue defender suficientemente sua pele; aquilo que não pode ser dito irrompe em bolhas. O infarto remete ao medo de se machucar novamente, rigidez, incapacidade de relaxamento, baixa autoestima, medo da crítica e do insucesso e, principalmente, obstrução do fluxo de sentimento.

Para ficarmos apenas nesses sintomas, o que foi surgindo na terapia foi um homem muito frágil sob uma couraça dura, cuja infância fora marcada por constantes abusos emocionais por parte do pai, que o chamava de "burro, incompetente", que dizia que ele "não era seu filho por ser muito feio", que nunca se satisfazia com o que quer que esse filho lhe desse, colocando-o sempre em uma posição de perdedor ao compará-lo com seus outros irmãos. Na ocasião da terapia, ele já era um alto executivo bem-sucedido, mas o pai continuava a desqualificá-lo em toda e qualquer ocasião em que a família se reunisse. No entanto, ele falava com adoração desse pai que o arrasava, sem reagir e sem querer enxergar o que acontecia, descarregando tudo na família que constituíra.

O Elixir de Enxofre foi um dos primeiros que selecionei para colocar em sua fórmula, porque o quadro se encaixava perfeitamente e a reação foi uma das melhores que já pude observar, em curto espaço de tempo.

É interessante notar que um renomado medicamento à base de glicosamina + sulfato sódico de condroitina, recomendado para artrose, tem como efeito também auxiliar na fixação do enxofre no organismo. Assim, juntar gotinhas da essência de Enxofre ao tomar o remédio – quando recomendado por seu médico – aumenta ainda mais a eficácia do mesmo.

*Personalidades irritadiças, mal-humoradas. Rigidez mental. Raiva escondida. Depressão. Egoísmo. Eliminação de energias negativas. Flexibilidade corporal. Odores corporais fortes. Artrite. Artrose. Unhas. Cabelo. Emagrecimento.*

*Cor:* Amarelo-claro.

*Nível físico:* Contra febres, reumatismo, para dor nas juntas, resfriado, sinusite, problemas estomacais, mal-de-Hodgkin. Proporciona alívio para artrite, hemorroidas e problemas nas unhas e na pele. Traz maior flexibilidade ao corpo enrijecido e que tem tendência a cristalizar posturas. Para normalizar a flora intestinal e curar machucados. Tem efeitos laxativos e alivia os efeitos de envenenamento por metais pesados. Normaliza o metabolismo fortalecendo os órgãos desse sistema. Relaxa os músculos. Faz a limpeza dos tecidos celulares, do pâncreas, do apêndice e dos miasmas da tuberculose e da sífilis. Ajuda na absorção das proteínas e nos problemas digestivos. Estimula o coração, os tendões e ligamentos. Contra odores corporais fortes. Doenças do sistema imunológico, sistema endócrino e capilar. Tem efeito muito positivo naqueles que têm muita atividade mental e fazem pouco exercício, comendo acima do necessário a maior parte das vezes.

*Nível psicológico, mental, espiritual:* Personalidades irritadiças, nervosas, mal-humoradas, egoístas, briguentas e com uma mente inquisitiva se beneficiam desta essência. Ameniza a rigidez mental. Indicado nos casos de insônia. Ativa a força de vontade. Promove absorção e eliminação das energias mais densas. Eleva o nível de consciência cósmica. Aplicar topicamente sobre o plexo solar (tórax) ao mesmo tempo em que se tomam sete gotas três vezes ao dia, para dissolver sentimentos de raiva, depressão, egoísmo, irritabilidade.

*Órgãos:* Aparelho digestivo, órgãos de filtragem e eliminação (fígado, rins, vesícula, baço, pâncreas, bexiga e intestinos).

*Chakra:* 1º. Equilibra os corpos astral e etérico. Alinha os corpos mental e emocional.

## Esmeralda (*Emerald*)

A Esmeralda pertence ao grupo dos Berilos e é encontrada na Austrália, no Brasil, na Colômbia e na África do Sul. Desde a Antiguidade é relacionada com boa sorte, prosperidade, amor.

Nas perturbações psíquicas mais severas como a esquizofrenia e seus sintomas, a Esmeralda é um importante auxiliar. Como já foi dito, se você não é um profissional da área de saúde com formação para atender as questões de um quadro dessa ordem, o bom-senso acima de tudo pede um encaminhamento, para que você possa fazer um trabalho conjunto. A frequência das vibrações desta essência permite que haja uma resposta muito mais rápida a eventuais medicações necessárias, permitindo maior estabilidade emocional não apenas circunstancialmente, mas também em nível de estrutura da personalidade.

*Paranoia. Esquizofrenia. Doenças mentais. Calmante. Dificuldades com a figura paterna. Problemas neurológicos. Epilepsia. Autismo. Dislexia. Coordenação motora. Olhos. Faculdades psíquicas.*

*Cor:* Verde translúcido.

*Nível físico:* Nos quadros de diabete. Problemas com os sistemas neurológico ou circulatório. Nas desordens relacionadas com o hemisfério esquerdo do cérebro, como epilepsia, autismo, dislexia, descargas neurológicas, falta de co-ordenação motora, problemas visuais. Fortalece coração, pulmões, fígado, pân-creas, glândula tireoide, todo o sistema imunológico. Fortalece e refresca olhos cansados. Promove remoção das toxinas do organismo. Ajuda na absorção da clorofila pelo corpo e na formação da hemoglobina e do plasma. Atua no sistema linfático e na mitose celular. Elimina os miasmas da sífilis e petroquímico. Tem poderes laxativos.

*Nível psicológico, mental, espiritual:* Remove os medos ocultos ou há muito incrustados no psiquismo. Acalma as emoções. Traz estabilidade à personalidade do indivíduo e uma melhor percepção da realidade. Contra a paranoia, a esqui-zofrenia e outras doenças mentais severas. Amplia as capacidades psíquicas e a clarividência em particular. Nas dificuldades com a figura paterna. Acalma a mente, dá eloquência e desenvolve a criatividade pela palavra. Protege os laços de casamento. Proteção contra abortos. Insônia.

*Órgãos:* Coração, fígado, pâncreas, tireoide, pulmões.

*Chakras:* 4º, 6º e 7º. Estimula e estabiliza o chakra cardíaco. Alinha os corpos sutis: astral, etérico e emocional. Fortalece os meridianos do coração e dos rins.

## Fluorita (*Fluorite*)

A Fluorita tem seu nome derivado do latim *fluere*, que quer dizer "fluir", devido ao fato de se derreter com facilidade. É encontrada em cores variadas, como azul, verde, roxa, vermelha, branca, incolor ou marrom, nos Estados Uni-dos, na Inglaterra, na Itália e na Suíça. A Fluorita é a principal fonte de flúor para o nosso corpo. A deficiência de flúor no organismo causa ossos frágeis e dentes moles, o que a torna indispensável para a saúde.

Pessoas que têm dificuldade em aceitar novos pontos de vista, que ficam impermeáveis a novas possibilidades de fluir com a vida, têm sua percepção dos fatos comprometida pela rigidez. A essência de Fluorita melhora a capacidade de apreender, assimilar e sintetizar novas ideias, dando ainda maior facilidade para a utilização prática delas. Através do desbloqueio energético, faz a saída do plano mental para o prático, onde tantos bons projetos ficam comprometidos. Assim, os planos fluem energética e concretamente.

É interessante observar que a atuação complementar de equilíbrio desta es-sência é o abandono da rigidez mental, para que essa energia se desloque para onde é necessário que haja maior rigidez – nos ossos, nos dentes.

*Capacidade analítica. Síntese. Pôr as ideias em prática. Hiperatividade. Ri-gidez mental, inflexibilidade. Esmalte dentário. Ossos. Bloqueios energéticos.*

*Cor:* Roxa, verde, azul.

*Nível físico:* Fortalece os ossos, o esmalte dentário e a membrana mucosa do tecido pulmonar. Contra a osteoporose e deficiências auditivas relacionadas com a otosclerose. Combate o câncer de pulmão. Atua nos pulmões e no fígado. Contra inflamações viróticas, pneumonia. Melhora a assimilação de cálcio, magnésio, fósforo, zinco e vitamina K. Elimina o miasma da tuberculose. Aumenta a energia do corpo físico por romper bloqueios do corpo etérico.

*Nível psicológico, mental, espiritual:* Desenvolve a habilidade de uma percepção mais fina dos acontecimentos e melhora a capacidade analítica das situações. Ajuda a colocar os pensamentos em ordem e a pôr em ação o que foi pensado. Melhora o poder de assimilação e síntese de ideias. Cria um distanciamento emocional suficiente para que se possa lidar com as situações de maneira mais pragmática. Contra a hiperatividade. Põe em movimento energias estagnadas, liberando a sua circulação. Pessoas mentalmente rígidas, inflexíveis, se beneficiam deste elixir.

*Órgãos:* Dentes, ossos, pulmões.

*Chakra:* 7º. Liga a matéria ao espírito pelo chakra coronário; desbloqueio do corpo etérico.

## Granada Vermelha (*Garnet; Rhodolite Garnet*)

*Sinônimo: Piropo, Granada Rodolita*

A Granada é uma pedra encontrada na África do Sul, nos Estados Unidos, na Tanzânia e no Zaire. Nos antigos rituais de magia, era usada para reforçar tanto os poderes de quem os praticava quanto os efeitos desejados. Acreditava-se ainda que possuía poderes de proteger quem a portasse, por criar uma aura que tinha a propriedade de repelir maus espíritos, energias negativas e defender de ladrões.

É uma pedra muito interessante, porque abrange as duas polaridades dos chakras: o básico e o coronário. Assim, sua energia começa desbloqueando a energia sexual da kundalini, elevando-a em direção à espiritualidade.

*Impotência. Apatia sexual. Autoestima. Magnetismo pessoal. Personalidade reclusa. Má circulação nas extremidades. Energia física. Pré/pós-cirúrgico. Reumatismo. Reconhecimento de células pré-cancerígenas. Desintoxicação. Distúrbios hormonais.*

*Cor:* Vermelho-escuro.

*Nível físico:* Quando há má circulação em algumas partes do corpo, como pés, mãos etc. Auxilia no pré e pós-cirúrgico, permitindo que o corpo reaja melhor à intervenção, ao corte. Propicia maior energia física também, sendo recomendada para atletas, estudantes em época de provas etc. Dá maior flexibilidade ao tecido da pele e alivia problemas com esse órgão em geral. Combate inflamações, anemia e reumatismo. Ajuda na assimilação dos nutrientes e da hemoglobina, bem como das vitaminas A e do complexo B. Incentiva o organismo no reconhecimento de células pré-cancerígenas, mas atua apenas como preventivo, com relação a essa doença. Nos processos de desintoxicação, quando há náusea, é de grande auxílio. Aumenta a vitalidade do organismo como um todo. Em nível celular, aumenta o plasma, a hemoglobina, os glóbulos brancos. Fortalece o coração, os rins, o fígado e a tireoide. Combate os miasmas da tuberculose e doenças do fígado e do coração. Alivia quadros de anemia. É um elixir para as doenças sexualmente transmissíveis. Indicado para distúrbios hormonais, impotência e apatia sexual de homens e mulheres.

*Nível psicológico, mental, espiritual:* Estimula a criatividade, o respeito e a responsabilidade. Estimula o desenvolvimento do movimento da kundalini, desperta amor e compaixão, magnetismo pessoal, paciência, devoção. Combate a depressão, por melhorar a autoestima e fortalecer a vontade própria. Em desordens psicológicas relacionadas com a sexualidade é importante auxiliar, pois atua em casos de impotência e ativa o apetite sexual. Pessoas que precisam deste elixir tendem a ser autocentradas e reclusas. Ocorre uma ativação da vontade de servir aos outros, mantendo a consciência de si. Se usada em meditação, a Granada Vermelha estimula a essência espiritual dos relacionamentos interpessoais. Para uso externo, adicionar ao óleo de oliva ou de amêndoas, massageando o plexo solar e debaixo dos braços.

*Órgãos:* Coração, fígado, rins, tireoide.

*Chakras:* 1º, 2º, 4º, 5º e 7º. Transmuta a energia negativa dos chakras em positiva. Alinha os corpos emocional e espiritual, com o que se eleva o nível das emoções.

## Hematita (*Hematite*)

A Hematita é uma pedra que tem uma aparência brilhante, como uma prata muito escura. Muito lisa e suave ao toque, ao ser polida a Hematita solta uma tintura vermelho-sangue e, em alemão, ela é conhecida como "pedra-de-sangue"; no entanto, em inglês, pedra-de-sangue (*Bloodstone*) é o heliotrópio. Na Antiguidade, a Hematita era usada como espelho, daí o sinônimo especularita (em grego, "espelho"). A palavra hematita vem do grego *haimatites*, que significa "semelhante ao sangue". No Egito antigo, a Hematita era considerada um amuleto para os mortos, que facilitaria sua entrada na outra vida. É encontrada no Brasil, no Canadá e nos Estados Unidos principalmente.

A Hematita tem uma primeira e talvez mais importante prescrição, que é relativa à melhora da autoestima. No plano físico, ela é muito efetiva para pacientes que estão com problemas de coluna e, nesse aspecto, os sintomas se cruzam.

Quando a coluna apresenta uma corcunda, a pessoa tem uma postura curvada, como que de penitente, se humilhando. Isso pode ajudar o terapeuta a pensar por que a vida está obrigando-a a se curvar, do que ela precisa se peni-

112

tenciar. A remissão do sintoma vem com a verdadeira manifestação de humildade interior, a aprender a servir com amor. A curvatura "põe para baixo", assim como nos sentimos quando estamos com a autoestima prejudicada.

Já a lordose, que é uma entrada mais acentuada, formando uma espécie de "buraco", aponta para a postura da pessoa em querer "consertar tudo" ao seu redor. Nesses casos, é importante despertar a consciência daquilo que precisa consertar primeiro dentro de si mesma, para depois pensar em consertar o que está fora, atender às suas próprias necessidades, em vez de ser arrastada pelas circunstâncias da vida.

*Autoestima. Coluna. Endorfina. Tensões físicas. Dor na nuca. Insônia. Pós-operatório. Fraturas. Sangue.*

*Cor:* Negra, negro-acinzentado, vermelha, parda, com traço vermelho-sangue.

*Nível físico:* Em casos de baixa vitalidade física. Promove a limpeza do sangue em graves problemas renais, eliminando as toxinas do baço, do fígado e dos rins. Aumenta os glóbulos vermelhos, combatendo a anemia, sendo indicada em casos de sangramento também. Muito boa no pós-operatório, como a granada. Estimula e multiplica anticorpos naturais do indivíduo. Libera a endorfina e melhora a capacidade de autocura. Nos casos de insônia e dor na nuca, pois alivia as tensões físicas. Boa para desvio da coluna, ajuste vertebral, consolidação de fraturas.

*Nível psicológico, mental, espiritual:* Excelente nos casos de baixa autoestima. Traz tranquilidade. Atua no organismo em casos de desarranjos de fundo nervoso. Para quem deseja fazer uma meditação profunda, ajuda a se desligar dos problemas do dia a dia.

*Órgãos:* Rins, ossos.

*Chakra:* 2º. Aumenta o fluxo nos meridianos e promove o fortalecimento do corpo etérico.

## Heliotrópio (*Bloodstone*)

*Sinônimo: Jaspe de Sangue, Jaspe-sanguíneo (Veja Jaspe-sanguíneo)*

## Hidenita (*Hidenite*)

Recebeu esse nome por ter sido encontrada por W. E. Hidden, na Carolina do Norte, Estados Unidos, em 1879. Hoje a Hidenita pode ser minerada principalmente no Brasil, na Birmânia e em Madagáscar. Costuma ser confundida com o berilo, o crisoberilo, a esmeralda clara e a turmalina verde. Pertence ao grupo do espodumênio.

A relação entre poder financeiro e poder pessoal não precisa ser explicada por ser tão direta em nossa cultura e é bastante comum vermos casos de impotência sexual surgirem após uma derrocada financeira do homem. É como se, sentindo-se impotente na sua relação com o dinheiro, sua libido reagisse, sintonizando-se com esse quadro. A essência de Hidenita cria vibrações positivas para facilitar a retomada – ou o surgimento – desse poder pessoal, elevando o padrão das energias ao mesmo tempo em que traz maior clareza a respeito de onde está a dificuldade a ser transposta para o sucesso ser atingido.

A percepção de onde foi que o indivíduo caiu é importante para que ele possa se levantar e aqui a frase é mais do que uma metáfora. Devolvendo o senso de "potência", a libido reage positivamente.

*Impotência. Distúrbios na sexualidade masculina. Poder pessoal. Finanças. Terapeutas. Remover bloqueios.*

*Cor:* Amarela-esverdeada, verde-amarelada, verde-esmeralda, sempre transparente.

*Nível físico:* Impotência, distúrbios na sexualidade masculina.

*Nível psicológico, mental, espiritual:* Atrai poder pessoal e financeiro. Traz maior clareza ao terapeuta no processo diagnóstico. Eleva o padrão das energias nos ambientes e dissolve energias negativas. Dá ancoramento para o trabalho com outras essências de cristais ou florais. Ajuda a localizar e remover os bloqueios que dificultam a cura.

*Órgãos:* Órgãos sexuais masculinos.

*Chakra:* 1º.

## Jade (*Jade*)

Esta pedra é encontrada na Austrália, em Burma, na China e nos Estados Unidos, sendo muito comum a associação do Jade com o Oriente. Na China, o Jade é considerado portador das cinco principais virtudes do homem: coragem, justiça, misericórdia, modéstia e sabedoria, sendo também usado com o objetivo de tornar os homens mais férteis.

A essência de Jade ajuda a pessoa a pôr as ideias em prática, de modo geral. Mas nas terapias de regressão, ela vai além e desperta aqueles recursos e habilidades que já desenvolvemos em vidas passadas. Antes de iniciar uma sessão com hipnose, dou cinco gotas da solução estoque diluídas em um pouco de água porque sei que isso facilita muito o aproveitamento do material que possa emergir.

Comparando a essência de Fluorita e a de Jade no aspecto de "pôr os planos em ação", penso que a diferença fundamental reside no fato de a pessoa que necessita de Fluorita ser aquela que tem ideias mas se perde nos seus meandros. Ela fica no plano mental e é como se se interessasse muito pela ideia em si e se descuidasse de sua concretização. Já no caso do Jade, quem precisa de suas vibrações são os que têm as ideias mas não acreditam que realmente possam realizá-las, porque veem limitações em si para atingir seus objetivos – mesmo que esta seja uma percepção falsa.

*Superar limitações autoimpostas. Pôr as ideias em prática. Habilidades psíquicas. Terapia de vidas passadas. Regressão. Cabelo. Pele. Cálculos da bexiga e dos rins.*

*Cor:* Verde-opaco, azul, branco ou creme, lilás. A mais conhecida e utilizada é a verde.

*Nível físico:* Ajuda na saúde capilar. Traz maciez e suavidade à pele. Fortalece o sistema imunológico. Faz a limpeza da toxicidade sanguínea e auxilia nos tratamentos de problemas coronários, renais e do baço. Estimula o coração, timo, baço, fígado, rins, laringe, paratireoides, tireoide e gânglios parassimpáticos. Indicado para problemas nos olhos. Melhora a assimilação do iodo. Ajuda na eliminação de cálculos da bexiga e dos rins.

*Nível psicológico, mental, espiritual:* Faz a transmutação da negatividade. Promove o desprendimento de limitações, autoimpostas ou não, e permite a autossuficiência. Para os que têm dificuldade em pôr as ideias em prática. Cria vibrações afetuosas, que permitem uma sintonia com os demais e paz consigo mesmo. Habilidades psíquicas, coragem e fidelidade são estimuladas. Dá inspiração criativa. Indicado para terapias de regressão, pois ajuda a trazer à tona habilidades e força adquiridas em vidas passadas. É considerada uma pedra de proteção, que mantém seu portador livre de problemas.

*Órgãos:* Baço, fígado, coração, tireoide, olhos.

*Chakra:* 4º. Alinhamento dos corpos sutis.

## Jaspe Marrom (*Picture-brown Jasper*)

Encontrado na Alemanha, nos Estados Unidos e no México, este tipo de Jaspe, por sua própria coloração, fala de uma sintonia com o elemento terra. Sua vibração é mais lenta e traz uma sensação de equilíbrio, de ancoragem. É considerada uma pedra importante no auxílio tanto do controle da poluição ambiental, quanto da limpeza de toxinas do organismo, favorecendo desse modo o sistema imunológico. Toxinas têm uma relação direta com manifestações alérgicas e requerem a eliminação eficaz por parte do organismo – seja ele macro, como nosso planeta, ou micro, como nosso corpo.

*Menstruação. Cólica. Órgãos reprodutores femininos. Medos ocultos, reprimidos. Alucinação. Estados de desorientação. Bloqueios por traumas. Inconsciente. Sono agitado. Pessoas avoadas.*

*Cor:* Marrom.

*Nível físico:* Menstruação irregular ou abundante, cólicas, contrações menstruais dolorosas. Doenças do útero e ovários em geral. Doenças femininas. Ativa a glândula pituitária e a tireoide. Combate alergias e problemas renais.

*Nível psicológico, mental, espiritual:* Medos ocultos, profunda repressão no inconsciente. Sono agitado, alucinações e estados de desorientação. Usado em terapias de regressão, ajuda a trazer à tona acontecimentos traumáticos que permanecem como bloqueios a dificultar o crescimento do indivíduo. Serve para auxiliar o processo terapêutico em geral, visto liberar conteúdos do inconsciente. Pessoas distraídas, avoadas, se beneficiam de suas energias. Aumenta a capacidade de clarividência. Bom para meditação, pois facilita a visualização criativa.

*Órgãos:* Reprodutores femininos, tireoide, rins, timo, pele, tecidos neurológicos.

*Chakras:* 1º, 5º e 6º.

## Jaspe-sanguíneo (*Bloodstone*)

*Sinônimos: Jaspe de Sangue, Heliotrópio*

Devemos começar dizendo que esta pedra, embora seja denominada "Jaspe", é na verdade uma calcedônia opaca, que pertence à família dos quartzos e não dos jaspes. Verde com pontinhos vermelhos, o Jaspe-sanguíneo é o heliotrópio. Na antiga Babilônia e no Egito, há mais de 3.000 anos, era usado em rituais de magia. Segundo Papus, os necromantes a chamavam de "pedra preciosa da Babilônia", sendo utilizada para adivinhar e interpretar os oráculos. Era muito empregado para estancar hemorragia e baixar a febre. Na Idade Média, os agricultores o tinham como um talismã que atraía a fartura, favorecendo boas colheitas. No século XIII era usado por magos, para dar mais força aos rituais e hoje é empregado em rituais para atrair prosperidade, boa sorte em negócios, dinheiro. Usa-se também dentro da caixa registradora ou da bolsa, com essa finalidade. É encontrado em Chipre, na Etiópia, na Índia e na Rússia.

Este elixir faz parte da fórmula que costumo preparar para pessoas com problemas de veias e vasos nas pernas ou hemorroidas, com resultados muito bons, por sua atuação no sistema circulatório. Pessoas muito friorentas – principalmente mulheres – costumam ter uma baixa circulação sanguínea e a essência de Jaspe-sanguíneo é ótima para esses casos também.

Outro emprego é em casos de corte. Duas gotas da essência estoque diretamente sobre o corte, estanca o sangue e ajuda na cicatrização. Muitas manicures a empregam em seu trabalho, para fechar e desinfetar pequenos cortes junto às cutículas.

Um testemunho da Dra. Laura Cardellini foi muito importante nessa conclusão, mesmo em casos de cortes mais sérios. Segundo ela me relatou e tive a oportunidade de verificar o resultado dias depois, ela dera um corte profundo no dedo, até o osso. Por estar sem carro e sozinha em casa à noite, procurou estancar o sangue com diversos recursos, sem sucesso. Finalmente, lembrou-se da essência de Jaspe-sanguíneo e pingou algumas gotas da mesma sobre o corte, que jorrava sangue ainda e provocava muita dor. Em questão de segundos o sangue estancou e ela envolveu o dedo numa gaze, para proteção ao dormir. A dor também diminuiu significativamente. Na manhã seguinte, o tecido do corte estava já em pleno processo de cicatrização.

*Sistema circulatório. Varizes. Sangue. Para quem sente muito frio. Cabelos. Tensão. Coragem. Situações de risco. Medo de enfrentar a vida. Disciplina mental. Prosperidade. Magos.*

*Cor:* Verde-escuro, com traços vermelhos.

*Nível físico:* Atua no sistema circulatório, no combate a doenças do sangue, fortalecendo o organismo para reagir à doença. Desintoxica o fígado com suas vibrações, atuando também nas desordens do baço, dos rins, do coração, na medula dos ossos (tutano) e nos órgãos reprodutores: útero, ovário, testículos. Melhora a circulação sanguínea. Bom contra varizes, hemorroidas. Para os que sentem muito frio. Dá mais brilho aos cabelos. Pode-se colocar no vidro de xampu doze a quinze gotas do elixir, para melhor atuação. Nos casos de tensão na nuca, colocar seis gotas num pouco de óleo de jojoba e de oliva, em partes iguais, esfregando a testa, a nuca, a base da coluna e entre os seios.

*Nível psicológico, mental, espiritual:* Traz um equilíbrio para aqueles que ou correm riscos desnecessários nas situações, ou não têm coragem para enfrentar a vida. Traz à consciência a necessidade de se trabalhar problemas que poderiam se tornar mais sérios posteriormente. Desenvolve senso de equilíbrio e traz maior clareza e disciplina mentais, ajudando na criação de condições para se atingir uma melhor autorrealização na vida. Acalma a mente.

*Órgãos:* Sistema circulatório, sistema reprodutor masculino e feminino, cabelos, baço, coração, ossos.

*Chakras:* 1º e 4º. Abre e alinha os chakras básico e cardíaco.

## Jaspe Verde (*Green Jasper*)

O emprego de Jaspes nas terapias segue uma linha-mestra, por assim dizer, mas há variações de uso, de acordo com as diversas cores. Geoffrey Keyte relata curas com o Jaspe Verde em problemas de menstruação: irregularidades no fluxo, hemorragias, ameaças de aborto, cólicas e problemas em geral com útero e ovários, inclusive fibromas, enquanto Steiner diz que Jaspe Verde desenvolve o olfato. É encontrado principalmente no México, nos Estados Unidos e na Índia.

Eu utilizo o Jaspe Verde na formulação para rejuvenescimento celular e vejo nele um importante componente, por ter atuação geral. Também o prescrevo nos problemas digestivos: ao olharmos um Jaspe Verde rolado, é difícil não estabelecer uma relação direta com o fígado e a vesícula biliar, tanto pela cor quanto pela forma das pedras. Desopilando o fígado, fica mais fácil apreciar o prazer de viver, a alegria, o soltar-se interna e externamente, inclusive a própria sensualidade.

*Rejuvenescimento celular. Alegria. Prazer. Adolescência. Sensibilidade. Sensualidade. Aceitação do próprio corpo. Vesícula. Fígado. Olfato. Velhice. Terapeutas.*

*Cor:* Verde-opaco.

*Nível físico:* Regeneração geral dos tecidos. Tradicionalmente é usado nos desequilíbrios da boca, digestão e respiração. Reduz a constipação, espasmos intestinais e úlceras. Fortalece os órgãos sexuais. Estimula todo o sistema endócrino, principalmente vesícula biliar e fígado. Pode ser usado em massagens, colocando-se de oito a doze gotas em um pouco de óleo de jojoba ou de amêndoas, pois melhora a oxigenação dos tecidos musculares e da pele.

*Nível psicológico, mental, espiritual:* Diminui a tristeza e desenvolve uma maior sensibilidade e compreensão das necessidades dos outros. Aumenta a clarividência e equilibra o campo áurico do terapeuta curador, ativando sua intuição. Conecta o indivíduo à alegria. Ajuda a "soltar-se" pessoas de culturas mais reservadas, como os nórdicos e orientais. Promove a conexão com a Terra, a celebração do mundo físico, o prazer amplo, além do aspecto sexual. Particularmente bom para mulheres que têm dificuldade em encarnar sua sexualidade, sua sensualidade. Para aqueles que não aceitam o próprio corpo, sejam adolescentes, adultos ou idosos. Diminui a ansiedade.

*Órgãos:* Fígado, vesícula, órgãos sexuais.

*Chakra:* 1º. Alinha os corpos: astral, emocional, mental e etérico. Estimula a clarividência.

## Kunzita (*Kunzite*)

É encontrada no Brasil, nos Estados Unidos e em Madagáscar. Seu nome é derivado de George Frederick Kunz, importante gemólogo americano, que viveu de 1856 a 1932. Possui um alto teor de lítio, substância extremamente importante no combate à depressão e aos distúrbios psiquiátricos causados por sua falta no organismo. O lítio em forma de medicamento também é usado contra anorexia nervosa, artrite, epilepsia, gota, coreia, mal de Parkinson, retardo, fobias, distúrbios da tireoide, esquizofrenia, transtorno bipolar (quadro maníaco-depressivo), entre outros.

Na forma de elixir vibracional, a Kunzita também é recomendada para o transtorno bipolar (quadro clínico em que a pessoa apresenta labilidade do humor, alternando períodos de euforia com outros de depressão) e fobias. Devolve o equilíbrio mental, melhorando a autoestima.

Você pode também utilizar a essência deste mineral sempre que estiver em tratamento de algum dos aspectos clínicos acima mencionados – artrite, epilepsia, gota etc. – para dar maior suporte e rapidez de resultado.

*Transtorno bipolar. Fobias. Autoestima. Regeneração dos tecidos. Stress físico e mental.*

*Cor:* Translúcida, nos tons azul-claro, incolor, verde, rosado.

*Nível físico:* Fortalece as células sanguíneas e o plasma, ativa o sistema celular cardiovascular, favorecendo uma reação do organismo nesse sentido. Promove melhor regeneração dos tecidos. Combate o *stress* físico e mental.

*Nível psicológico, mental, espiritual:* Ajuda o indivíduo a "se abrir", ser forte, amoroso. Equilíbrio mental. Valoriza a autoestima num nível mais sutil, fortalecendo o corpo etérico. Combate a depressão em suas variadas formas.

*Órgãos:* Sistema circulatório, olhos, região lombar, rins.

*Chakras:* 4º, alinhando-o ao 5º e ao 6º. Fortalece o corpo etérico.

## Lápis-Lazúli (*Lapis-lazuli, azulite, azure-stone*)

O Lápis-Lazúli é uma pedra encontrada no Afeganistão, nos Estados Unidos, no Chile e na Rússia. Considerada uma pedra de proteção, é usada por crianças, na Índia, com essa finalidade. Considera-se que todo mago deveria usar um Lápis-Lazúli, como faziam o sumo sacerdote, os reis e as rainhas do antigo Egito. Triturado, era usado na pintura do rosto ou de objetos de valor artístico. Também era oferecido como tributo ou presente à realeza. É uma pedra de alto valor financeiro e simbólico.

Elimina a vergonha daqueles que se sentem socialmente prejudicados pela timidez excessiva, estimulando e aumentando a expressão pessoal, possibilitando a indivíduos introvertidos e "ausentes" ficarem mais presentes.

Todavia, sempre que você se deparar com uma pessoa tímida, pense na palavra orgulho e pesquise um pouco como ela afeta o tímido. O tímido, usualmente, é uma pessoa que intimamente tem uma estrutura rígida, com alto padrão de excelência e, acima de tudo, não admite que possa errar. Seu orgulho (que pode estar perfeitamente mascarado sob outras construções psíquicas) pode ser muito ferido, se ele tiver uma atitude "incorreta". Então ele prefere se retrair, por medo de errar, de expor uma eventual falha. É interessante pesquisar esse viés da personalidade, ao prescrever uma fórmula para os tímidos, para atingir melhores resultados.

O Lápis-Lazúli facilita a introspecção produtiva, no sentido de favorecer a conexão com o nosso "eu interior", de maneira a descobrir o melhor caminho a seguir. Usado juntamente com o Quartzo-Cristal, dá excelentes resultados.

*Amplificador de formas-pensamento. Terceiro olho. Descoberta do próprio caminho. Centramento. Ancoramento. Disciplina interior. Timidez. Remoção de toxinas. Sistema imunológico. Reestruturação celular.*

*Cor:* Azul-escuro, com inclusões douradas de pirita. Algumas vezes, possui inclusões de calcita branca.

*Nível físico:* Estimula a tireoide, a reestruturação celular e retifica os danos no RNA/DNA. Aumenta a mitose celular e a assimilação de nutrientes. Ativa as energias regenerativas do corpo. Bom em casos de baixa no sistema imunológico, problemas de audição e nas trompas de Eustáquio, na estrutura celular, muscular e óssea, inflamações da laringe, esôfago, passagens bronquiais, medula óssea, insônia, vertigens, tonturas, tensão. Estimula oxigenação da hemoglobina. Revigora o sistema linfático, timo e pituitária. Poderoso elixir de limpeza, remove toxinas do organismo. Elimina miasmas petroquímico, sifilítico, da tuberculose e de metais pesados. Aumenta assimilação de cálcio, lecitina, fósforo, vitaminas B, C e E. Um pequeno pedaço de Lápis-Lazúli no refrigerador ajuda a limpá-lo.

*Nível psicológico, mental, espiritual:* É um amplificador de formas-pensamento. Estimula o 6º chakra, ou "terceiro olho", desenvolvendo as habilidades psíquicas. Ajuda a entrar em contato com o verdadeiro "eu interior", facilitando a descoberta do nosso próprio caminho. Intensifica os poderes naturais de quem o usa. Combate a melancolia. Para os que sentem muita vergonha, timidez excessiva. Traz serenidade. Alivia a ansiedade, tensão nervosa e desenvolve disciplina interior. Pode ser usado como apoio nos tratamentos de autismo.

*Órgãos:* Esôfago, brônquios, medula óssea, timo, tireoide, sistema linfático, pituitária (ou hipófise), sangue.

*Chakras:* 5º, 6º. Energiza o chakra laríngeo, abre o chakra frontal. Alinha os corpos sutis: etérico, mental e espiritual; promove a conexão entre o plano físico e o espiritual. Fortalece todos os meridianos.

## Madeira Petrificada (*Petrified Wood*)

Madeira Petrificada ou madeira fossilizada é um mineral pertencente ao grupo dos quartzos, muito utilizado nas curas físicas e psíquicas. É encontrado no mundo inteiro, sendo que no Brasil importantes descobertas desse mineral foram feitas no Rio Grande do Sul. No Arizona, Estados Unidos, há um "bosque petrificado" em Hollbrook, com araucárias petrificadas, de até três metros de diâmetro. Trata-se de matéria vegetal que, por ação do tempo e por um processo de mineralização, se transformou em pedra. Possui um tom amarronzado, ou com listras pretas e acinzentadas. Possui, por suas características, a capacidade de conexão com a Terra e, pela própria história de sua formação, remete a vidas passadas.

A essência de Madeira Petrificada é simplesmente um dos minerais cujos efeitos são mais poderosos e mais importantes para este momento de transição pelo qual a humanidade passa.

Chegamos a um ponto de nossa evolução em que não podemos mais nos esquivar de uma renovação de atitudes tanto mentais quanto no nosso modo de agir, se quisermos realmente ascender a um plano mais elevado. No entanto, muitas vezes há fortes dificuldades na modificação do padrão vibratório, devido a estruturas de comportamento que, de tanto se repetirem, existência após existência, como que se cristalizaram no indivíduo e, com frequência, em toda a família, constituindo os karmas familiares.

Para se sair da situação repetitiva, é necessário a tomada de consciência do problema, seguida de uma forte determinação em superá-lo. A Madeira Petrificada ajuda na liberação dos karmas individuais e familiares, ao trazer para um plano mais consciente os padrões disfuncionais aos quais estamos presos, muitas vezes sem nos darmos conta, e ajuda a passar a limpo os registros que trazemos de vidas passadas. Promove a restauração mais profunda por limpar os corpos sutis dessas cicatrizes, facilitando assim a mudança externa após a modificação do padrão interior.

Em termos de doutrina da "signatura", os veios da madeira têm uma similaridade com o sistema circulatório, assim como a rigidez corporal ou mental tem um paralelo com a madeira macia que se fossilizou. Desse modo, o elixir é utilizado nos problemas circulatórios em geral e na fórmula de rejuvenescimento, para problemas decorrentes da idade como senilidade, perda da memória, artrite, reumatismo etc.

Esta essência é feita de Madeira Petrificada de origens diversas, colocadas ao sol sobre um magnífico pedaço de tronco de árvore fossilizada com cerca de cinquenta centímetros de altura, que adquiri para fortalecer o foco em terapias de regressão. Esse tronco de cerca de 162 milhões de anos é um poderoso emanador de energias regenerativas e de reavaliação dos processos disfuncionais cristalizados. Credito muito à sua força também os resultados obtidos com a calvície, relatados em "Estudo de Caso".

*Terapia de Vidas Passadas. Rigidez mental. Bloqueio de emoções. Sistema circulatório. Rejuvenescimento. Pele. Sangue. Artrite. Senilidade.*

*Cor:* Amarronzada, bege, branca, podendo ter listras cinza ou pretas.

*Nível físico:* Melhora o funcionamento do sistema circulatório e dos tecidos musculares. Ajuda no afinamento do sangue e na dissolução dos coágulos sanguíneos. Excelente nos problemas de pele, auxiliando nos processos de rejuvenescimento. Contra arteriosclerose, artrite, reumatismo, senilidade.

*Nível psicológico, mental, espiritual:* Ajuda a passar a limpo questões trazidas de outras existências. Em terapias de vidas passadas ou para auxiliar no levantamento de bloqueios do inconsciente é de inestimável valia. Traz maior flexibilidade a personalidades rígidas, esquematizadas. Ajuda aqueles que bloqueiam suas emoções a liberá-las. Bom para a memória.

*Órgãos:* Sistema circulatório, tecidos musculares, pele, sangue.

*Chakra:* 5º.

# Malaquita (*Malachite*)

Encontrada no Zaire, na Austrália, no Chile, na Rodésia, na Namíbia e nos Estados Unidos, frequentemente junto com a Azurita, a Malaquita é uma pedra muito valorizada desde a Antiguidade, quando era usada como amuleto de proteção por egípcios, gregos e romanos. Triturada, servia como pintura para as pálpebras, assim como o Lápis-Lazúli. Os romanos a usavam também como proteção contra mau-olhado. Nos rituais de magia, a Malaquita é empregada para atrair amor. Um pedaço de Malaquita na caixa registradora do estabelecimento comercial atrai clientes, como a Pirita. Como amuleto, usada nas reuniões de negócios ou fechamento de vendas, dá a possibilidade de bons acordos. Modernamente, o Elixir de Malaquita tem uma ampla possibilidade de uso. É indicado para os usuários de computadores, devido aos benefícios de proteção e limpeza da radiação que faz no organismo. Todos aqueles que se sentam frente a um vídeo diariamente deveriam usar esta essência.

O pedaço de Malaquita do qual este elixir foi feito veio da África do Sul e é particularmente belo. Quando me deparei com ele em um fornecedor de pedras, tive imediatamente a certeza de que sairia de lá com ele – ele me escolhera! Gosto de segurá-lo junto ao coração algumas vezes quando vou meditar ou estou fazendo relaxamento, pois me acalma e me centra. Tem alta capacidade de regeneração celular e atua também na queda de cabelos.

Em uma de minhas primeiras meditações com a Malaquita, a sensação que me vinha muito forte era de que o espiritual precisa andar de mãos dadas com a matéria, em equilíbrio, porque é assim que vamos poder superar nossas limitações: aplicando as leis da espiritualidade no nosso dia a dia. Na prática, o que vemos com mais frequência é que, por engano, as pessoas acreditam que coisas do espírito e coisas da matéria são antagônicas. A máxima "é mais fácil um camelo passar pelo buraco da agulha do que um rico entrar no reino dos céus" continua sendo equivocadamente interpretada, apesar de reconhecido o erro de tradução.

Pessoas são de índole boa ou má, independentemente de serem ricas ou pobres. Penso que seria um transtorno social muito grande se aqueles que aprenderam a lidar bem com o dinheiro e as coisas da matéria, abrissem mão de tudo para atender os que não têm essa condição, ficando sem nada. Certamente outra pessoa teria que passar a se responsabilizar por eles.

Os que abrem mão do seu poder pessoal por medo de assumir as responsabilidades que um crescimento traz também estão nesse perfil.

Profissionais que não sabem cobrar o que é justo por seu trabalho podem se beneficiar muito da essência de Malaquita.

*Medo de mudança e de crescimento. Responsabilidade. Dificuldade em lidar com dinheiro. Atrai prosperidade. Poder pessoal. Realização dos desejos verdadeiros. Ancoramento. Bloqueios antigos. Traumas. Mediunidade muito aberta. Terapia corporal. Grounding. Coordenação motora. Bebês. Amamentação. Fertilidade. Regeneração celular. Asma. Alergia. Cabelo. Limpeza de toxinas. Irradiação.*

*Cor:* Verde.

*Nível físico:* Excelente para regeneração celular dos tecidos em geral e particularmente dos tecidos neurológicos. Diminui as toxinas depositadas nos tecidos gordurosos. Atua no sistema circulatório, fortalecendo e dando mais vitalidade aos cabelos também. Contra asmas, alergias, principalmente em crianças. Auxilia crianças com dislexia e problemas com coordenação motora, doentes mentais e portadores de epilepsia, problemas visuais e disfunções neurológicas. Aumenta a lactação e minimiza os desconfortos do bebê com o surgimento da dentição. Fortalece a cabeça em geral, os olhos, pâncreas, rins, baço e estômago. Aumenta a fertilidade. Conduz ao sono tranquilo. Na medicina antroposófica, a pedra é usada para combater a tensão nervosa que pode conduzir à gastrite ou úlceras gástricas. A essência também é indicada contra infecções, cólera, cólica menstrual, leucemia e reumatismo. Promove a limpeza de radiações do plutônio, sendo muito boa para quem reside nas imediações de usinas nucleares ou trabalha diariamente com computadores. Fortalece as glândulas pineal e pituitária e elimina os miasmas de metais pesados e da tuberculose.

*Nível psicológico, mental, espiritual:* Para os que abriram mão do seu poder pessoal, ajuda no reconhecimento de seus verdadeiros desejos e da base para realizá-los. Pessoas que têm dificuldade em lidar com dinheiro devem usar esta essência. Para quem tem medo de dizer "não" e perder o amor do outro. Trabalha os medos de mudança e crescimento. Atrai a prosperidade. Boa para terapia corporal, pois ajuda no *grounding*. Ancora ao mesmo tempo os quatro aspectos do ser: físico, emocional, mental e espiritual. Ajuda a incorporar experiências espirituais ao mundo físico, ao dia a dia. Auxilia na liberação de traumas recentes ou do passado remoto. Boa para aqueles que têm uma sensibilidade mediúnica com excessiva abertura, que têm clariaudiência ou clarividência sem controle.

*Órgãos:* Pés, olhos, pulmões.

*Chakras:* 1º, 4º. Abre o chakra cardíaco. Alinha os corpos etérico e emocional.

*Dicas de combinações:* Malaquita + Quartzo-Cristal juntos, debaixo do travesseiro, estimulam sonhos que ajudam a lidar com traumas infantis, remotos, liberando bloqueios mentais e emocionais. Malaquita + Mica + Rubi + Turmalina Verde ajudam a lidar melhor com as questões do dinheiro em vários aspectos. O Elixir de Malaquita pode ser usado em qualquer outra combinação, com essências de cristais ou essências florais, porque auxilia na obtenção de melhor resposta do indivíduo ao tratamento.

# Marfim (*Ivory*)

A ideia que se tem de Marfim é de que se trata das presas de elefantes. No entanto, ele pode ser obtido dos dentes de cachalotes, hipopótamos, javalis, morsas e mamutes fossilizados. Encontrado na África, na Birmânia, na Índia e em Sumatra, é muito apreciado por sua beleza e usado na confecção de joias há séculos. Ao adquirir uma peça de Marfim, é importante refletir sobre a sua origem, fazendo uma limpeza energética rigorosa, pois comumente ele pode ter sido obtido a partir do sofrimento de um animal. Ao tratarmos com reverência os objetos que nos servem, estabelecemos uma conexão mais profunda com o verdadeiro significado da transcendência da vida.

As vibrações do Marfim trazem um autocentramento muito efetivo e rápido, atuando também em casos de medos antigos, arraigados. Além disso, permite que toda a força que a raiva produz seja canalizada de maneira positiva, para viabilizar projetos de vida, expectativas anteriormente frustradas. Sendo um bom aliado nas visualizações criativas, dá mais força ainda para a realização dos sonhos e ideais.

Pais que têm muita dificuldade em colocar limites em seus filhos devem tomar esta essência ao mesmo tempo que suas crianças, pois ambos poderão aprender juntos os benefícios da disciplina. Na parte orgânica, todos os desequilíbrios relativos à estrutura óssea são energeticamente realinhados para que a saúde possa voltar a se manifestar.

*Medos. Disciplina. Limites. Crianças. Frustrações. Centramento. Pessoas excessivamente extrovertidas. Canalização positiva da energia da raiva. Pragmatismo. Regeneração óssea. Sistema circulatório. Amplificador de formas-pensamento.*

*Cor:* Bege-claro, amarelado.

*Nível físico:* Fortalece o esmalte e a estrutura da arcada dentária, os ossos e as articulações, sendo indicado contra osteoporose, problemas de coluna, descalcificações em geral. Propicia aumento da flexibilidade vertebral e regeneração óssea. Favorece a assimilação de cálcio, magnésio e proteínas. Combate a degeneração celular. Benéfico para o sistema circulatório e para a pele. Trabalha na eliminação de toxinas do organismo e ajuda no aumento de glóbulos vermelhos. Por estas qualidades, é indicado em casos de câncer de pele e dos ossos, feridas internas e externas e leucemia. Nos problemas da pele, usá-lo topicamente ou misturado ao remédio indicado.

*Nível psicológico, mental, espiritual:* Alivia medos e frustrações. Estimula a disciplina interior. Crianças cujos pais não estabelecem limites claros podem desenvolver uma melhor autodisciplina. Facilita a introspecção em indivíduos muito extrovertidos e superficiais. Permite ver pragmaticamente a viabilidade de projetos de vida. Alivia sentimentos de raiva e frustração, canalizando essa energia de forma positiva. Amplificador de formas-pensamento, traz qualidades superiores emocionais ao "eu" e deve ser usado nas visualizações criativas.

*Órgãos:* Dentes, ossos, pele.

*Chakra:* 3º. Alinhamento dos corpos sutis, emocional e etérico, facilitando a penetração do fluido etérico nas células.

*Dica de combinação:* Marfim + Fluorita + Jade + Safira potencializam os resultados quando se precisa pôr as ideias em prática.

## Mica

Mica é o nome que se dá genericamente a pedras em formação laminada, como folhas de papel, que são bastante comuns e podem ser encontradas em várias cores. As utilizadas no preparo da essência têm como origem a região de Minas Gerais, no Brasil, e são da cor roxa/lilás.

É interessante notar os pontos coincidentes que existem nas essências indicadas para a questão do poder. Como a Hidenita e a Malaquita, a Mica fala da impotência, porém cada uma delas trabalha melhor um aspecto específico.

Na *Hidenita*, a pessoa sofreu um revés que inclui a perda financeira, mas não tem clareza de onde foi que errou. No fundo, até acha que fez tudo certo. No quadro psicológico, os distúrbios na área da sexualidade podem incluir (ou não) quadros psiquicamente mais comprometidos como perversão etc. Eu diria que suas vibrações têm a ver especificamente com o masculino.

Na *Malaquita*, a pessoa abre mão do poder que o dinheiro traz, porque tem medo das responsabilidades. Tem muita dificuldade em lidar com dinheiro porque tem uma visão equivocada desse instrumento de evolução. Coloca-se na situação de impotente e vai levando a vida, sem uma reflexão mais aprofundada sobre o que lhe acontece e porque as coisas são como são. Este quadro tem a ver tanto com homens quanto com mulheres.

Na *Mica*, a impotência decorrente da perda do poder afeta o homem a tal ponto, que ele torna a impotência sexual uma realidade. No entanto, ele sabe que errou em algum ponto, quer aprender a se corrigir e tem como meta voltar a ter sucesso – e vai além disso. É uma pessoa que tem dificuldades em lidar com dinheiro, mas com possibilidades de uma compreensão mais rápida de onde está o nó, para desatá-lo.

Os distúrbios sexuais neste quadro geralmente estão mais relacionados com a baixa da autoestima afetando a libido.

*Prosperidade. Poder. Direção de vida. Assumir as rédeas. Dificuldades em lidar com dinheiro. Distúrbios sexuais.*

*Cor:* Roxa, lilás, em camadas de lâminas finas com reflexos prateados.

*Nível físico:* Ajuda nos processos em que se lida com problemas sexuais relacionados com a perda de poder. Quando a impotência sexual parcial ou total é uma forma de expressar concretamente como a pessoa se sente, após a perda do poder, intimamente ligado à perda financeira, de *status* social. Bom para digestão.

*Nível psicológico, mental, espiritual:* Dá o verdadeiro senso de poder pessoal, a capacidade para assumir a direção da própria vida, sabendo escolher caminhos mais tranquilos para o sucesso. Ajuda aqueles que têm dificuldade em lidar com finanças. Trabalha a prosperidade que o indivíduo busca como uma forma de poder, de autoafirmação.

*Órgãos:* Órgãos sexuais masculinos.

*Chakra:* 1º. Básico.

## Morganita (*Morganite*)

Esta pedra de cor rosada recebeu seu nome como uma homenagem ao banqueiro americano P. Morgan (1837-1913), que era um grande apreciador de gemas. A Morganita é da família dos berilos e pode ser encontrada com maior facilidade no Brasil, nos Estados Unidos e na Rússia. É considerada uma das pedras da Nova Era que se inicia com o advento do terceiro milênio e deve ser mais pesquisada.

*Energia angélica. Conexão com anjos. Eleva o padrão de vibração. Amor incondicional.*

*Cor:* Rosa-claro semitranslúcida.

*Nível físico:* Atua sobre a laringe, os pulmões, a tireoide, o sistema nervoso e os tecidos musculares. Melhora a oxigenação das células. Aumenta a absorção de cálcio, magnésio, vitaminas A, E e zinco. Alivia os miasmas da tuberculose.

*Nível psicológico, mental, espiritual:* Trabalha uma oitava acima da vibração do Quartzo-Rosa, despertando para o amor incondicional de maneira mais plena. Auxilia na conexão angélica.

*Órgãos:* Laringe, pulmões, tireoide, sistema nervoso, tecidos musculares.

*Chakra:* 4º.

## Obsidiana (*Obsidian*)

A Obsidiana é constituída de lava vulcânica solidificada e pode ser encontrada em algumas variedades como a Floco-de-Neve (preta com inclusões brancas), verde, cinza e em cores variadas, conhecida como arco-íris. É minerada no Japão, nos Estados Unidos e no México. É conhecida também nos Estados Unidos como "Lágrima de Apache" (*Apache Tear*). Gurudas menciona entre suas propriedades a capacidade de evitar que pessoas de boa índole sofram abusos. Os esotéricos que fazem leitura em bola de cristal podem utilizar-se de uma bola de Obsidiana com excelentes resultados, como o antigo alquimista Doutor Dee, que fazia previsões para a rainha Elizabeth I da Inglaterra.

A Obsidiana é uma pedra que desperta bastante controvérsia quanto ao seu uso, mas o que tenho observado ao longo dos anos é sua enorme força vibracional, que ajuda o indivíduo a enxergar e também a superar aquilo que talvez seja sua maior fraqueza. Eu costumo dizer que todos deveriam descobrir qual é sua "porta" para o desequilíbrio, porque apenas quando você reconhece o ponto mais sensível de sua personalidade, vai conseguir modificar esse quadro. É quando eu recomendo: "Prenda o que te prende". Aceitando que um certo comportamento abre campo para uma série de problemas, constringimos essa tendência e podemos nos superar. Aí saímos vencedores na história da nossa vida.

*Liberação e transmutação da raiva. Inveja. Mau-olhado. Processos obsessivos. Ataques espirituais. Histeria. Enjoo. Indigestão. Visão interna e externa.*

*Cor:* Preta, preta com flocos brancos ou acinzentados, verde, cinza.

*Nível físico:* Aguça a visão. Estimula a assimilação das vitaminas C e D. Eliminação de toxinas. Alivia tensão no trato intestinal, inflamações viróticas e bacteriológicas. Enjoo de estômago, cólica, indigestão de fundo nervoso.

*Nível psicológico, mental, espiritual:* Libera a raiva e sentimentos negativos, transmutando essas emoções em força positiva para se construir algo. Coloca as emoções mais fortes como que sob uma lente de aumento, permitindo analisá-las melhor. Ajuda o indivíduo a "prender o que o prende". Aguça a visão tanto interna quanto externa. É uma proteção contra ataques espirituais, negatividade, inveja, mau-olhado, inclusive processos obsessivos severos. Forte absorvente de energias negativas. Neste sentido, trabalha a espiritualidade. Acentua qualidades masculinas no homem ou dá um toque mais agressivo às atitudes femininas, quando a mulher é excessivamente passiva. Ajuda no centramento, no ancoramento. Inibe totalmente a negatividade e acalma um estado mental estressante. Boa em casos de choque, trauma, histeria.

*Órgãos:* Olhos, trato intestinal, sistema imunológico.

*Chakra:* 1º. Alinhamento dos corpos emocional e mental.

## Olho-de-Falcão (*Falcon's Eye*)

Pertencente ao grupo dos Quartzos, o Olho-de-Falcão é encontrado nas mesmas jazidas em que se minera o Olho-de-Tigre, na África do Sul, principalmente, mas também na Austrália Ocidental, na Birmânia, na Índia e nos Estados Unidos. Sua superfície é muito sedosa e brilhante, sensível aos ácidos.

Dentro da terapia, por vezes a pessoa já superou algumas etapas, já estabeleceu objetivos e metas, mas o sonho de algum modo lhe parece distante, difícil de ser realizado. O Elixir de Olho-de-Falcão dá a energia extra necessária para se chegar lá, principalmente quando há uma tendência a esperar que ocorra uma ajuda externa. Pessoas que são codependentes colocam nas mãos do parceiro – ou de outra pessoa significativa em sua vida – a resolução dos seus problemas ou a realização dos seus sonhos, sem perceber que isso é um equívoco que deve ser corrigido. A essência também melhora a acuidade visual.

*Força para ir em busca dos sonhos. Carência afetiva. Codependência. Criança interior.*

*Cor:* Azul-acinzentado, azul-esverdeado, sempre brilhante.

*Nível físico:* Melhora a acuidade visual e fortalece o coração. Pode ser usado em casos de problemas oftalmológicos em geral. Bom para alinhamento da coluna.

*Nível psicológico, mental, espiritual:* Auxilia a ter discernimento sobre as próprias faltas. Previne contra mau-olhado. Traz maior clareza de pontos de vista. Dá força para ir em busca dos objetivos traçados, dos sonhos pessoais, em vez de esperar que o outro se responsabilize por isso. Trabalha a carência afetiva.

*Órgãos:* Olhos.

*Chakras:* Estabilização dos chakras inferiores.

## Olho-de-Gato (*Cat's Eye*)

A pedra Olho-de-Gato é um mineral que pertence ao grupo dos Quartzos, sendo encontrada na Índia, no Brasil e no Sri Lanka. Seu toque é sedoso e brilhante e é muito sensível aos ácidos. Nesses casos, deve-se sempre mencionar Quartzo Olho-de-Gato. Sem a denominação "quartzo" à frente, para os especialistas fica subentendido que o Olho-de-Gato pertence à variedade do grupo dos crisoberilos, porque apenas estes têm o direito de ser nomeados simplesmente. Também é conhecido como "cimofana", que em grego quer dizer raio ondulante. Sua formação lembra a pupila vertical dos olhos dos gatos, daí o nome.

É utilizada em encantamentos para se obter riqueza, dinheiro e beleza. A água onde se deixou um Olho-de-Gato mergulhado ao sol por cerca de seis horas é benéfica para se lavar o rosto. Diz-se também que é um poderoso amuleto para jogadores, atraindo boa fortuna nos assuntos de dinheiro – seja em negócios, seja em especulações financeiras etc.

Talvez o emprego mais frequente da essência de Olho-de-Gato seja para despertar a intuição do caminho próprio a ser percorrido para se chegar à prosperidade. Muitas vezes as pessoas veem alguém ser bem-sucedido numa atividade ou ramo de negócio e resolvem abrir ou fazer algo similar, sem levar em conta as diferenças individuais de habilidades e aptidões. Esta essência, além de promover a conexão com vibrações de sucesso financeiro, estimula a intuição a respeito de onde você deve investir suas energias para que isso efetivamente ocorra em sua vida.

Se você estiver pronto para ir ao encontro de pessoas de alto poder aquisitivo, seja em uma festa ou reunião de negócios, e quer se sentir um deles – e ser aceito como tal, mesmo que efetivamente suas finanças não andem tão bem –, tome algumas gotas do Elixir de Olho-de-Gato e borrife-o sobre você, como se fosse um perfume. O velho ditado "Dinheiro chama dinheiro" é verdadeiro. Os bancos oferecem dinheiro para quem não precisa, as pessoas procuram sócios com uma aura de sucesso profissional, que estejam bem de vida. Criando a vibração de sucesso, você o atrai mais facilmente. Conecte-se com o positivo.

*Prosperidade. Depressão. Acuidade visual. Intuição. Mau-olhado. Personalidades influenciáveis, supersticiosas.*

*Cor:* Marrom, cinzento, amarelo-dourado, verde, com traços brancos.

*Nível físico:* Preserva a juventude. Fortalece os olhos e o coração. Melhora a acuidade visual. Boa contra asma e cólica dos intestinos.

*Nível psicológico, mental, espiritual:* Favorece todas as questões relativas a dinheiro inclusive ajudando a restaurar fortunas perdidas. Combate o mau-olhado. Dissipa a depressão. Aumenta a intuição. Emoções fortes mal utilizadas, com consequências negativas: traz a percepção de como transmutá-las em positivas. Indicado para pessoas muito influenciáveis, supersticiosas, que têm sua ação paralisada pela opinião dos outros.

*Órgãos:* Olhos.

*Chakra:* 6º.

## Olho-de-Tigre (*Tiger's Eye*)

Do grupo dos Quartzos, o Olho-de-Tigre é uma pedra formada a partir do Olho-de-Falcão, com a qual é minerada, na África do Sul, na Austrália Ocidental, na Birmânia, nos Estados Unidos e na Índia. Tem um brilho sedoso, seu toque é macio e de uma aparência fascinante, com suas fibras perpendiculares, imitando um olho de felino, iridescente. É uma pedra muito utilizada em rituais de prosperidade e de proteção. Excelente como ancoramento para fórmulas compostas.

Este foi o primeiro elixir que preparei, o que me conduziu a uma pesquisa bibliográfica e, em seguida, à busca da sintonização com os cristais para fins terapêuticos.

O Elixir de Olho-de-Tigre é para os que se perderam de si mesmos em algum ponto de sua vida e não se aperceberam, até o ponto em que não se reconhecem mais, por não conseguirem ser fiéis às suas convicções. Ajuda a pessoa a ter mais controle sobre as emoções, disciplina, autoconfiança para começar a planejar o caminho de volta para si mesma com otimismo. O repertório dos aspectos psicológicos e mentais detalha sentimentos que podem estar presentes em situações desse tipo, como medo, ansiedade etc., que essa essência ajuda a superar. Suas vibrações são realmente fortes e mobilizadoras, levando a uma reflexão mais profunda sobre as raízes dessa situação de desamparo aprendido em que a pessoa se encontra e, melhor do que isso, promovendo a mudança de atitude.

No Repertório por Sintomas há uma fórmula muito eficaz contra estrias, à base de ácido retinoico, à qual podem ser acrescentadas nove gotas de Elixir de Olho-de-Tigre, para resultados melhores ainda.

*Descontrole emocional. Inveja. Desamparo aprendido. Convicções próprias. Autoconfiança. Responsabilidade pela própria vida. Detalhes. Síntese. Ansiedade. Nervosismo. Letargia. Medo. Introspecção. Terapias de regressão. Ossos. Olhos.*

*Cor:* Amarelo-dourado, pardo-dourado.

*Nível físico:* Problemas oftalmológicos e disfunções dos órgãos reprodutores. Antiespasmódico. Ajuda na absorção de silicone, relaxamento muscular, alinhamento da coluna vertebral, na melhor união dos ossos em casos de fraturas.

*Nível psicológico, mental, espiritual:* Traz estabilidade emocional, evitando atitudes intempestivas. Excelente para pessoas que costumam agir antes de pensar, que se perdem nas suas emoções descontroladamente. Para os que invejam os demais e levam tudo como uma ofensa pessoal. Traz otimismo, discrição, disciplina sexual, clareza mental, paz. Promove a autoconfiança, dá coragem para manter as próprias convicções. Para aqueles que se perderam de si mesmos e abdicaram do seu poder pessoal nas relações, ajuda no reencontro consigo mesmo. Ajuda o indivíduo a assumir a própria responsabilidade pelo que acontece em sua vida. Equilibra as energias yin-yang. Induz à clarividência. Desenvolve a atenção a detalhes do todo e dá poder de síntese. Contra ansiedade, nervosismo. Combate a letargia, medos, introversão, obsessão, superstições. Em terapias de regressão ajuda a atingir o cerne da questão a ser tratada mais rapidamente.

*Órgãos:* Olhos, músculos, órgãos reprodutores, ossos.

*Chakras:* 1º, 3º, 4º e 6º, principalmente este. Estabilização dos chakras inferiores.

## Ônix (*Ônix*)

Encontrado principalmente nos Estados Unidos e na Itália, geralmente pensa-se no Ônix apenas como uma pedra negra, o que não é verdadeiro. Do grupo das Calcedônias, além da variedade negra, mais conhecida, também existe em camadas, sendo a inferior negra e a superior branca, o que facilita o seu uso em camafeus.

O Ônix entra na composição da fórmula para combate à queda dos cabelos, por controlar a ansiedade e o *stress*. Para aqueles que têm problemas com uma sexualidade exacerbada, algumas vezes até sem limite, o Ônix atua perfeitamente.

Certa ocasião atendi um jovem engenheiro de 28 anos, bem-sucedido profissionalmente, que estava pondo sua carreira a perder por estar viciado em sexo. Diversas vezes ao dia ele dava um jeito de sair do escritório e ia fazer sexo com uma prostituta que, ao final, ele vinha mantendo para que ela ficasse à sua disposição. Além disso, se masturbava à noite ou nos intervalos desses encontros. No entanto, tinha uma namorada com quem o seu relacionamento sexual era quase banal, fazendo sexo com ela apenas uma ou duas vezes por semana. Entre outras essências importantes para a boa resolução obtida neste caso, tratado com uma combinação de essências florais e elixires, a essência de Ônix foi fundamental no restabelecimento do equilíbrio sexual, em um nível considerado satisfatório para o paciente e dentro de um quadro de normalidade.

*Ansiedade. Controle das emoções. Sexualidade exacerbada. Objetividade. Desordens neurológicas. Cabelos. Stress que leva à obesidade.*

*Cor:* Preto e também em camadas preta e branca.

*Nível físico:* Estimula a assimilação das vitaminas B e E, fortalece coração, rins, nervos. Tem atuação nos distúrbios da audição, nos cabelos e nas células. Bom contra desordens neurológicas e *stress* agudo. Obesidade gerada pelo *stress.*

*Nível psicológico, mental, espiritual:* Traz controle sobre emoções e paixões. Traz contenção e equilíbrio a pessoas que possuem uma sexualidade exacerbada, ninfomaníacas. Contra distúrbios de comportamento no campo sexual. Estimula sensitividade. Traz objetividade ao pensamento. Combate o *stress* mental e a apatia. Remoção de pensamentos negativos. Contra mau-olhado, má sorte.

*Órgãos:* Rins, coração, tecidos celulares.

*Chakras:* 1º, 3º, 5º.

*Dicas de combinações:* Ônix + Ágata de Fogo para sanar problemas na área da sexualidade.

## Opala (*Opal*)

As Opalas são pedras pertencentes ao grupo dos Quartzos, sendo subdivididas em famílias: opalas nobres opalescentes, opalas de fogo amarelo-avermelhadas e opalas comuns. Seu nome vem do sânscrito *upala*, cujo significado é "pedra preciosa". Usadas em encantamentos de beleza, as Opalas eram muito apreciadas por antigos magos, sendo por eles considerada como uma pedra que traz boa sorte. Opalas são encontradas na Austrália principalmente, nos Estados Unidos e no México.

As utilizadas no preparo do elixir são brancas, opalescentes e australianas do tipo *boulder*, em magníficos tons de azul e lilás.

Eu uso esta essência principalmente como uma forma de tratar a insônia, quando pensamentos recorrentes dificultam que o sono venha. Da mesma maneira, ela é excelente para o *stress* emocional, porque acalma a mente. Bons resultados também têm sido obtidos no tratamento de distúrbios neurológicos, incluindo coordenação motora, dislexia etc.

*Excitação mental. Acalma a mente. Stress emocional. Insônia. Intuição. Coordenação motora. Dislexia. Autismo. Problemas neurológicos. Boa sorte. Dinheiro. Poder.*

*Cor:* Branca, cinzenta, azulada, verde, alaranjada, negra, em parte opalescente.

*Nível físico:* Fortalece o abdômen, a pituitária, o timo e equilibra os hemisférios cerebrais. Por sua atuação, é indicada nos casos de autismo, dislexia, problemas neurológicos, de coordenação motora, epilepsia e problema viso-motor. Nos casos de insônia por excitação mental.

*Nível psicológico, mental, espiritual:* Facilita exercícios de projeção astral e terapias ou exercícios de regressão, dando ainda proteção para o bom andamento da prática. Ajuda a desenvolver poderes extrassensoriais. Amplia a intuição. Atrai boa sorte, dinheiro, poder, beleza. Ajuda a manifestar a beleza interior. Combate o *stress* emocional, por acalmar a mente.

*Órgãos:* Glândulas pineal, pituitária, cérebro.

*Chakras:* 4º, 7º. Fortalece os meridianos e nádis.

*Dica de combinação:* Opala + Água-Marinha para evitar pensamentos repetitivos e melhorar o sono.

## Pedra da Lua (*Moonstone*)

Pertencente ao grupo dos Feldspatos, a Pedra da Lua é encontrada no Brasil, na Austrália, na Birmânia, na Índia, nos Estados Unidos e na Tanzânia. Na Índia, a Pedra da Lua era oferecida aos amantes para fortalecer os laços afetivos. Considerada bom suporte nos processos de cura, atrai vida longa e felicidade, amizades e lealdade para quem a usa, segundo crenças antigas. Sua essência tem uma atuação predominantemente sobre as mulheres e seus problemas físicos e emocionais.

A principal qualidade do elixir desta pedra é trazer vibrações de equilíbrio emocional para aquelas personalidades que, ou são extremamente sensíveis, nervosas, irritadiças e tudo parece afetá-las, ou, pelo contrário, são insensíveis nas suas reações emocionais e no trato com os demais.

Indicada para mulheres que sofrem de tensão pré-menstrual ou para as que estão na menopausa. Nestes casos, usar junto com Amazonita, Jade e Crisocola. Com Quartzo-Rosa é excelente para tratar de tudo o que se relacione com coração, peito, pulmões.

Sempre que uma mulher apresenta um quadro de dificuldades em aceitar a menstruação, ou sofre de distúrbios mais ou menos severos no período pré-menstrual, isso remete a uma reflexão sobre a questão da feminilidade, do que é "ser mulher", para ela. E, evidentemente, ser mulher passa pela identificação feita com a figura da mãe (biológica ou não), a primeira mulher na vida da criança. A Pedra da Lua trabalha desde a instabilidade no humor, até a retenção de líquidos normal nesse período. Mas também ajuda a trazer melhor compreensão do feminino e o terapeuta pode conduzir a uma reflexão quanto ao papel da figura materna, que pode estar tensionada, consciente ou inconscientemente.

Enquanto a Calcedônia fala da mãe que acolhe ou pode vir a acolher, a Pedra da Lua remete a severos conflitos com a mãe, que precisam ser resolvidos antes de se buscar fortalecer o vínculo.

Quando se visa emagrecer, a Pedra da Lua ajuda a manter o humor estável e a disposição constante de emagrecer porque, de modo geral, há muita oscilação entre o querer emagrecer e o deixar tudo de lado e simplesmente comer. Nesses casos, é bom juntar Marfim, para centrar mais, e Peridoto para sair da armadilha dos autoenganos.

*TPM – Menopausa. Menstruação. Digestão. Hábitos alimentares. Sistema circulatório. Obesidade. Personalidades muito sensíveis. Falta de sensibilidade. Irritação. Stress relacionado com a figura materna. Subconsciente. Jardinagem.*

*Cor:* Branca-azulada, leitosa brilhante.

*Nível físico:* Tensão pré-menstrual – TPM. Menopausa. Auxilia nos problemas relacionados com o abdômen e o trato intestinal, baço, pâncreas, pituitária. Boa contra bronquite crônica, enfisema. Ajuda a combater os vícios, inclusive na modificação dos hábitos alimentares, sendo indispensável nos regimes de emagrecimento. Auxilia a digestão. Regeneração dos tecidos da pele. Boa para circulação. Indicada para jardinagem, ajuda a árvore a dar bons frutos.

*Nível psicológico, mental, espiritual:* Para personalidades muito sensíveis, nervosas ou, no extremo oposto, muito insensíveis. Traz equilíbrio emocional, principalmente no período pré-menstrual, e para pessoas muito irritadiças. Desequilíbrios emocionais que têm como origem dificuldades com a figura materna. Tem ação preventiva em estados de perturbação que podem levar à insanidade. Facilita o acesso à mente subconsciente, por expandir as habilidades psíquicas.

*Órgãos:* Reprodutores femininos.

*Chakra:* 2º. Alinha os corpos astral e emocional. Fortalece os meridianos e nádis.

## Peridoto (*Peridot*)

*Sinônimos: Crisólita, Olivina*

O Peridoto é um cristal encontrado no Brasil, em Burma, nos Estados Unidos, no Egito, na Itália e na Rússia. Steiner recomendava o Peridoto para distorções da visão, tanto no aspecto físico quanto espiritual. Na Roma antiga, era recomendado contra terror noturno, mau-olhado e feitiço, bem como no combate à depressão. Como outras pedras verdes, o Peridoto também é usado em encantamentos para atrair riquezas. É particularmente indicado para os nascidos em Libra e Capricórnio. Se usado conscientemente por um período de três anos, todos os complexos miasmáticos do corpo poderão ser removidos, segundo Gurudas.

Minha experiência com a essência de Peridoto, desde a primeira vez em que o tomei e com todos os clientes para o qual o prescrevi, sempre foi muito gratificante, pelos excelentes resultados obtidos.

Quando noto a dificuldade da pessoa em enxergar o que está acontecendo em sua vida, mesmo que seja algo muito evidente, sei que a melhor coisa a fazer de imediato é colocar esta essência de base na sua fórmula. Um quadro bastante frequente é quando a pessoa tem medo de dar o primeiro passo na mudança que precisa fazer em sua vida e então fica criando obstáculos, dando desculpas a si mesma para não enxergar a realidade, porque isso implicaria ter que tomar uma atitude e ela tem medo de fracassar, de enfrentar o desconhecido que toda mudança traz e não ser bem-sucedida.

A essência de *Cianita* lida com situações em que a pessoa nega o problema, como se ele não existisse.

No cliente-tipo *Peridoto*, a questão reside em dar desculpas para algo que a pessoa admite que não está bem, até aceita que a mudança tem que partir dela mesma, mas de repente arranja desculpas para não enxergar a realidade como ela é, suavizando aspectos, minimizando o problema.

Seus efeitos são geralmente rápidos, trazendo à consciência a urgência de uma modificação no padrão de comportamento.

*Regeneração dos tecidos. Fígado. Autoengano. Máscaras. Raiva. Tensão nervosa. Medo do fracasso de novos projetos. Medo do desconhecido. Clareza. Habilidades psíquicas. Remoção de todos os miasmas.*

*Cor:* Verde translúcido.

*Nível físico:* Estimula a regeneração geral dos tecidos do corpo físico, removendo gradualmente toda toxicidade do organismo. Acelera o metabolismo do fígado. Libera a tensão, fortalece pâncreas, coração, baço. Melhor se usado junto ao chakra laríngeo, ao mesmo tempo em que se toma a essência.

*Nível psicológico, mental, espiritual:* Para os que têm dificuldade em enxergar a realidade e estão sempre se enganando, dando desculpas para si mesmos. Liberta a mente de pensamentos invejosos e os contatos com o Eu Superior são mais facilmente alcançados. Acalma a raiva e as tensões nervosas. Diminui o medo do fracasso e a insegurança quando do início de novos projetos. Medo do desconhecido, de assumir riscos por não ter certeza do que pode acontecer. Auxilia para que todos os remédios vibracionais atuem de maneira mais efetiva. Traz maior clareza, paciência e atitude mais positiva frente à vida. Deveria ser usado sempre nas meditações para cura e em técnicas de visualização criativa. Aumenta dons psíquicos, como clarividência. Combate a depressão.

*Órgãos:* Fígado, olhos.

*Chakras:* Alinha todos os corpos sutis.

## Pirita (*Pyrite*)

A Pirita é encontrada nos Estados Unidos, no Canadá, no México e no Peru. Sua aparência é muito interessante, em lâminas agrupadas formando uma espécie de cubo. Por sua cor, imitando o ouro velho, é conhecida também como "ouro de tolo". Para Steiner, o uso da Pirita traz melhoria na circulação e em todo o sistema respiratório, incluindo aí a laringe, os pulmões e problemas correlatos como bronquite, laringite etc. Para atrair bom retorno financeiro aos negócios, recomenda-se manter uma Pirita dentro da caixa registradora ou onde se guarda o dinheiro.

Para aqueles que se sentem frustrados depois de terem apostado em uma ideia, projeto ou relacionamento que deu errado, a Pirita é muito importante. Isso pode ser eventual, mas também há pessoas que sistematicamente se equivocam, se envolvem em relacionamentos sem futuro e sempre acabam se decepcionando. É o "ouro de tolo"...

Pessoas assim costumam ter uma personalidade influenciável, procuram se evadir da responsabilidade pelas questões de sua vida e então se atiram de cabeça em qualquer relacionamento que surja, desde que o outro lhe pareça alguém que vá "salvá-la dela mesma". Sem refletir nas consequências, ela abre mão do seu poder pessoal como forma de demonstrar amor e então passa a cobrar do outro que a assuma. Nesses quadros, costumo incluir as essências de Crisocola e Malaquita na fórmula, para trazer a pessoa para uma idade emocional mais próxima da sua idade cronológica e se fortalecer emocionalmente.

A essência de *Cornalina* é indicada para aqueles que são pouco seletivos nos relacionamentos e parece que escolhem sempre parceiros errados porque não refletem sobre suas atitudes, são desatentos a respeito de si mesmos.

A essência de *Pirita* é para aqueles que abrem mão de seu poder pessoal querendo com isso demonstrar amor e, nesta armadilha emocional, o que exigem em troca é que o outro se responsabilize por suas questões, ainda que isso venha a ter graves consequências. A pessoa não reflete porque não quer responsabilidades e isso pode levar a grandes frustrações em médio prazo.

No plano sintomático, a bronquite aponta para a dificuldade do indivíduo em relacionar-se com o seu meio ambiente. Crianças que têm esse problema de saúde normalmente sentem-se inadequadas e têm necessidade de aceitação dos demais, mas principalmente anseiam pela aprovação dos pais. Há grande probabilidade dessas crianças virem a ser um tipo Pirita na vida adulta, reproduzindo esse quadro em relacionamentos futuros. Pode haver grande dificuldade em se colocar também, daí seu efeito nos casos de laringite, faringite etc., pois a energia fica estagnada na região superior, perto da garganta. Os pulmões, por sua vez, falam da troca, como ela se dá ou não nas relações afetivas, o que tem tudo a ver com a descrição dessa essência.

*Frustração por falsas esperanças. Depressão. Ansiedade. Personalidades influenciáveis. Para os que sempre se equivocam na escolha do parceiro. Relacionamentos sem futuro. Abrir mão do poder pessoal nas relações, como forma de demonstrar amor. Azia. Desresponsabilizar-se. Prevenção de danos ao DNA/RNA. Pele. Manchas senis. Atrair dinheiro nos negócios.*

*Cor:* Dourada metálica.

*Nível físico:* Como coadjuvante nos tratamentos de bronquite, laringite, faringite, amidalite, catarro traqueobronquítico, pneumonia, tuberculose. No tratamento da estrutura óssea e na formação de células como prevenção de danos no RNA/DNA. Ocorre aumento na produção das propriedades enzimáticas dos glóbulos vermelhos. Melhora a absorção de ferro, magnésio e enxofre. Diminui a acidez, a azia. Melhora os tecidos da pele. A imersão diária das mãos em uma solução de água com Pirita clareia manchas senis. Alivia os miasmas sifilítico e petroquímico. Estimula a capacidade mental, principalmente se usada junto com essências de Fluorita e Calcita.

*Nível psicológico, mental, espiritual:* Recomendado nos quadros de ansiedade, frustração devido a falsas esperanças, depressão. Indicado para personalidades influenciáveis, que acabam se desviando do seu caminho verdadeiro por seguirem os outros. Para os que se deixam levar pelo parceiro, abdicando do seu poder pessoal ou se equivocam sempre na área afetiva, envolvendo-se em relacionamentos sem futuro. Melhora a autoestima e a autoconfiança. Talvez a qualidade pela qual é mais conhecida seja a de atrair dinheiro nos negócios.

*Órgãos:* Amídalas, brônquios, células, garganta, faringe, laringe, ossos, pulmões.

*Chakras:* Fortalece o corpo astral enfraquecido por falsas esperanças.

## Quartzo-Azul (*Blue Quartz*)

O Quartzo-Azul pode ser encontrado nos tons azul-claro ou azul-acinzentado, principalmente no Brasil e nos Estados Unidos.

É indicado sempre que há uma baixa no sistema imunológico, porque ele estimula o organismo a uma reação mais pronta na recuperação. Também tem uma atuação clara quando o medo do envelhecimento é forte, independentemente da idade. Algumas vezes são pessoas jovens que se cuidam muito, porque têm medo da velhice. Saem da atitude preventiva, do "preservar a juventude" e passam para o "medo de envelhecer", de forma disfuncional.

*Medo de envelhecer. Sistema imunológico. Clareza nas informações. Miasmas de metais pesados e tuberculose.*

*Cor:* Azul-claro, azul-acinzentado.

*Nível físico:* No nível físico, atua no coração, nos pulmões, na garganta, na glândula timo e no sistema parassimpático. Estimula a saúde em geral e a remoção de toxinas do corpo. Nas baixas no sistema imunológico em geral. Pacientes com câncer. Aumenta a longevidade. Aumenta a absorção do ouro, iodo, ferro, oxigênio e todas as vitaminas B. Alivia os miasmas dos metais pesados e tuberculose.

*Nível psicológico, mental, espiritual:* Indicado para pessoas deprimidas ou com um medo não natural do envelhecimento. Traz abertura para a expressão da verdadeira espiritualidade, criatividade e autoexpressão. Acentua qualidades yin. Pode ser usado em *spray*, sobre a testa. Pode ser usado como um foco, quando se precisa divulgar informações de maneira precisa e ágil.

*Órgãos:* Coração, garganta, glândula timo, pulmões, sistema parassimpático.

*Chakras:* Abre os chakras cardíaco e laríngeo e alinha os corpos sutis.

## Quartzo-Citrino (*Citrine Quartz*)

Encontrado no Brasil, na França, na Espanha, na Rússia e, principalmente, na Escócia. O Quartzo-Citrino tem seu nome derivado do latim *citrus*, devido à sua cor. Algumas vezes o Quartzo-Citrino encontrado no mercado é, na verdade, uma Ametista queimada ou um Quartzo-Fumê, pois a Ametista do Brasil, se exposta a uma temperatura de 0°, adquire uma cor amarelo-claro, enquanto com o Quartzo-Fumê é preciso uma temperatura entre 300°C a 400°C para que isso ocorra. Deve-se ter o cuidado para não confundi-lo com o Topázio, o Berilo Amarelo ou a Turmalina Amarela.

No meu trabalho de terapeuta familiar, me defronto muito com crianças que têm condutas autodestrutivas, sem que os adultos responsáveis tenham visto nos seus constantes machucados ou brincadeiras arriscadas, qualquer sinal de pedido de socorro para sua tremenda dificuldade em lidar com os conflitos. Crianças que se soltam da mão do adulto ao atravessar a rua, que sobem e caem o tempo todo, que se cortam etc., estão buscando a autodestruição disfarçadamente. Na caixa de brinquedos da ludoterapia vão demonstrar isso mais claramente por meio das escolhas que fazem: brincam de degolar bichinhos ou bonecos, encostam o revólver nas têmporas ou na própria boca, enfiam facas ou dão marteladas em miniaturas de pessoas etc.

Nas condutas autodestrutivas, seja de adultos ou de crianças, o Quartzo-Citrino ajuda a modificar a postura mental (as formas-pensamento) e equilibra os chakras, permitindo maior controle das emoções. Com isso, o humor melhora e a pessoa começa a perceber que há saídas melhores para se lidar com a situação conflitante, em vez de achar que a única possibilidade de resolução está em deixar de existir. Ao mesmo tempo, e isso é muito importante, facilita uma conexão melhor com o Eu Superior, que estabelece uma sintonia mais elevada de pensamentos, eliminando formas-pensamento negativas.

É bom lembrar que condutas autodestrutivas não precisam ser necessariamente apenas de destruição física, mas também de ordem emocional, profissional etc.

Profissionais que montam armadilhas para si mesmos em seu trabalho, minando as relações, criando situações de difícil contorno, podem se beneficiar muito com o emprego deste cristal em sua fórmula, juntamente com o de *Calcita*.

Essa essência é fundamental em todas as variedades de comportamento disfuncional desse tipo e eu venho fazendo uso dela com sucesso.

*Tendências autodestrutivas. Crianças que se machucam muito. Humor. Formas-pensamento mais definidas. Acelera o metabolismo. Digestão. Prisão de ventre. Toxinas. Pré/pós-operatório. Rejuvenescimento celular. Sistema circulatório.*

*Cor:* Amarelo-pálido dourado.

*Nível físico:* Dá maior disposição física, estimulando a cura em geral. Acelera o metabolismo, facilitando a digestão. Trabalha na remoção de toxinas em disfunções intestinais e do apêndice. Contra má digestão, problemas da bexiga e prisão de ventre. Tem influência no coração, rins, fígado e músculos. A essência é excelente para remover toxinas do organismo, sejam em toxemias intestinais, seja em casos de apendicite ou gangrena. Bom para o pré e pós-operatório. Indicado para a regeneração dos tecidos em geral e em casos de fraqueza muscular. Estimula fortemente o sistema circulatório, a produção de glóbulos brancos e vermelhos, células linfáticas. Auxilia na limpeza das radiações, inclusive nas terapias radioativas. Tem efeito benéfico na limpeza de todos os tipos de miasmas. Atua no rejuvenescimento celular de forma efetiva. Permite melhor absorção das vitaminas A, C, E, de selênio e zinco.

*Nível psicológico, mental, espiritual:* Contra tendências autodestrutivas, tendências suicidas, fraqueza mental. Melhora o humor. Traz clareza de pensamento. Dá controle sobre a vida emocional. Atenua a força de emoções em descontrole, que desequilibram os chakras. Ajuda a criar formas-pensamento mais claras e definidas, assim como elimina as formas-pensamento nocivas. Promove uma conexão melhor com o Eu Superior. Deve ser usado simultaneamente em forma de *spray*, para um efeito melhor e mais rápido.

*Órgãos:* Estômago, intestinos, bexiga, rins, fígado, músculos, coração.

*Chakras:* 1º, 2º, 3º, 4º, 5º. Faz o alinhamento dos corpos sutis. Estimula os meridianos e nádis. Aplicar também diretamente sobre os chakras.

*Dica de combinação:* Quartzo-Citrino + Quartzo-Fumê + Cianita para fazer a limpeza de formas-pensamento negativas.

## Quartzo-Cristal (*Crystal Quartz*)

O Quartzo, como geralmente se chama o Quartzo-Cristal, é um dos cristais mais importantes nas terapias que utilizam minerais. É encontrado no mundo todo, mas principalmente no Brasil, nos Estados Unidos e em Madagáscar. Conhecido também como "cristal de rocha", "cristal de quartzo", tem sua origem na palavra grega *krystallos*, que significa "gelo". A família dos Quartzos é muito ampla e inclui o grupo das calcedônias, ágatas, jaspes, cornalina, ônix, ametista, aventurina e olho-de-tigre, entre outros.

Aqui, no entanto, falamos do Quartzo incolor, transparente, que além da utilização em terapias, está na base do desenvolvimento tecnológico moderno, como nos *chips* dos computadores, por exemplo. Na Antiguidade e entre os indígenas norte-americanos, era usado na ponta de varinhas cerimoniais e utilizado para fazer encantamentos, conforme foi descoberto na Califórnia. Geralmente a bola de cristal que os videntes usam para a leitura da sorte dos seus clientes é de Quartzo-Cristal. As esferas de cristal recomendadas pelo *feng shui* para reequilibrar energias ambientais são de Quartzo-Cristal liso ou multifacetado.

Essa essência foi feita em Atenas também, pois esse era um dos cristais que havia levado comigo do Brasil. É muito poderoso em seus efeitos vibracionais e trabalha o desbloqueio energético de todos os chakras, o que permite um melhor funcionamento do corpo em geral. Facilita a comunicação com os elementais e sempre o uso antes de fazer minha conexão com os devas do cristal sobre o qual estou meditando.

Para trabalhos relacionados com a orientação vocacional é fundamental, porque desperta para o chamado da alma, aquilo que é realmente importante de ser feito neste período de existência, para que ele seja o mais frutífero e prazeroso no aspecto profissional. Apenas quando estamos felizes com aquilo que fazemos podemos ter sucesso – e a busca do sucesso é uma tônica da nossa sociedade. Não o sucesso efêmero, superficial, de mídia, mas aquele que faz com que "nos sintamos um sucesso" naquilo que fazemos, reconciliados com nossos anseios. Use-o junto com Safira para ter energia para realizar a tarefa a que se propôs e ficar centrado.

*Desbloqueio energético. Amplia formas-pensamento. Comunicação com espíritos da natureza. Devas. Foco na direção da vida, centrado no chamado da alma. Histeria. Proteção contra radiação. Yin-Yang. Iluminação interior. Orientação vocacional.*

*Cor:* Incolor.

*Nível físico:* Fortalece a saúde de modo geral e tem efeito no estômago, na glândula pituitária e no trato intestinal, sendo coadjuvante nos tratamentos de úlcera abdominal e leucemia. Aumenta a absorção dos aminoácidos e proteínas. Dá suporte para outras essências atuarem na regeneração celular. Oferece proteção contra radiação e elimina os miasmas petroquímicos.

*Nível psicológico, mental, espiritual:* Desbloqueia todos os centros energéticos, redistribuindo a energia pelo corpo. Remove formas-pensamento negativas, eleva os pensamentos e amplia os dons psíquicos e as formas-pensamento. Pode ser usado para comunicação com espíritos da natureza. Como suporte nas meditações. Dá o foco da direção de vida a seguir, baseado no chamado da alma. Atua nos casos de histeria. Equilíbrio entre energias yin-yang. Colocar um Quartzo-

Cristal incolor junto do Quartzo-Negro (Quartzo-Fumê), principalmente se ambos forem polidos, auxilia na busca da iluminação interior do indivíduo.

*Órgãos:* Estômago, intestinos.

*Chakra:* 1º. Regula a energia de todos os chakras.

## Quartzo-Fumê (*Smoky Quartz*)

O Quartzo-Fumê ou enfumaçado, também conhecido como Quartzo-Negro, pode ter inclusões de Rutilo. É encontrado em muitas partes do mundo, principalmente no Brasil, nos Estados Unidos, na Escócia e na Suíça.

A família dos Quartzos trabalha particularmente a questão do foco, da meditação. Para aqueles que têm um ritmo, um tempo interior mais lento – e isso é importante de ser respeitado – , o Quartzo-Fumê ajuda no processo de mudança mais gradual, nos diversos aspectos da vida, inclusive aumentando a autoconfiança, a crença de que se é capaz de fazer o que precisa ser feito para mudar. Também permite um acesso mais fácil aos conteúdos do subconsciente, sendo muito bom para ser empregado nas terapias com hipnose.

*Autoconfiança. Autoprojeção. Foco. Concentração. Acesso a conhecimentos armazenados no subconsciente. Limpeza da aura. Fertilidade. Problemas musculares e neurológicos. Mudança gradual. Radiação. Miasmas: petroquímico e de metais pesados.*

*Cor:* Pardo a negro, cinzento enfumaçado.

*Nível físico:* Atua no abdômen, nos rins, pâncreas e órgãos sexuais. Alivia problemas de doenças coronárias, musculares e distúrbios neurológicos. Aumenta a fertilidade masculina e feminina. Dá mais energia. Melhora a assimilação das vitaminas do complexo B e E. Combate os efeitos da radiação.

*Nível psicológico, mental, espiritual:* Alivia a depressão. Autoconfiança, autoprojeção. Ajuda a alcançar a calma interior e o conhecimento armazenado. Combate o *stress*. Melhora a concentração, o foco, a criatividade. Clareia a mente confusa. Amplia todos os níveis de energia. Aumenta as qualidades masculinas. Favorece a clarividência. Promove a remoção das formas-pensamento inadequadas por meio da meditação. Indicado para limpeza da aura, deve ser tomado em gotas e passado ao redor do corpo em *spray*. Alivia os miasmas petroquímicos e de metais pesados. Bom para ser usado quando se quer fazer uma mudança gradual nos mais variados aspectos da vida.

*Órgãos:* Sexuais, abdômen, rins, pâncreas.

*Chakra:* 1º. Abre o chakra básico, tornando mais ativa a energia kundalini. Alinha os meridianos e nádis, bem como o 1º e o 3º chakras.

# Quartzo-Rosa (*Pink Quartz*)

O Quartzo-Rosa é encontrado no Brasil, no Japão e, principalmente, nos Estados Unidos. Sua aparência não é exatamente translúcida, mas sim de uma coloração um pouco turva e, de toda forma, pode empalidecer. Assim como a Pedra da Lua tem a ver com a figura da mãe, o Quartzo-Rosa tem a ver com a figura paterna. Mas, além disso, ele livra das tensões, quebra padrões de agressividade, limpa mágoas profundas, cicatriza feridas da alma, devolvendo o equilíbrio emocional em pouco tempo de uso.

Algumas mágoas deixam a sensação de uma ferida aberta no meio do peito, mais precisamente na região do timo, entre os seios. A descrição desse tipo de dor emocional, que pode chegar a ser até mesmo física, é muito frequente quando a pessoa passou por uma separação que se deu repentinamente.

Nessas circunstâncias, eu oriento para que o uso da essência de Quartzo-Rosa seja concomitante com o uso da pedra diretamente nesse ponto mencionado, junto do coração, diariamente. Normalmente, depois do primeiro dia desse procedimento, a melhora é tão sensível que parece que a ferida fechou-se da noite para o dia – e na verdade, esse é o efeito do cristal. Nas codependências, nas carências emocionais, o Quartzo-Rosa dá o acolhimento necessário para se superar dificuldades dessa ordem.

*Tristeza. Mágoas profundas. Agressividade. Raiva. Tensão. Imago paterna. Autoestima. Falso orgulho. Equilíbrio emocional. Carência emocional. Codependência. Criança interior.*

*Cor:* Rosa.

*Nível físico:* Aumenta a assimilação de proteínas, ferro, oxigênio e vitamina K. Tem efeitos positivos no coração, nos órgãos genitais, pulmões, fígado, rins. Facilita a regeneração dos rins e aumenta a fertilidade masculina. Ajuda a corrigir problemas na área sexual, no sistema circulatório, na constrição dos vasos sanguíneos, leucemia, efeitos da radiação.

*Nível psicológico, mental, espiritual:* Alivia tristezas e solidão, tornando a alma mais leve. Para pessoas agressivas. Trabalha raiva e tensão, especialmente se associadas com a figura paterna. Trabalha o falso orgulho. Aumenta a autoexpressão e a criatividade, a autoestima, a confiança, a descoberta do próprio valor. Elimina dores afetivas, mágoas profundas, reequilibrando todas as emoções. Para os que carregam a sensação de não terem sido bem-amados e acolhidos na infância, o que gera um registro de carência emocional permanente. Para a cura da criança interior. Para acelerar o processo de limpeza, pode-se tomar a essência e esfregá-la no peito, na região do coração, no chakra cardíaco.

*Órgãos:* Coração, laringe.

*Chakras:* Estimula os chakras cardíaco e laríngeo, fortalece os meridianos e nádis e alinha os corpos sutis: emocional, mental e astral.

# Quartzo-Rutilado (*Rutile Quartz*)

O Quartzo-Rutilado é uma espécie de cristal que possui inclusões de Rutilo. É encontrado no Brasil e na Suíça, principalmente.

Algum tempo atrás, em um conceituado canal de TV de documentários científicos, tive a oportunidade de ver como a plantação repetida de mostarda limpou completamente de resíduos radioativos, num período de cinco anos, um terreno onde existia anteriormente uma fábrica de pilhas e baterias. Comparo o efeito do Quartzo-Rutilado, nesse aspecto, ao efeito da mostarda no terreno.

Sempre que houver necessidade de se proteger ou promover a limpeza dos efeitos de uma exposição radioativa, a essência de Quartzo-Rutilado deve estar na fórmula. No entanto, é bom lembrar que, em casos dessa ordem, a essência deverá ser tomada por um período prolongado. Desse modo, além de limpar o corpo físico, ele permitirá a eliminação de todos os tipos de miasmas dos corpos sutis também.

Para aqueles que fazem treinamento mental, buscando desenvolver capacidades paranormais como clarividência, telepatia etc., o Quartzo-Rutilado deve ser sempre lembrado. Ele tem também uma atuação importante na composição para regeneração celular.

*Regeneração celular. Sistema imunológico. Ampliar formas-pensamento. Clarividência.*

*Cor:* Amarelado, com inclusões de rutilo.

*Nível físico:* Promove regeneração celular geral em todo o organismo. Ajuda na assimilação dos nutrientes ingeridos pelo organismo, o que aumenta a força vital. Protege da radiação e promove melhoras significativas no quadro, quando já houve a exposição radioativa. Tende a reverter o processo de envelhecimento e desordens associadas a uma baixa no sistema imunológico. Ajuda nas disfunções da tireoide. Muito bom para estimular partes do cérebro ainda não usadas e em casos de danos cerebrais. Excelente para escalda-pés, banhos frios. Elimina todos os miasmas.

*Nível psicológico, mental, espiritual:* Bom contra depressão. Amplia formas-pensamento e clarividência. Propriedades de armazenar e divulgar informações e formas-pensamento. Juntar oito gotas do elixir a um quarto de água destilada e misturar na água do banho.

*Órgãos:* Atua no organismo como um todo.

*Chakras:* Alinha todos os chakras e fortalece todos os meridianos e nádis.

# Rodonita (*Rodonite*)

O nome Rodonita advém do grego *rhodon* (rosa), devido à cor rosada que esse cristal possui. Com inclusões dendríticas de óxido de manganês, de cor negra, ela é encontrada na Austrália, no Brasil, no Japão, na Suécia, no Canadá, nos Estados Unidos, na Índia, na África do Sul, no México e na República de Malgaxe (Madagáscar). Deste cristal diz-se que, na Lemúria, era usado para melhorar as habilidades da linguagem falada.

A pedra principal da qual esta essência foi feita é de uma beleza particular, tanto por sua forma rolada quanto pelas manchas negras das inclusões.

A descrição das aplicações deste elixir para aspectos físicos reflete bem seus pontos fortes. No entanto, se pensarmos em seu emprego para questões de cunho psicológico, entenderemos melhor qual é o elo entre um e outro.

A essência de Rodonita ajuda o indivíduo a desenvolver seu potencial em grau de excelência. Mas para que isso seja possível, é fundamental que a pessoa se conheça, esteja afinada consigo mesma. Apenas quando nos ouvimos silenciosamente, podemos explorar nossa potencialidade sem conflito. Nos anos de 1980, a Company, então uma marca de grife no Brasil, estampou numa camiseta uma frase que considerei memorável: *"The sixties bad girls... it's obviously a style. Style is impossible without a throughout understanding of self"*. Ter estilo é impossível sem uma perfeita compreensão de si mesmo. Para que possamos desenvolver nosso potencial, precisamos ter coerência interior, já termos superado a fase de conflitos e dúvidas a respeito daquilo que queremos ser. A Rodonita ajuda você a chegar lá, a essa melhor compreensão de você mesmo, sem ansiedade.

*Ansiedade. Desenvolvimento do próprio potencial. Estilo. Coerência. Generosidade de espírito. Insônia. Intranquilidade. Audição. Traumas físicos. Inflamações nas articulações.*

*Cor:* Rosada, com inclusões negras de óxido de manganês.

*Nível físico:* Indicado nas inflamações das articulações, amidalite e artrites. Estimula o canal auditivo, principalmente o ouvido interno e o sentido da audição. Elimina inflamações secundárias do ouvido interno. Desenvolve a capacidade auditiva a um nível mais refinado, permitindo ouvir sons específicos e mais difíceis de serem percebidos pelos ouvidos humanos. Nesse sentido, é também excelente para músicos, por desenvolver habilidades mais refinadas de percepção de sons. Combate a insônia. Bom contra traumas físicos. Elimina miasmas sifilíticos.

*Nível psicológico, mental, espiritual:* Estabilizador de energias, elimina ansiedade. Auxilia a desenvolver o mais alto potencial de cada um. Traz coerência e generosidade de espírito. Acalma. Contra insônia e intranquilidade. Desvia as influências espirituais negativas. Para os que utilizam mantras para a concentração, é um poderoso auxiliar.

*Órgãos:* Ouvidos, garganta.

*Chakra:* 4º. Estimula, limpa e ativa o chakra cardíaco.

# Rubi (*Ruby*)

Derivado do latim *rubeus*, Rubi significa rubro, vermelho. Pertence ao grupo do Coríndon e sua cor é devida ao cromo e ao ferro; é o mineral mais duro conhecido, depois do diamante. Pode ser minerado principalmente na Birmânia, na Tailândia, no Sri Lanka e na Tanzânia e há jazidas menos significativas também no Brasil, na Austrália e nos Estados Unidos. É uma das pedras mais caras, sendo muito apreciada pela nobreza desde a Antiguidade. Rubis sintéticos podem ser reconhecidos, apesar da boa qualidade da imitação, porque permitem a passagem da luz ultravioleta de onda curta, o que não acontece com a gema natural.

Essência vibracional muito importante, atua na integração do espiritual com o material, atraindo energias dos dois níveis. Além disso, permite que essas energias circulem e sejam distribuídas pelo corpo, pois às vezes o indivíduo tem um bom grau de energia, mas ela não circula. Registros de "Rubi-Espinélio" são indevidos, pois rubis e espinélios diferem tanto em seu sistema cristalino quanto na composição química. Todavia, devido à aparência ser muito semelhante, mesmo gemas famosas, que haviam sido consideradas rubis, como o Black Prince's Ruby da coroa inglesa, ou o da coroa de Wittelsbach, na verdade, são espinélios.

Em termos vibracionais, o Rubi tem atuação significativa em questões relacionadas com a figura paterna. O pai é aquele que apresenta o mundo para o filho, que fala do valor desse filho perante o mundo. Crianças (ou adultos) que têm ou tiveram problemas com a validação paterna, tendem a ter sua autoestima prejudicada e, com frequência, dificuldades em gerenciar suas finanças, em lidar com dinheiro, negociar com o mundo. Quando há tensão nas questões relacionadas com o pai, comece pensando no Elixir de Rubi e junte depois o de Quartzo-Rosa. Aspectos materiais estão ligados também aos chakras inferiores, que a essência desbloqueia, permitindo melhor circulação do fluxo energético em diferentes dimensões.

No aspecto físico, o Rubi (assim como a Ametista) é indicado para se dissolver coágulos sanguíneos. Ajuda também efetivamente na irrigação sanguínea dos olhos, ajudando nos casos de diabete (que podem levar à cegueira) ou problemas com os olhos que comprometam a visão, pois tanto o cristal quanto a essência ajudam a estabilizar o quadro de doenças que afetem os olhos.

*Desorientação gerada por decepção. Raiva. Depressão. Problemas com a imago paterna e de ordem familiar. Habilidade de negociação. Autoestima. Confiança na tomada de decisões. Diabete. Olhos.*

*Cor:* Vermelho, em diversos tons.

*Nível físico:* Em casos de deslocamento dos quadris tem excelente atuação. A pélvis precisa estar bem centrada, para dar equilíbrio ao resto do corpo. Atua em três áreas particularmente: occipital, diafragma e pélvis. Tem efeitos muito positivos no sistema circulatório e nas desordens do sangue. Melhora o fluxo sanguíneo, revitalizando o corpo dessa maneira. Como preventivo para problemas visuais decorrentes de diabete. Melhora a visão, ao aumentar o fluxo sanguíneo na região dos olhos também.

*Nível psicológico, mental, espiritual:* Deve ser usado nos casos de desorientação gerada por decepção muito profunda e estados que podem suceder-se a esse quadro: depressão, raiva etc. Ajuda a trabalhar problemas relativos à *imago* paterna (a imagem internalizada do pai) e de ordem familiar. Traz equilíbrio emocional, ajudando na tomada de decisões, de forma autoconfiante. Melhora a autoestima e a habilidade de negociação.

*Órgãos:* Sistema circulatório, órgãos sexuais, rins, base da coluna, pélvis.

*Chakras:* 1º, 2º, 4º. Em casos de bloqueio das energias dos chakras inferiores.

## Rubi-Estrela (*Star Ruby*)

Variação do Rubi, consiste em uma formação geométrica em estrela. Vibrações uma oitava acima do Rubi.

*Foco. Concisão. Crianças hiperativas. Ancoramento. Sistema circulatório. Frio nos pés e nas mãos.*

*Cor:* Vermelho-escuro.

*Nível físico:* Melhora a circulação da energia das extremidades. Para os que sentem muito frio nos pés e nas mãos.

*Nível psicológico, mental, espiritual:* Traz foco de um modo geral e suporte para permanecer no que está sendo feito, no aqui e agora. Bom para os que se distraem com facilidade ou têm dificuldade em permanecer no corpo. Para clarear pensamentos confusos, difusos ou pouco claros. Traz concisão. Desperta o desejo de estar onde se está, para fazer o que precisa ser feito no momento. Excelente para crianças hiperativas, pois ancora.

*Órgão:* Sistema circulatório.

*Chakras:* 1º, 4º.

## Safira (*Sapphire*)

A Safira, como o Rubi, pertence ao grupo do Coríndon. Até a Idade Média, chamava-se de Safira a gema que hoje em dia é conhecida como lápis-lazúli. Pensamos em safiras azuis geralmente, mas elas existem em várias cores e os gemólogos consideram Safira todos os coríndons que não são vermelhos (neste caso, chamados de rubis). Existem safiras amarelas, verdes, incolores, alaranjadas (ou *padparadscha*, "flor-de-lótus" em cingalês), violetas, negras, róseas. Elas devem ser chamadas sempre pela cor – safira verde, por exemplo. Quando falamos apenas "Safira", é sabido que nos referimos às safiras azuis. São encontradas na Austrália (Queensland), na Birmânia, no Sri Lanka e na Tailândia, no Brasil (Mato Grosso), no Camboja, na Tanzânia.

É indicada para aqueles a quem falta suporte na vida para realizar seu trabalho, a tarefa a que veio nesta existência – a pessoa sente o chamado, mas não se sente em condições físicas de realizá-lo. Nestes casos, a essência ajuda a se alinhar com a fonte de suporte espiritual, a estrela-guia interior, o que dá uma sensação gostosa de se estar protegido, e a pessoa se sente segura para andar na direção em que precisa. Às vezes, falta "o lugar" para a pessoa realizar seu trabalho e ela não sabe como chegar lá – a essência de Safira então corrige essa rota.

Quando falta a energia vital, a pessoa pode se sentir deprimida, melancólica ou vice-versa. A essência de Safira traz um novo ânimo e uma perspectiva diferente à vida.

Sua vibração difere da do *Quartzo-Cristal*, quando a pessoa não sabe qual é sua vocação interior e quer se conectar com ela. Assim, podem ser essências complementares. Junte *Rodonita* para completar a fórmula!

*Melancolia. Depressão. Habilidades psíquicas. Amplificador de formas-pensamento. Energia para cumprir seu chamado de vida. Eu Superior. Foco. Prosperidade. Tensão nos olhos. Sistema circulatório. Disfunções cerebrais mínimas.*

*Cor:* Azul-escuro.

*Nível físico:* Indicada nos casos de necessidade de regeneração do trato intestinal, estômago e glândula pituitária. Acelera a taxa metabólica da glândula pituitária, o que acaba por afetar as demais glândulas do organismo. Atua nos problemas circulatórios, do trato digestivo, coração e rins. Indicada contra febre, intoxicação. Ajuda a estancar a hemorragia nasal. Libera tensões na região dos olhos, o que melhora a visão. Melhora a assimilação de nutrientes em geral. Dislexias e disfunções cerebrais mínimas podem ser tratadas com esta essência.

*Nível psicológico, mental, espiritual:* Antidepressivo, combate a melancolia. Amplificador de pensamentos, melhora a capacidade de clarividência, telepatia, projeção astral, intuição e o uso de dons proféticos. Facilita a conexão com planos espirituais e sintonia com guias pessoais. Dá energia para a realização do chamado da sua vida. Traz vibrações de prosperidade, felicidade e paz. Proteção contra falsos amigos. Defesa contra magia negra. Para exercícios de projeção astral.

*Órgãos:* Coração, nariz, olhos, rins, sistema circulatório, trato digestivo.

*Chakras:* 4º, 5º, 6º. Promove alinhamento dos corpos emocional e astral. Estimula os meridianos.

## Safira-Estrela (*Star Saphire*)

Vibrações semelhantes à da Safira, uma oitava acima em seus efeitos.

## Sodalita (*Sodalite*)

Encontrado no Brasil, nos Estados Unidos, no Canadá, na Itália, na Índia e na Noruega, este cristal foi assim denominado por seu conteúdo de sódio. Por ser de um tom azul parecido com o do Lápis-Lazúli, pode ser confundido com este, porém as inclusões do Lápis-Lazúli são douradas, de pirita de ferro, enquanto que as da Sodalita são brancas.

Considero a Sodalita fundamental para este momento em que vivemos, tão cercados de medos conscientes e inconscientes, de sentimentos persecutórios com ou sem razão e da aceitação de que todas as doenças na verdade têm um fundo emocional – ou seja, são psicossomáticas. Para aquelas pessoas que são sempre desconfiadas nas relações, achando que são perseguidas por intenções ou atitudes dos demais, visando prejudicá-las, a Sodalita acalma o coração dessa criança assustada que se manifesta de forma disfuncional. Geralmente, são indivíduos que estão com sua autoestima abalada e precisam de acolhimento, porém sem que se sintam mimadas – porque isso despertaria nelas a desconfiança novamente. Esta é uma contradição desse tipo de personalidade.

A essência de Sodalita também é importante nos processos de codependência afetiva e cura da criança interior.

*Autoestima. Doenças psicossomáticas. Raiva. Medo. Tensão. Abalo nervoso. Tireoide. Medo de dirigir, de voar. Pânico. Fobias. Medos inconscientes. Paranoia. Desconfiança. Sentimentos persecutórios. Codependência afetiva. Criança interior.*

*Cor:* Azul-escuro acinzentado, com inclusões brancas.

*Nível físico:* Por suas propriedades sedativas, alivia tensões e traz um sono tranquilo e reparador. Usada para doenças psicossomáticas originadas de raiva, tensão, medo ou abalo nervoso. Equilibra as funções da tireoide. Fortalece o sistema linfático. Combate câncer linfático.

*Nível psicológico, mental, espiritual:* Indicada nos casos de fobias, pânico, medo de voar, de dirigir automóvel. Combate a culpa e suas somatizações e medos registrados no inconsciente. Estimula a força e a coragem. Melhora a autoestima, a autoconfiança e é indicada para pessoas desconfiadas das intenções dos outros, que estão sempre com um pé atrás por seus sentimentos persecutórios. No processo de codependência e cura da criança interior. Promove a harmonia grupal, a solidariedade, o companheirismo, ajudando os participantes dos grupos a se concentrarem num objetivo comum, de forma harmoniosa, sem disputas para ver quem brilha mais. Estimula pensamentos mais elevados. Equilibra as energias yin-yang.

*Órgãos:* Tireoide, sistema linfático.

*Chakras:* Fortalece os meridianos.

*Dica de combinação:* Nos medos específicos, como de voar, de dirigir automóvel, juntar a 30 ml de água mineral sem gás sete gotas da essência de Sodalita, de Água-Marinha e de Cristal de Quartzo. Agitar bem e tomar sete gotas três vezes ao dia ou durante o percurso.

## Topázio (*Topaz*)

O Topázio é uma pedra encontrada em praticamente todo o mundo, sendo que atualmente os maiores fornecedores para o mercado são Brasil, Birmânia, Sri Lanka e Rússia. Também possuem boas jazidas os Estados Unidos, a Austrália, o Japão, o México, a Namíbia, a Nigéria e o Zimbábue. Um dos grandes problemas na identificação de um topázio verdadeiro, com a coloração original, reside no fato de que, sob altas temperaturas, o cristal muda de cor. O ácido sulfúrico o ataca. Podem ser translúcidos ou com inclusões em cores variadas.

Para os que são avarentos ou invejosos, tendo na raiz desses sentimentos o medo de que lhes falte o necessário, o Elixir de Topázio traz a tranquilidade que permite mudar a sintonia. Nossos pensamentos são verdadeiros ímãs, que atraem energias semelhantes. Quando enviamos ao cérebro imagens de falta, nosso subconsciente trabalha na direção da realização da imagem visualizada, não importa se ela nos prejudica ou nos beneficia.

Muitas vezes esse medo da falta, ainda que inconsciente, pode levar a pessoa a comer além do necessário para estar satisfeita e bem nutrida. Ela come além da medida certa para não deixar sobrar (para quem?), para não desperdiçar, porque está uma delícia e não sabe quando vai comer de novo aquele prato especial...

No fundo, é sempre a conexão com a falta. Ao invejoso, não basta ter o mesmo que o outro: é preciso que o outro não tenha, mesmo que seja a sobra. Então a essência de Topázio ajuda a reequilibrar as energias, conectando com a tranquilidade que vem da certeza interior da abundância. Promove uma faxina mental ao limpar as "antenas" que nos conectam com o universo, sintonizando a faixa da prosperidade.

*Distúrbios alimentares. Obesidade. Inapetência. Paladar. Rejuvenescimento. Avareza. Raiva. Decisão. Medo do comprometimento. Medo da falta. Inveja. Maledicência. Pesadelos. Sonambulismo.*

*Cor:* Amarelo, acastanhado, azul-claro, rosado, verde-pálido.

*Nível físico:* Nos casos de distúrbios alimentares, auxilia nas dietas para emagrecimento, regulando o sistema digestivo; melhora o apetite, nos quadros de inapetência. Alivia dores reumáticas, de artrite e gota. Nos quadros hemorrágicos e outros problemas com o sangue. Estimula o sentido do paladar. Indicada para problemas no estômago e na glândula pituitária. Trabalha na regeneração geral dos tecidos, sendo um dos mais importantes componentes numa fórmula de rejuvenescimento. Doenças causadas pela velhice são aliviadas com o uso deste elixir. Alivia os miasmas sifilíticos, da tuberculose e da gonorreia.

*Nível psicológico, mental, espiritual:* Equilibra as emoções. Alivia a depressão, combate a raiva e o medo. Indicada para os indivíduos que são avarentos, por medo de que venha a lhes faltar; para nos conectarmos com a abundância cósmica, disponível para todos, precisamos abrir mão da sintonia com a falta, com a avareza. Dificuldade em tomar decisões na vida, por receio de se comprometer. Dá força para lidar com os problemas da vida. Relaxa a tensão. Ocorre um rejuvenescimento profundo, revertendo o processo de idade, porque há como que um renascimento do eu, em nível espiritual, uma vez que o corpo etérico passa por esse processo, realinhando-se com o corpo físico na nova condição. Combate a inveja, maledicências, loucura, emoções descontroladas. Para os que falam mal dos demais por inveja, despeito. Elimina o sonambulismo. Combate pesadelos. Usada junto com a essência Olho-de-Tigre, é boa para atrair riqueza, dinheiro. Dá suporte para a realização de grandes planos, com autoconfiança.

*Órgãos:* Sistema digestivo e ósseo.

*Chakra:* 3º.

## Turmalina Negra (*Black Tourmaline*)

A Turmalina é a pedra que se apresenta em maior número de cores. Levada em 1703 do Ceilão (atual Sri Lanka) para a Europa pelos holandeses, era já conhecida desde a Antiguidade. Hoje em dia seus fornecedores são Brasil, Sri Lanka, Austrália, Angola, Estados Unidos, Tanzânia. A variedade negra também é conhecida como Schorl.

A Turmalina Negra é uma pedra conhecida principalmente por sua fortíssima capacidade de limpar o ambiente e as pessoas de energias densas, maléficas. Ela é singular no sentido de que talvez seja o único cristal que transmuta essas energias ditas negativas naturalmente, sem necessidade de se fazer sua limpeza depois.

Sua ação é notória na reconstituição das auras danificadas pelo efeito prolongado das influências de obsessores. É indispensável em qualquer fórmula de renovação de energias, tanto em casa ou no escritório, quanto em hospitais, manicômios, cadeias, ambientes altamente comprometidos por um baixo teor vibratório ou por conturbação emocional.

*Proteção. Magia. Limpeza astral. Stress. Ansiedade. Equilíbrio emocional. Terapia de vidas passadas.*

*Cor:* Negra.

*Nível físico:* Proteção contra radiação. Alivia desequilíbrios relacionados com o chakra básico, tais como desorientação, ansiedade, artrites, sífilis, doenças do coração e problemas das adrenais. Fortalece o sistema imunológico. Em casos de dislexia. Doenças debilitadoras, prolongadas. Raios ultravioleta.

*Nível psicológico, mental, espiritual:* Oferece proteção contra energias negativas, repelindo-as ou transmutando-as. Excelente contra o *stress* e em crises, pois traz centramento, ancoramento. Desperta altruísmo e ativa qualidades masculinas e femininas. Pode ser usada topicamente ou ingerida. Combate a ansiedade e o desequilíbrio emocional. Indicada para terapia de vidas passadas ou regressão, pois, como as demais turmalinas, ajuda a trazer à tona informações importantes para o bom andamento do processo terapêutico. Auxilia a centrar as energias. Encantamentos. Elemento terra.

*Órgãos:* Coração, glândulas ad-renais, sistema ósseo.

*Chakra:* 1º, raiz ou básico.

## Turquesa (*Turquoise*)

Turquesa significa "pedra turca", porque antigamente era comercializada na Europa via Turquia. Trata-se de uma pedra porosa, de cor azul-celeste, com traços brancos ou castanhos. As melhores pedras são provenientes do Irã, do Afeganistão, da Austrália, da China, de Israel, da Tanzânia e dos Estados Unidos. Há 4.000 anos já era utilizada moída, na maquiagem ou como amuleto. A uma temperatura de 250°C, sua cor pode modificar-se para um tom esverdeado, portanto é preciso ter cuidado para não usar solda perto dela.

Usada em rituais para atrair riqueza, amor, aumentar a beleza; no Egito antigo, era usada também contra catarata. É considerada uma pedra fundamental para a cura. Em antigos rituais xamânicos, a Turquesa era considerada essencial, por proteger contra magias, afastar energias negativas e dar poder ao xamã. Como uma das atribuições do xamã é curar, a Turquesa é importante para este porque se diz que, pressionada contra o órgão doente, ela "puxa" as energias desestabilizadoras, auxiliando na cura.

Como a Turquesa combate a tensão nervosa e também melhora a circulação, é indicada nos casos de dores de cabeça de todo tipo.

*Riqueza. Catarata. Anemia. Enxaquecas. Dores de cabeça. Tensão. Regeneração celular. Sistema circulatório. Xamã. Harmonia conjugal.*

*Cor:* Azul-celeste, verde-maçã.

*Nível físico:* Melhora a visão. Alivia dores de cabeça e febres. Evita enxaquecas. Fortalece o corpo como um todo. Facilita a absorção dos nutrientes em geral. Estimula a regeneração celular em todos os níveis. Muito boa em casos de má nutrição, anorexia nervosa, problemas de circulação, de tendões e ligamentos, má oxigenação, toxemia ou tensão muscular. Melhora o fluxo sanguíneo nos músculos. Forte protetor contra poluição ambiental. Protege das reações adversas da radiação. Tem a capacidade única de chegar o mais próximo possível dos níveis do corpo físico para promover a saúde. Pode ser usada em banhos ou massagens com óleos, aliviando todos os miasmas.

*Nível psicológico, mental, espiritual:* Desenvolve melhor comunicação. Alivia tensão. Atrai amor, boa sorte, harmonia conjugal, riqueza.

*Órgãos:* Olhos, aparelho digestivo, tendões e ligamentos.

*Chakras:* Promove o alinhamento e fortalecimento de todos os chakras, nádis e corpos sutis.

# Fórmulas de Elixires de Cristais

As fórmulas a seguir foram preparadas visando facilitar a utilização das essências de Cristais em situações bem específicas. Seus nomes já apropriam as qualidades de sua prescrição, resumidamente. Elas podem ser usadas sozinhas ou agregadas a outros elixires ou essências florais que sejam indicados, sem que isso altere suas propriedades.

Algumas das fórmulas contêm essências florais, produzidas por mim com o fim específico de juntá-las a essas fórmulas, ou de outros sistemas, conforme você pode ver pela sua composição.

---

## Fórmula 1 – Poder Pessoal

---

- Trabalha os diversos aspectos da (re)conquista do poder pessoal, ajudando a pessoa a assumir as rédeas da própria vida.
- Para aqueles que têm dificuldades nos relacionamentos porque acabam por fazer escolhas inadequadas, ou se submetem ao outro equivocadamente como prova de amor.
- Para os que têm dificuldade em impor limites, dizer "não".

---

## Fórmula 2 – Emagrecimento

---

- Ajuda a digerir melhor as emoções, colocando-as em perspectiva.
- Permite um apoio emocional à determinação de emagrecer.
- Ajuda na metabolização dos alimentos, melhorando a digestão.
- Auxilia na quebra de padrões compulsivos nas pessoas que comem sem prestar atenção ao que ingerem e acabam comendo mais do que o necessário.

- Traz à tona padrões inconscientes de quem come por medo de que falte ou acabe a comida sem que ele tenha podido repetir o prato.
- De que pesos preciso me livrar na vida?

---

## Fórmula 3 – Rejuvenescimento

---

- Trabalha a revitalização celular em diversos níveis, a partir dos corpos sutis, por corrigir registros inadequados em sua forma energética em primeiro lugar.
- Na variação para o cabelo, a fórmula "Hair Care" alia outros elixires e algumas essências florais, para prevenir a queda e ajudar na recuperação de cabelos (veja as fotos em "Estudo de Caso").
- Pode ser tomada e ao mesmo tempo adicionada ao creme que se usa para o rosto, sete gotas para cada 30 mg.

---

## Fórmula 4 – Aprendizado, Memória

---

- Nas dificuldades diversas que afetam o aprendizado.
- Melhora a atenção concentrada, a capacidade de síntese e o ajuste do foco.
- Estimula a memória em qualquer faixa etária.

---

## Fórmula 5 – Carisma, Sensualidade

---

- Desperta a sensualidade adormecida, ajuda a mulher a lidar bem com sua feminilidade.
- Atua nas questões de impotência masculina e frigidez feminina.
- Ao homem, traz vibrações de potência, de capacidade de realizar seu potencial em todos os níveis, sem que isso implique posturas estereotipadas de "macho".
- Seja qual for a orientação sexual, ajuda na liberação das tensões que dificultam um bom desempenho sexual.

## Fórmula 6 – Alto-Astral (Alegria de viver, felicidade)

- Permite que a alegria flua solta – é como ingerir um raio de sol, que ilumina a alma, tornando-a mais leve.
- Para manter o otimismo frente às dificuldades normais da vida.
- Pode ser empregada nas depressões de origens diversas – tristeza, raiva, incapacidade para reagir a uma situação, pós-parto etc.
- Nas situações de *stress* físico ou mental.

## Fórmula 7 – Limpeza Energética, Proteção

- Limpa os ambientes de energias desarmonizadoras.
- Para limpeza de ambientes e objetos que guardam as energias dos donos anteriores, antiguidades, paredes de residências que têm o registro de desavenças antigas ou recentes.
- Para quebrar vibrações criadas por magia.
- Atua também como essência vibracional protetora pessoal, eliminando e mantendo a distância energias negativas de inveja, mau-olhado.

## Fórmula 8 – Prosperidade, Boa Sorte

- Promove a conexão com a abundância do universo para eliminar o sentimento de falta.
- Desenvolve o senso de oportunidade necessário para a realização de bons negócios, justos para os dois lados.
- Ajuda a conquistar a prosperidade ou recuperar-se de alguma grande perda.

## Fórmula 9 – Harmonia, Equilíbrio

- Cria vibrações de harmonia e consenso, tanto em família quanto em outros grupos sociais.
- Traz paz, serenidade.
- Ajuda a pôr as ideias em prática, de forma harmoniosa.

- Neste momento de evolução da humanidade, em que a cooperação e a ética são fundamentais, esta fórmula ajuda a criar o equilíbrio para se estar de bem com os outros, em clima de respeito mútuo.
- Nas emergências, ajuda a resgatar o equilíbrio interior.

## Fórmula 10 – Amor, Autoestima

- Ajuda a pessoa a se valorizar, para poder amar o outro sem ressentimentos.
- Abre o coração para o amor ao próximo, a partir da capacidade de se estar bem consigo mesmo.
- Melhora a autoestima em todas as faixas etárias – crianças, adultos ou idosos precisam igualmente de gostar daquilo que são e sentir que são amados.
- Atrai vibrações de amor.

## Fórmula 11 – Liberação dos Karmas Familiares

- Trabalha a limpeza dos karmas familiares, situações que se repetem na família: doenças, separações familiares, brigas entre pais e filhos, perdas financeiras etc.
- Elimina os miasmas familiares e trabalha as eventuais mágoas, para que a reforma íntima seja efetiva.
- Ensina a nos perdoarmos, para conseguir perdoar os outros de coração.
- Para ser usado no culto dos ancestrais, para liberação dos karmas familiares.

## Fórmula 12 – Hair Care

- Reequilibra energicamente o organismo no aspecto capilar.
- Desperta a memória celular do padrão saudável, de quando o cabelo era forte e abundante.
- Para tratamento de combate à calvície.
- Desenvolve a capacidade de autoproteção.
- Por que me sinto desprotegido?

## Fórmula 13 – Woman

- Combate a TPM (Tensão pré-menstrual), com excelente resultado.
- Ajuda a trabalhar as questões do feminino em geral: dificuldades com o papel da mulher, em seus múltiplos aspectos: ser mãe, esposa, profissional etc.
- Nas fases de transição da vida: adolescência, trinta anos, menopausa.

## Fórmula 14 – Liderança

- Desperta o líder interior adormecido, ou dá condições para que o espírito de liderança se desenvolva.
- Estimula a ação de liderar de maneira positiva e autoconfiante.
- Ajuda a superar crenças de autolimitação.

## Fórmula 15 – Coragem

- Auxilia a entrar em sintonia com a energia da coragem – de espírito e de ação.
- Combate os medos em suas mais diversas formas: do desconhecido, das manifestações paranormais, de enfrentar a vida, de não conseguir ser bem-sucedido, medos irracionais, arraigados, originados na infância.

## Fórmula 16 – Alinhamento do Tempo

- Para colocar nosso corpo em ressonância com a pulsação da Terra, que de 1952 até 1992 sofreu alteração de frequência de pulsação de 7.83 hertz por segundo para 13 hertz por segundo, enquanto a frequência do cérebro humano continua nos mesmos 7.83 hertz. (Veja textos sobre "Ressonância Schumann".)
- Desse modo, nossa percepção de passagem do tempo está muito alterada, gerando ansiedade e uma sensação de que o tempo está passando muito mais depressa. O que procede, pois para quem ainda não tem seu

alinhamento do tempo feito, a sensação é de que o dia tem cerca de 14 horas. (Veja o exercício "Fórmula 16 – Exercício de Alinhamento do Tempo", na p. 159).

## Fórmula 17 – Eye Care

- Libera as tensões cristalizadas na região ocular desde a infância, o que leva à somatização e consequentes problemas de visão.

## Fórmula 18 – Alma Gêmea

- Coloca suas vibrações pessoais em sintonia com vibrações semelhantes, atraindo para sua vida afetiva a pessoa com mais afinidade com sua alma nesse momento.
- Separar o joio do trigo, afetivamente.

## Fórmula 19 – Conexão com a Presença Eu Sou

- Eleva as energias para facilitar a sintonia com a presença Eu Sou, nossa partícula divina que se manifesta neste plano, nas nossas decisões nesta existência. Com isso, nosso caminho se abre e a caminhada se torna mais leve.
- Pela urgência que existe em fazer com que o planeta mude seu padrão vibratório, é indispensável para este momento evolutivo da humanidade.

## Fórmula 2 – Emagrecimento

Como apoio na utilização da Fórmula 2 – Emagrecimento da Dharma Essências de Cristais, leia e utilize o exercício a seguir, retirado do *Livro de Ouro* de Saint Germain.

Se você tem um abdômen saliente ou deseja emagrecer, deve levantar a sua mão esquerda com a palma voltada para cima e mover a mão direita sobre o abdômen num movimento de rotação, da esquerda para a direita (*no sentido anti-horário*).

Cada vez que a mão passa sobre o abdômen, deve sentir profundamente a atividade absorvente. Assim, desprende-se através das mãos uma tremenda carga de energia, que penetra nas células, encolhendo-as e reduzindo-as à condição normal.

O decreto claramente deve ser:

> "A energia que flui através da mão direita é a presença todo-poderosa e absorvente, que consome todas as células desnecessárias, devolvendo o corpo à sua condição normal e perfeita, pesando... quilos imediatamente!"

Sempre que for tomar sua Fórmula 2 – Emagrecimento, lembre-se de fazer este decreto, que pode auxiliar muito o seu processo de emagrecer!

# Exercícios de suporte ao uso das fórmulas de Essências de Cristais

## Roteiro de Relaxamento da Fórmula 16 – Alinhamento do Tempo

*"E agora que você está aqui,*
*se preparando para entrar em contato com você mesmo,*
*com sua mente subconsciente...*
*você pode se permitir respirar tranquilamente,*
*enquanto sua mente consciente relaxa*
*e entrega o comando à sua mente inconsciente,*
*que sabe de coisas que você nem sabe que sabe*
*– mas no entanto sabe –*
*e pode ajudá-lo neste exercício de alinhamento do tempo.*
*E ainda assim, é sempre você quem está no controle.*
*Enquanto relaxa, talvez você possa prestar atenção às sensações que passam pela sua mão direita*
*e se comunicam com a sua mão esquerda.*
*Talvez uma sensação de calor, ou frio, eu não sei...*
*Porque... cada pessoa tem sua maneira especial de relaxar mais profundamente*
*e está certo, de toda forma...*
*E você pode ouvir a minha voz,*
*você pode sentir o seu corpo apoiado no sofá (cadeira, chão, almofadas...)*
*Você pode respirar tranquilamente enquanto me ouve*
*E você pode entrar em transe agora,*
*profunda e relaxadamente...*
*E a cada palavra minha, seu estado de relaxamento pode se aprofundar mais e mais*
*até o ponto ideal para este trabalho que vamos realizar,*
*fazendo como tantas pessoas fizeram antes, com sucesso.*
*Quando elas se imaginavam num local agradável, junto à natureza.*
*Talvez uma praia ou um campo verde,*

*um local com flores, água, cristais, pedras...*
*Eu não sei. Mas você sabe onde gostaria de estar,*
*de pé, feliz por estar aí.*
*Os raios do sol iluminam e aquecem a pele suavemente*
*e as pessoas podem se sentir muito bem.*
*Agora... cada um convida alguém de sua confiança,*
*ou seu anjo protetor, seu mentor,*
*para ajudá-lo no seu realinhamento do tempo.*
*Ele chega e se coloca como uma proteção às suas costas...*
*E na sua nuca, há um reloginho digital,*
*que mostra numa luz azul brilhante o número 7.83*
*(sete ponto oitenta e três).*
*Agora, com gentileza e delicadamente,*
*esse ser de sua confiança vai acelerando sua frequência cerebral*
*de 7.83 ondas hertz por segundo para um número de sua escolha,*
*entre 8 e 16.*
*Isso acontece à medida que seu relógio digital na nuca*
*vai mostrando a mudança de sete ponto oitenta e três*
*para oito, talvez oito ponto vinte e quatro, nove...*
*Aos poucos, de um em um ou diretamente a um número mais elevado,*
*você vai percebendo como se sente mais confortável.*
*Quando seu relógio interno mostrar um número entre 8 e 16*
*com o qual você se sinta bem confortável,*
*seu protetor vai selar sua nova frequência.*
*Ele faz a imposição das mãos sobre sua nuca*
*e delas saem jatos de luz prata azulada,*
*que fixam a sua frequência cerebral nesse novo número escolhido.*
*Se você não chegou aos 16 ainda,*
*por não ser confortável para você já, tudo bem.*
*Você pode a qualquer momento repetir esta experiência,*
*pedindo ao seu protetor que ajuste seu relógio interno*
*para um outro número mais próximo do 16.*
*Se você por acaso escolheu o 16 da primeira vez*
*e depois sentiu que deveria ter feito a mudança de maneira mais gradual,*
*simplesmente repita a experiência,*
*determinando sua frequência em ondas hertz por segundo*
*em um número mais baixo, subindo depois aos poucos.*
*Durante o dia, sempre que sentir que por alguma razão*
*o tempo está passando depressa demais*
*ou se sentir ansiosa(o) por receio de não conseguir dar conta de*
*suas tarefas,*

*talvez você possa se lembrar de ver seu novo número de frequência*
*em sua nuca, reforçando assim seu novo padrão de pulsação em ondas*
*hertz por segundo.*
*Agradeça ao seu protetor a ajuda dada nesse processo*
*de aceleração do seu tempo interno,*
*harmonizando seu corpo com a Terra,*
*para melhor saúde e tranquilidade.*
*Respire profundamente o ar puro desse local onde você está e,*
*voltando seu rosto para o sol,*
*quando eu contar até três você pode voltar, abrindo os olhos..."*

Depois desse ajuste, vá tomando sua fórmula de essência de cristais Dharma para Alinhamento do Tempo, para que o novo padrão se fixe de forma bem suave...

Bem-vindos à paz e à luz em sua nova frequência, em sintonia com a chamada do plano espiritual para a evolução do planeta Terra!

Tome a essência Fórmula 16 – Alinhamento do Tempo três vezes por dia, sete gotas de cada vez.

# Elixires de Cristais Dharma – repertório por sintomas

**A**

**Abandono**
- medo de
- dioptase, pedra do sol, quartzo-rosa

**Abcesso**
- ametista + jaspe orbicular + jaspe-sanguíneo

**Abdômen**
- opala, pedra da lua, quartzo-citrino, quartzo-fumê, topázio do Rio Grande (aplicar sobre 3º chakra, umbilical)
  - úlcera abdominal
- quartzo-cristal
  - distensão abdominal, cólica: equilibrar a energia do baço
- cornalina, jaspe-sanguíneo, malaquita, obsidiana, peridoto

**Abertura, se soltar**
- aventurina, kunzita
  - diminui as dúvidas da pessoa a respeito de si mesma, o que dá mais confiança e capacidade para se soltar
- calcedônia
  - capacidade de adaptação a novos ambientes, situações, se soltando
- alexandrita, basalto, crisoprásio
  - pessoas de culturas mais reservadas, ajuda a se soltar
- jaspe verde, kunzita

**Aborto**
- prevenção
- crisocola, esmeralda, rubi
  - ameaça de aborto
- jaspe verde

**Abundância (Veja "Prosperidade")**

**Abuso**
- cria uma barreira protetora, para evitar que a pessoa sofra abusos de toda ordem

- obsidiana + selenita, Shiva Lingam
  - sexual
- calcita + cornalina + rodocrosita + rodonita + selenita + serpentinita + Shiva Lingham

**Ação**
  - para os que têm dificuldade para pôr em prática as ideias, as teorias
- fluorita, jade, turquesa
  - ajuda a encontrar a solução, em vez de acomodar-se
- ágata Botswana
  - estimula o progresso
- ágata-de-fogo
  - aumenta a natureza prática
- ágata Botswana, ágata-de-fogo, fluorita, jade
  - capacidade de tomar decisões de forma autoconfiante
- âmbar, azurita, rubi, safira
  - sai de uma situação de estagnação, ou negativa, para outra positiva, que proporcione desafios e maior satisfação
- calcita (todas, mas particularmente a verde)
  - traz equilíbrio nas tomadas de decisão
- abalone
  - capacidade de dar uma direção à vida, planejar melhor as coisas: equilibrar a energia do fígado
- hematita, jaspe verde, peridoto
  - ajuda a colocar em ação as decisões tomadas após planejar: equilibrar a energia da vesícula biliar
- (abalone) âmbar, cornalina, fluorita, hematita, jaspe verde, peridoto

**Aceitação**
  - da vida
- ametista, crisoprásio, lápis-lazúli, safira, sodalita, turquesa
  - das diferenças no outro
- apatita
  - do próprio corpo – na adolescência, idade adulta ou velhice
- jaspe verde
  - autoaceitação
- crisoprásio + rodocrosita

**Acessos**
- ametista

**Acidentes**
  - prevenção
- cornalina

***Acidez***
- jaspe verde, peridoto, pirita, uvarovita
  - equilíbrio da alcalinidade, acidificação dos tecidos
- jade, malaquita, uvarovita
  - correção do excesso de acidez
- diamante + jaspe verde + malaquita + pérola + turquesa + zoicita

***Acne***
- Fórmula 13 – Woman + ametista + crisoprásio + enxofre + pedra da lua + rodonita

***"Acolchoamento" Calmante natural***
  - nas terapias, quando se está tratando de questões difíceis
- ametista, crisocola, quartzo-rosa

***Acupuntura***
  - alinha perfeitamente meridianos, nádis e corpos sutis
- diamante + opala + platina + prata

***Adaptação***
  - sente-se confortável em seu meio
- alexandrita, cornalina, prata
  - sente-se à vontade em situações ou ambientes novos
- alexandrita, basalto, crisoprásio
  - sente-se mais integrado socialmente
- alexandrita, ametista
  - melhora a capacidade de adaptação aos fatos ou etapas da vida (nascimento, puberdade, menopausa, morte): estimular a energia dos rins
- berilo, prata, quartzo-citrino, quartzo-cristal

***Adenoides***
  - inflamação
- ágata Botswana + água-marinha + crisocola

***Adolescência***
  - ajuda na aceitação das mudanças no corpo físico
- ametrino, crisoprásio
  - ajuda na aceitação do próprio corpo e também da própria sexualidade
- ágata-de-fogo, jaspe verde, rodonita
  - personalidade muito influenciável
- olho-de-gato
  - fortalece a verdadeira identidade do adolescente
- cornalina, rodocrosita
  - ajuda a fazer melhor escolha nos relacionamentos desde cedo
- cornalina

- ajuda na adaptação a esta etapa da vida: estimular a energia dos rins
- berilo, quartzo-citrino, quartzo-cristal

**Afeto (Veja "Relações Afetivas")**

**Afinidade**
- entre as pedras
- abalone, âmbar, âmbar-negro, madeira petrificada; em menor escala, o âmbar tem afinidade com o mármore e a obsidiana

**Afogamento**
- ajuda na reoxigenação
- ágata Botswana

**Aftas**
- azurita, calcita azul, labradorita, lápis-lazúli, pedra da lua, safira azul, sodalita

**Agressão**
- basalto

**Agricultura (Veja ainda "Plantas")**
- promove crescimento das sementes durante o 1º quarto da Lua
- topázio
  - estimula crescimento de plantas abaixo do solo
- ametista
  - horticultura – usar em rituais para ter boas colheitas
- jaspe-sanguíneo
  - cria sintonia com as plantas
- ágata-musgo, quartzo-cristal
  - ajuda para que a árvore dê bons frutos
- pedra da lua

**Alcoolismo**
- ametista

**Alegria**
- ágata Botswana, ágata-musgo, ametista, calcedônia, jaspe verde, pedra do sol
  - traz felicidade, um sentimento de alegria interior
- alexandrita, calcedônia
  - aumenta a alegria, o amor, a criatividade
- opala
  - devolve a alegria infantil
- ágata Botswana

**Alergia**
- ágata-musgo, água-marinha, jaspe marrom; ágata azul rendada + água-marinha + jaspe orbicular + jaspe paisagem
  - principalmente em crianças
- malaquita

**Alienação**
- para quem se sente desconfortável com o próprio corpo, com o estar no mundo; traz a sensação de "estar em casa" no mundo
- crisoprásio

**Alinhamento de**
- chakras (*Veja ainda "Chakras"*)
- água-marinha, amazonita, coral, quartzo-rutilado, turquesa
- coluna
- olho-de-falcão
- corpos sutis (*Veja ainda "Corpos Sutis"*)
- jade, peridoto, quartzo-azul, quartzo-citrino, turquesa
- energias etéricas dos corpos emocional, físico, mental e espiritual
- âmbar
- corpos: astral e emocional
- pedra da lua, safira
- corpos: astral e etérico
- jaspes
- corpos: astral, etérico e emocional
- esmeralda
- corpos: astral, emocional e mental
- quartzo-rosa
- corpos: astral, emocional, mental e etérico
- jaspe verde
- corpos: emocional e espiritual, elevando o nível das emoções
- granada vermelha
- corpos: emocional e etérico
- malaquita, marfim
- corpos: emocional e mental
- âmbar, enxofre, obsidiana
- corpos: emocional, mental e espiritual
- ágata-de-fogo
- corpo etérico, alinha
- abalone
- corpos: etérico e mental
- amazonita
- corpos: etérico, mental e espiritual
- lápis-lazúli
- corpos: etérico e físico
- ágatas, diamante
- meridianos e nádis

- quartzo-fumê
  - meridianos, nádis, corpos sutis
- diamante + opala + platina + prata
  - nádis, fortalecimento
- turquesa; olho-de-tigre + rubi + safira-estrela
  - do tempo, conforme conceito da Ressonância Schumann
- Fórmula 16 – Alinhamento do Tempo

**Altruísmo, desenvolver**

- ágata-musgo, âmbar, basalto, diamante Herkimer, jade, magnetita, malaquita, topázio, turmalina negra
  - desperta o desejo de se doar ao outro, em equilíbrio
- granada vermelha

**Alucinações**

- ametista, esmeralda, jaspe marrom, rubi
  - estabelece contato entre desejos, necessidade e realidade
- cianita

**Ambição**

  - estimula o desejo de ser bem-sucedido
- andaluzita, berilo, howlita, safira

**Amenorreia**

  - estimula a energia do fígado
- ágata-musgo, coral, granada, jaspe-sanguíneo

**Ametropia**

- ágata azul rendada + água-marinha + ametista + quartzo-cristal

**Amidalite**

- água-marinha, pirita, rodonita

**Amizade**

  - abre a disponibilidade para novas amizades
- ágata-musgo

**Amor (Veja ainda "Casamento": "Relacionamentos Afetivos")**

  - aumenta a capacidade de amar e ser amado, percepção interior, ameniza problemas emocionais, mentais e físicos
- esmeralda, malaquita e quartzo-rosa (aplicar sobre o 4º chakra)
  - fortalece o amor-próprio, a autoestima (*Veja "Autoestima"*)
  - a Deus
- ametista
  - duradouro, fidelidade
- safira azul
  - intenso, despertar
- rubi
  - juvenil, passageiro – lidar melhor com

- quartzo-rosa
  - pela família, entre pais e filhos, melhora
- cornalina
  - romântico – surgimento; espontâneo, leva a encontros notáveis com pessoas de uma vida passada
- turquesa
  - reacende o amor entre casais
- berilo
  - verdadeiro, ajuda a encontrar
- crisoprásio, Fórmula 18 – Alma Gêmea
  - entre marido e mulher, reforça
- diamante
  - incondicional, com um toque espiritual
- morganita

**Amplificador**

  - de formas-pensamento
- aventurina, lápis-lazúli, marfim, quartzo-cristal, safira
  - dos efeitos dos remédios vibracionais
- ágatas, amazonita, diamante
  - dos efeitos das outras pedras
- ágatas
  - das energias com as quais entra em contato – as positivas e as negativas
- diamante
  - das energias da água-marinha, ametista e esmeralda, principalmente
- diamante

**Ancoramento**

  - para fórmulas compostas, de elixires, de essências florais ou combinadas
- amazonita, diamante, hidenita, olho-de-tigre, peridoto
  - para aqueles que precisam de centramento, enraizamento, através da harmonia com as energias da terra; traz estabilidade à vida
- âmbar, basalto, jaspe marrom, obsidiana, turmalina negra
  - indivíduos "ausentes", "desligados", introvertidos
- ágata Botswana, âmbar, coral, lápis-lazúli, olho-de-tigre
  - dos quatro aspectos do ser: físico, emocional, mental e espiritual
- malaquita
  - para aqueles a quem falta suporte na vida, para realizar o que veio fazer nesta existência, por se sentir sem forças fisicamente
- safira

**Anemia (Veja ainda "Assimilação")**

- coral, granada vermelha, hematita, jaspe-sanguíneo, peridoto, pirita, rubi, turquesa
  - aumenta hemoglobina
- granada

**Aneurisma cerebral**

- madeira petrificada, rubi

**Angústia**

- cornalina, Fórmula 6 – Alto-Astral

**Animação**

- crisoprásio, Fórmula 6 – Alto-Astral

**Anjos**

  - ajuda a conexão com a energia angélica
- celestita, morganita

**Anorexia nervosa**

- azurita/malaquita, kunzita
  - melhora a absorção dos nutrientes pelas células
- ágata-musgo, turquesa
  - desobstrui as energias dos pulmões e estimula o baço
- ágata Botswana + âmbar + pedra da lua + quartzo-rosa

**Ânsia de vômito, náusea**

  - nos processos de desintoxicação
- granada vermelha

**Ansiedade**

- âmbar, ametista, apatita, aventurina, azeviche, azurita/malaquita, berilo, crisocola, diamante, fluorita, jaspe verde, lápis-lazúli, madrepérola, malaquita, olho-de-tigre, ônix, ouro, pedra da lua, peridoto, pérola, pirita, quartzo-rosa, rodonita, safira, sodalita, topázio, turmalina negra, turmalina rosa

**Antibiótico natural**

- âmbar

**Anticorpos**

  - estimula e multiplica os anticorpos naturais do indivíduo
- hematita

**Antídoto**

- esmeralda

**Antiespasmódico**

- olho-de-tigre

**Antissociabilidade**

- abalone, basalto

**Apatia**

- ágata Botswana, ônix

**Apêndice**
- – remoção das toxinas
- • enxofre, peridoto, quartzo-citrino

**Apetite**
- – perda do apetite
- • coral

**Aprendizagem (Veja também problemas específicos, como "Dislexia" etc.)**
**– crianças com dificuldades de aprendizagem**
- • calcita, Fórmula 4 – Aprendizado, Memória
  - – faz conexão entre acontecimentos passados e presentes, abre caminho para novas experiências, de outra maneira
- • cornalina
  - – ajuda a separar o importante do que não é, quando há uma grande quantidade de informação a ser digerida
  - – dislexia, disfunção cerebral mínima
- • safira

**Argila**
- – trabalho terapêutico com argila, acentua seus efeitos
- • âmbar

**Argumentação, melhora capacidade de**
- • enxofre

**Arrogância**
- • berilo, enxofre

**Arte**
- – realça expressão artística
- • cianita

**Artérias**
- – combate o endurecimento, traz elasticidade
- • berilo, calcedônia, madeira petrificada
  - – arteriosclerose
- • aventurina + diamante + jaspe-sanguíneo + madeira petrificada

**Articulações**
- – fortalece
- • calcita, marfim
  - – inflamação
- • rodonita

**Artrite**
- • ágata azul rendada (*Agate Blue Lace*), ametista, azurita, crisocola, cobre, coral, enxofre, kunzita, madeira petrificada, rodonita, topázio, turmalina negra

**Artrose**

- ágata-musgo + âmbar + apatita + azurita + berilo + calcedônia + enxofre + granada + jaspe ocean + madeira petrificada + magnesita + quartzo-cristal + turmalina verde

**Asma**

- âmbar + apofilita + coral + crisoberilo + malaquita + olho-de-gato, olho-de-tigre + quartzo-rutilado + rubi + safira
  - principalmente em crianças
- malaquita
  - crônica: estimula a energia dos rins
- água-marinha, apatita, berilo
  - estimula a energia do baço, que está com sua função obstruída, e os pulmões
- ágata Botswana + aventurina + azurita + calcedônia + crisocola + fluorita + pedra da lua

**Assertividade**

- cianita

**Assimilação de**

- vitaminas A e do complexo B: granada vermelha
- vitaminas A, C, E, selênio e zinco: quartzo-citrino
- vitaminas A e D: abalone
- vitaminas A e E: água-marinha
- vitaminas A e E: azurita/malaquita
- vitamina E: lápis-lazúli
- vitamina E, lecitina, sílica e proteínas: coral
- vitamina B: âmbar, lápis-lazúli, quartzo-azul
- vitaminas B e E: diamante, ônix, quartzo-fumê
- vitamina C: apatita, lápis-lazúli
- vitaminas C e D: obsidiana
- cálcio: abalone, apatita, lápis-lazúli
- cálcio, fósforo, lecitina, vitaminas B, C e E: lápis-lazúli
- cálcio, magnésio e proteínas: marfim
- cálcio, magnésio, fósforo, zinco e cobre: azurita
- cálcio, magnésio, fósforo, zinco e vitamina K: fluorita
- cálcio, magnésio, zinco, vitaminas A e E: morganita
- caroteno, fixação: abalone
- clorofila: esmeralda
- cobre e zinco: azurita/malaquita
- ferro, iodo, ouro, oxigênio e vitamina B: quartzo-azul
- fósforo: lápis-lazúli

- geral, de todos os nutrientes: ágata-musgo, granada vermelha, quartzo-rutilado, safira, turquesa
- iodo: jade
- lecitina: lápis-lazúli
- magnésio: apatita
- magnésio, ferro e enxofre: pirita
- nutrientes, pelas células: ágata-musgo, granada vermelha, quartzo-rutilado, safira, turquesa
- ouro, ferro, iodo, oxigênio e todas as vitaminas B: quartzo-azul
- proteínas: abalone, enxofre
- proteínas e aminoácidos: quartzo-cristal
- proteínas, ferro, oxigênio e vitamina K: quartzo-rosa
- de novas ideias: ametista, fluorita
- silicone: olho-de-tigre

**Assimilação e síntese de ideias**
- ametista, fluorita

**Ataques espirituais, livrar-se de**
- obsidiana

**Atenção (Veja ainda "Foco")**
- – traz centramento
- âmbar, lápis-lazúli, olho-de-tigre
  - – desenvolve a atenção concentrada, observação dos detalhes
- ágata Botswana, cianita, cornalina

**Atividades mentais**
- – estimula
- quartzo-citrino e topázio do Rio Grande (aplicar sobre o $3^\circ$ chakra)

**Atletas**
- – ajuda na formação e proteção do tecido muscular
- abalone
  - – ajuda nas contusões ou em casos de se exigir muito de uma parte do corpo
- calcita
  - – aumenta a energia física
- granada vermelha

**Atração, aumenta o poder de**
- magnetita, turquesa

**Audição, problemas**
- abalone, ágata, âmbar, ametista, cianita, lápis-lazúli, ônix, rodonita

**Aura**
- – união de
- berilo

- limpeza de, elimina negatividade
- ametrino, cianita, quartzo-fumê – tomar e borrifar ao redor do corpo
  - "ausência", desligamento, descentramento
- basalto, lápis-lazúli, marfim

**Autenticidade (Veja ainda "Falsa Persona")**
- ajuda a liberar a autenticidade, sem medo de censura ou julgamento
- ágata azul rendada

**Autismo**
- ametista, diamante, esmeralda, lápis-lazúli, malaquita, opala, ouro, prata

**Autoaceitação**
- ágatas em geral, Fórmula 10 – Amor, Autoestima
  - ajuda a aceitar-se e a amar a si mesmo
- ametista, quartzo-rosa, rodocrosita, turmalina rosa

**Autoafirmação**
- quartzo-citrino, rubi, topázio do Rio Grande (aplicar sobre o 2º chakra, do baço)

**Autoconfiança**
- ágatas em geral, ágata-musgo, crisocola, granada, olho-de-tigre, quartzo-cristal, quartzo-fumê, quartzo-rosa, rubi, sodalita
  - reforça
- quartzo-citrino

**Autocontrole**
- em excesso – seriedade, secura
- ônix

**Autocura**
- através da eliminação das energias negativas e centramento
- âmbar
  - melhora a capacidade de autocura
- hematita

**Autodestruição, tendência ao suicídio**
- quartzo-citrino

**Autoestima**
- aumenta, melhora, ajuda na descoberta do próprio valor
- ágata, ágata-musgo, alexandrita, ametista, cobre, diamante, fluorita, granada vermelha, hematita, kunzita, lápis-lazúli, ouro, quartzo-rosa, rodocrosita, rodonita, rubi, rubilita, sodalita, turmalina rosa, Fórmula 10 – Amor, Autoestima

**Autoexpressão**
- aumenta, reequilibra as emoções
- quartzo-rosa

**Autoindulgência**
- – para os que têm sempre uma desculpa para seus erros
- • peridoto

**Autolimpeza**
- • calcedônia – a limpeza é mais rápida se a pedra ficar exposta à luz ultra-violeta ou à cor azul-índigo por trinta minutos

**Autoprojeção**
- • quartzo-fumê

**Autoridade**
- – dificuldade em lidar com autoridades ou figura paterna
- • esmeralda, kunzita, quartzo-rosa, rubi, turmalina negra
  - – estimula a energia da vesícula biliar
- • âmbar, calcedônia, enxofre, jaspe verde

**Autorrealização**
- – ajuda na
- • jaspe-sanguíneo

**Autorrespeito**
- • alexandrita

**Autossuficiência**
- • jade

**Avareza**
- – coloca em sintonia com a prosperidade, em vez da falta; trabalha os medos da falta, modifica o padrão de crença
- • topázio; junto com olho-de-tigre, atrai riqueza
  - – combate a avareza, quando a pessoa se sente alienada da riqueza do mundo; modifica o padrão de crença na falta
- • crisoprásio, topázio

**Aventuras frívolas, atrai**
- • opala

**Aversão, vencer a aversão a alguém de quem não se gosta**
- • ametista

**Azia**
- • jaspes, pirita

# B

**Baço**
- • água-marinha, atacamita, azurita, calcedônia, calcita amarela e laranja, enxofre, jade, jaspe-sanguíneo, malaquita, pedra da lua, peridoto
  - – melhora a memória para o estudo

- âmbar + calcita + jaspe-sanguíneo
  - auxilia a cura das doenças que o afetam e neutraliza as energias negativas
- âmbar
  - elimina as toxinas
- jaspe-sanguíneo

**Bebê**
  - minimiza os desconfortos do bebê quando rompe a dentição
- malaquita

**Beleza**
  - realça, aumenta o poder de atração
- âmbar, coral, opala, turquesa
  - ajuda a manifestar a beleza interior
- opala

**Belicosidade, traz**
- granada

**Bexiga**
  - cálculos
- diamante, jade, jaspe, jaspe-sanguíneo
  - problemas
- coral, enxofre, jade, jaspe, jaspe-sanguíneo, quartzo-citrino
  - inflamação
- âmbar
  - desequilíbrio na energia da bexiga leva a quadros de ciúmes, desconfiança, rancor prolongado ou medo – equilibrar com
- âmbar, coral, enxofre, jaspe, quartzo-citrino

**Bile (Veja ainda "Fígado")**
- jaspe, quartzo-citrino

**Bipolar, transtorno**
- azeviche, kunzita, jaspes

**Bloqueio energético**
  - em geral, liberar
- fluorita
  - do chakra coronário
- diamante
  - dos centros energéticos – chakras – redistribui a energia pelo corpo
- quartzo-cristal
  - de energia nos chakras inferiores
- rubi
  - do corpo físico

176

- coral
  - ajuda a localizar e remover os bloqueios inconscientes que dificultam a cura
- hidenita, madeira petrificada
  - de emoções, ajuda a liberá-las
- madeira petrificada
  - antigos
- malaquita

**Boa vontade**
  - desperta, fomenta atitudes de
- calcedônia

**Boca**
  - problemas
- berilo, jaspe verde

**Brônquios**
  - catarro traqueobrônquico, eliminação
- ágata Botswana + ágata-musgo + pirita
  - problemas nas passagens bronquiais
- lápis-lazúli

**Bronquite**
- ágata Botswana + calcedônia + pedra da lua + pirita + quartzo-rosa + quartzo-rutilado
  - crônica
- pedra da lua

# C

**Cabeça (Veja ainda "Enxaqueca")**
  - fortalece, de modo geral
- malaquita
  - dor de cabeça
- ágata azul rendada (*agate blue lace*), ametista, lápis-lazúli, safira, sodalita (aplicar uma dessas pedras sobre o chakra frontal)
  - dor de cabeça com dor no fundo dos olhos
- azeviche
  - dor de cabeça por tensão nervosa
- aventurina
  - sensação de peso na cabeça: equilibrar a energia do baço
- azurita, calcedônia, calcita, jade, peridoto

### Cabelo

- ágata, ágata-de-fogo, ágata-musgo, aventurina, coral, enxofre, jade, jaspe-sanguíneo, lápis-lazúli, ônix; elixires de pedras do $7^{\circ}$ chakra, Fórmula 12 – Hair Care
  - fortalece e dá brilho, vitalidade
- ágatas, coral, malaquita, jaspe-sanguíneo
  - dá brilho
- jaspe-sanguíneo – além de tomar, colocar doze a quinze gotas do elixir no frasco de xampu
  - remove bloqueios no sistema capilar
- ágata azul rendada (*agate blue lace*), ágata-musgo
  - tratamento contra queda de cabelo
- Fórmula de Rejuvenescimento Capilar – Fórmula 12 – Hair Care
  - sem brilho, acinzentados, finos, com queda: fortalecer a energia dos rins
- ágata-musgo, água-marinha, cobre, enxofre, hematita, quartzo-citrino
  - creme para cabelo – ajuda no combate à queda
- para 30 g. de creme qsp = jaborandi 2% + aloe vera 1% + pfaffia 1% + sálvia 1% + henna 1% + 7 gotas de Fórmula 11 – Liberação dos Karmas Familiares + 7 gotas de Fórmula 12 – Hair Care

### Cãimbra, tensão

- amazonita, quartzo-cristal, rubi
  - estimula a energia do fígado
- jaspe verde, peridoto

### Calcificação óssea

- crisocola

### Cálcio (Veja ainda "Assimilação")

  - deficiência
- abalone, amazonita, apatita, marfim, pérola
  - assimilação de cálcio magnésio pelo organismo
- marfim

### Cálculos

  - na bexiga
- diamante, jade, jaspe verde, jaspe-sanguíneo,
  - nos rins
- jade

### Calma, calmante

  - acalma os nervos, traz calma ao comportamento desordenado
- ágata-de-fogo, água-marinha, alexandrita, cianita, crisoprásio, rodonita
  - acalma a mente, desacelera
- água-marinha, amazonita, opala, quartzo-fumê

- – acalma emoções exacerbadas
- coral
  - – acalma o coração, equilibrando as emoções
- ágatas
  - – sedativo, acalma mente e corpo
- berilo + esmeralda + lápis-lazúli
  - – sedativo, alivia tensões e traz um sono reparador
- sodalita
  - – ajuda a alcançar a calma interior, os conhecimentos armazenados
- quartzo-fumê

### Câncer

- abalone, azurita/malaquita, quartzo-azul
  - – preventivo; incentiva o organismo no reconhecimento de células pré-cancerígenas
- granada vermelha
  - – de pele
- azurita/malaquita, marfim
  - – do aparelho digestivo/intestinos
- pérola
  - – dos pulmões
- ágata Botswana, fluorita,
  - – dos ossos
- marfim
  - – nas alterações celulares de todo tipo, até melanoma
- azurita/malaquita
  - – no sistema linfático
- sodalita

### Cansaço

- ágata Botswana
  - – estimula a energia dos pulmões e do baço

### Carência afetiva (Veja ainda "Codependência", "Criança interior")

- olho-de-falcão, quartzo-rosa

### Cárie dentária

- – combate a formação
- amazonita, fluorita
  - – por deficiência de cálcio
- abalone

### Carreira

- – aumenta a motivação, levando a um maior sucesso
- cornalina
  - – estimula o desejo de ser bem-sucedido
- berilo

**Cartilagem**
- ajuda na reparação
- enxofre, turquesa

**Casa**
- apazigua e acalma o espírito
- azurita, lápis-lazúli, malaquita
- traz clima de calma
- jade
- relaxa o ambiente, enquanto estimula a criatividade
- topázio
- cria um ambiente acolhedor, transmite sensações de ternura, suavidade, de ser amado
- quartzo-rosa
- aumenta a alegria, criatividade, fertilidade
- quartzo-fumê
- protege contra energias negativas
- obsidiana, turmalina negra, Fórmula 7 – Limpeza Energética, Proteção
- protege
- âmbar, coral (todas as variedades, exceto o negro)
- protege de radiações
- malaquita

*Para os quartos de dormir*
- desfaz confusão mental, na hora de dormir
- fluorita

**Casamento**
- atrai felicidade
- água-marinha, ônix
- cria harmonia
- água-marinha
- fortalece laços
- esmeralda (em caso de infidelidade, torna-se opaca)
- reacende o amor entre casais casados
- berilo

**Catarata**
- âmbar, ametista, coral, diamante, esmeralda, turquesa

**Catarro**
- traqueobrônquico, eliminação
- pirita
- gástrico, eliminação
- âmbar

### Cautela
- – encoraja a cautela, nas pessoas de comportamento imprudente
- jaspe-sanguíneo

### Cefaleia (Veja ainda "Dor de Cabeça")
- ametista
  - – principalmente quando ataca do lado esquerdo: tratar o fígado
- berilo, jaspe verde, peridoto, quartzo-rosa

### Células
- – regeneração
- abalone, ágata Botswana, ágatas em geral, ágata-de-fogo, azurita, marfim, ônix
  - – nutriente das células do sangue
- coral
  - – nas alterações celulares de todo tipo, inclusive câncer, melanoma (Veja ainda "Câncer")
- azurita/malaquita
  - – melhora a oxigenação
- morganita

### Centramento (Veja ainda "Ancoramento")
- ametista, basalto, cornalina, marfim, turmalina negra,
  - – quando há comportamento descontrolado ou oscilante
- crisocola, kunzita

### Cerebelo
- – problemas que afetem o cerebelo: febre, tumores, inflamações, hemorragia
- diamante

### Cérebro
- ágata azul rendada, cianita, diamante
  - – equilíbrio entre os hemisférios direito e esquerdo do cérebro
- ágata-musgo, ametista, esmeralda, opala
  - – estimula o hemisfério direito do cérebro
- água-marinha
  - – estimula as sinapses neurológicas
- amazonita, platina
  - – estimula a memória celular, promove a regeneração dos tecidos
- ágata-de-fogo, azurita, quartzo-citrino
  - – doenças cerebrais, SNC
- âmbar, azurita, quartzo rutilado, rubi
  - – disfunção cerebral mínima; dislexia
- safira
  - – auxilia a cura da parte afetada e neutraliza as energias negativas

- âmbar
  - estimula as partes não usadas, em caso de danos cerebrais
- quartzo-rutilado
  - ativação
- ágata azul rendada, ágata Botswana (auxilia a absorver o oxigênio mais rapidamente)
  - revitaliza, auxilia a reconstruir a massa cinzenta, reestrutura moléculas
- azurita
  - danos cerebrais por afogamento ou incêndio
- ágata azul, ágata Botswana, ágata-de-fogo, âmbar, ametista

### Chakras

- azeviche, calcita amarela/laranja, coral, diamante, esmeralda, ouro
  - ativa todos
- calcita amarela/laranja
  - estabilização dos chakras inferiores
- olho-de-falcão
  - nos bloqueios de energia nos chakras inferiores
- rubi

1 – Raiz, básico

Localiza-se na base da coluna vertebral.

Cores: preto e vermelho-escuro.

Ajuda: eliminar problemas com as partes inferiores do corpo: pernas, reto e cólon. Elevação do nível de energia.

Desequilíbrios neste chakra podem desencadear problemas como artrites, dislexia, sífilis, doenças do coração, ansiedade, desorientação e problemas nas adrenais.

- ágata Botswana, ágata-de-fogo, azeviche, berilo, coral, enxofre, granada, hidenita, jaspe, jaspe-sanguíneo, mica, olho-de-tigre, ônix, quartzo-citrino, quartzo-negro, rodonita, rubi, turmalina negra

2 – Sacral, esplênico, baço

Localiza-se no baço.

Cores: vermelho mais claro e alaranjado.

Ajuda: aliviar cólicas menstruais, problemas com órgãos reprodutores, confiança, coragem e autoafirmação.

- amazonita, basalto, berilo, coral, cornalina, diamante, hematita, quartzo-citrino, rubi, rubilita, topázio do Rio Grande
- estimula, abre e limpa: água-marinha

3 – Plexo solar, umbilical

Localiza-se no umbigo.

Cores: laranja-claro e amarelo.

Ajuda: estimular atividades mentais, tratamentos estomacais e região abdominal.

- ágatas, água-marinha, azurita/malaquita, marfim, olho-de-tigre, ônix, quartzo-citrino

4 – Cardíaco

Localiza-se no meio do tórax, na altura do coração.

Cores: verde e rosa.

Ajuda: percepção interior, aumenta a capacidade de amar e ser amado, ameniza problemas físicos, mentais e emocionais.

- abalone, ágata azul, ágata-de-fogo, amazonita, aventurina, berilo, calcedônia, cornalina, esmeralda, jade, jaspe-sanguíneo, malaquita, olho-de-tigre, quartzo-azul, quartzo-citrino, quartzo-rosa, rodonita, rubi, safira
- esmeralda + malaquita + quartzo-rosa (aplicar sobre a região)
- estimula e estabiliza o chakra cardíaco: esmeralda
- alinha o chakra cardíaco: amazonita
- abre e alinha os chakras cardíaco e básico: jaspe-sanguíneo

5 – Laríngeo

Localiza-se na garganta.

Cores: azul.

Ajuda: serenidade, expressão de sentimentos verdadeiros, alivia emoções aflitivas, laringite e problemas na tireoide

- Ágata azul rendada, água-marinha, azeviche, lápis-lazúli, turquesa
- estimula e limpa o chakra laríngeo: ágata azul, água-marinha, apatita, aventurina, cianita, ônix, quartzo-azul, quartzo-citrino, quartzo-rosa, turquesa
- elimina tensões no 5º chakra: (*agate blue lace*) ágata azul rendada
- desbloqueia, estimula e limpa: água-marinha, madeira petrificada

6 – Frontal

Localiza-se entre as sobrancelhas, na testa (3º olho).

Cores: azul-índigo e violeta.

Ajuda: Azul: intuição, alivia dor de cabeça e *stress*.

Violeta: maior consciência e aceitação da vida.

- ágata azul rendada, ametista, azurita/malaquita, diamante, esmeralda, lápis-lazúli, olho-de-tigre, safira, sodalita

7 – Coronário

Localiza-se no alto da cabeça, onde era a moleira em criança.

Cores: branco e dourado.

Ajuda: identificação com a espiritualidade. Como o branco encerra todas as cores, essas pedras podem ser usadas ainda para tratamento global, mental e físico.

- ágata azul rendada (*agate blue lace*), ametista, calcita amarela/laranja, coral, cristal, diamante
- alinhamento geral (*Veja ainda "Alinhamento"*): água-marinha, amazonita, coral, quartzo-rutilado
- ativa todos os chakras: calcita amarela/laranja
- estabiliza os chakras inferiores: olho-de-falcão, olho-de-tigre
- harmoniza e equilibra os chakras básico e cardíaco nas questões da sexualidade: ágata-de-fogo
- transmuta energia negativa dos chakras em positiva: granada

## Chamado interior

  - promove a elevação da consciência, rumo ao chamado interior
- crisocola
  - dá o foco da direção de vida, baseado no chamado da alma
- quartzo-cristal
  - dá força para realizar a tarefa para que se veio nesta existência
- safira

## Choque

  - estados de choque
- aventurina, obsidiana

## Ciático, nervo

  - dores
- azurita/malaquita + lápis-lazúli + turquesa: misturar em óleo de massagem e friccionar o local

## Cicatrização

- cornalina, jaspe-sanguíneo, quartzo-citrino, Fórmula 3 – Rejuvenescimento
  - de feridas abertas
- ametista (em casos de diabete), calcedônia, jaspe-sanguíneo, quartzo-citrino

## Circulação (Veja ainda "Sistema circulatório")

- coral, diamante, fluorita, granada vermelha, jaspe-sanguíneo, marfim, quartzo-cristal, safira, topázio

## Cirurgia

  - no pré e pós-operatório, permite que o corpo reaja melhor à intervenção
- granada vermelha, quartzo-citrino, Fórmula 3 – Rejuvenescimento

## Cisão

  - da personalidade (apenas no início do processo, *borderline*)
- cianita + coral + esmeralda + kunzita + opala + pérola

**Ciúme**

- – equilibrar as energias da bexiga
- • âmbar, cornalina, enxofre, jade, jaspe verde, quartzo-citrino, quartzo-rosa, turmalina melancia

**Clareza**

- – de pontos de vista
- • olho-de-falcão, peridoto
- – mental, aguça
- • ágatas, água-marinha, amazonita, aventurina, azurita, calcedônia, jaspe-sanguíneo, olho-de-tigre
- – dá clareza à locução, objetividade à fala
- • amazonita, cianita

**Clariaudiência**

- • coral

**Clarividência (Veja "Vidência")**

- • água-marinha, azeviche, azurita, azurita/malaquita, esmeralda, granada, jaspe marrom, jaspe verde, lápis-lazúli, olho-de-tigre, peridoto, quartzo-fumê, quartzo-rutilado, safira

**Codependência afetiva**

- – minimiza, ajuda o indivíduo a assumir sua responsabilidade nas questões emocionais
- • aventurina, Fórmula 1 – Poder Pessoal
- – traz mais equilíbrio nas questões afetivas, trazendo paridade entre idade cronológica e emocional
- • crisocola
- – dá força para ir em busca dos próprios sonhos, em vez de esperar que o outro se responsabilize por isso
- • olho-de-falcão
- – para os que sempre se envolvem em relacionamentos sem futuro, se equivocam nas escolhas afetivas
- • pirita
- – para os que carregam a sensação de não terem sido bem-amados ou acolhidos na infância, que guardam essa mágoa
- • quartzo-rosa
- – auxilia na eliminação do medo de não ser capaz de cuidar de si, melhora a autoestima e a autoconfiança
- • jade, sodalita

**Coerência, traz**

- • rodonita

**Coesão, harmonia em grupos**

- • abalone

**Cólera**
- berilo, enxofre, malaquita

**Colesterol**
  - ajuda a regularizar os níveis
- coral

**Cólicas**
  - em geral
- coral, Fórmula 13 – Woman
  - intestinais
- olho-de-gato
  - menstruais, alivia
- amazonita, coral, crisocola, malaquita, quartzo-citrino, rubi, rubilita, topázio do Rio Grande, Fórmula 13 – Woman

**Cólon**
  - problemas
- ágata-musgo, granada, ônix, quartzo-preto, rodonita, turmalina negra (aplicar sobre o 1º chakra)

**Coluna vertebral**
- âmbar, azurita, hematita, marfim
  - alinhamento
- olho-de-falcão, olho-de-tigre
  - degeneração, descalcificação, desgaste ósseo
- abalone, coral, marfim
  - desvio
- coral, hematita
  - ajuste vertebral
- hematita
  - aumenta flexibilidade
- marfim
  - região lombar
- kunzita
  - base
- rubi
  - lordose
- hematita

**Companheirismo**
  - desenvolve harmonia grupal, solidariedade, companheirismo
- abalone, sodalita

**Complexo**
  - de culpa
- crisoprásio

- de inferioridade
- crisoprásio

**Comportamento**
- excêntrico
- âmbar
- confuso, errático
- cornalina

**Comprometimento, compromisso**
- dificuldade em tomar decisões na vida, por medo da responsabilidade, receio de se comprometer
- topázio
- homens com dificuldade em se comprometer nos relacionamentos
- calcita, crisocola

**Compulsão**
- prata, turmalina melancia, turmalina negra, turmalina rosa, turmalina verde

**Computador**
- para os que se expõem à radiação diariamente, por uso de computadores
- malaquita

**Comunicação**
- criativa, realça a expressão, traz assertividade à fala
- cianita
- desbloqueia a comunicação, melhora a expressão verbal
- água-marinha
- em duplo vínculo, com sentido oculto, que machuca
- rubi
- entre parceiros, entre marido e mulher
- granada

**Concentração**
- favorece
- ágata Botswana, azurita, calcita amarela/laranja, cianita, coral, ônix, quartzo-fumê, turmalina
- grupal, canaliza forças para um mesmo objetivo
- sodalita
- excelente para quem usa mantras para se concentrar
- rodonita
- concentração, pensamento claro: estimula a energia dos rins
- âmbar, enxofre, esmeralda, quartzo-citrino

**Concisão (Veja "Síntese")**
- para quem fala muito: acalma a energia do coração
- amazonita, rubi-estrela

**Condutor de energia**
- cobre, ouro

**Confiança (Veja ainda "Autoconfiança": "Desconfiança")**
- – aumenta
- quartzo-citrino, quartzo-rosa, rubi, rubilita, topázio do Rio Grande (aplicar sobre o 2º chakra, baço)
  - – para enfrentar novos desafios, com ótimos resultados
- cornalina
  - – desenvolve a confiança nos demais, de forma equilibrada
- ágata-musgo

**Conflitos**
- – interiores com o parceiro, com figuras de autoridade; para quem se submete ao cônjuge e não lida com o conflito abertamente: equilibra a energia da vesícula biliar
- âmbar, calcedônia, enxofre, jaspe verde
  - – sexuais, auxilia na resolução (*Veja ainda "Sexualidade"*)
- ágata-de-fogo

**Confusão mental**
- ametista, rodonita
  - – indivíduos confusos, com atitudes erráticas
- cornalina

**Conhecimento interior, estimula**
- água-marinha

**Consciência**
- – auxilia a despertar a consciência para níveis mais elevados
- ágatas em geral, ametista, azeviche, azurita, azurita/malaquita, esmeralda, lápis-lazúli, safira, sodalita (aplicar uma dessas pedras sobre o 6º chakra, frontal)

**Consumpção (pulmonar) (Tuberculose)**
- pedra da lua

**Controle**
- – sobre a vida emocional
- ametista, ônix, quartzo-citrino, topázio
  - – mental, amplia os poderes de
- azurita
  - – para pessoas que costumam agir antes de pensar, que se perdem nas emoções
- olho-de-tigre, rodocrosita, topázio, turmalina rosa
  - – quem gosta de exercer controle sobre o outro
- aventurina, berilo, crisoprásio, enxofre, madeira petrificada, topázio

**Contusões**

- calcita amarela/laranja

**Convicção aos oradores, dar**

- magnetita

**Convulsões**

- ametista
  - estimula a energia da vesícula e do fígado em caso de
- âmbar, calcedônia, enxofre, jaspe verde, entre outros para esses órgãos

**Cooperação mútua**

- abalone

**Coordenação motora, falta de**

- ametista, apatita, diamante, esmeralda, malaquita, opala
  - problema viso-motor
- opala

**Coqueluche**

- coral

**Coração**

  - fortalecimento
- abalone, amazonita, coral, diamante, esmeralda, granada vermelha, jade, jaspe-sanguíneo, olho-de-falcão, olho-de-gato, ônix, peridoto, quartzo-citrino, quartzo-rosa, safira
  - problemas
- ágata, berilo, granada, ônix, peridoto, quartzo-cristal, quartzo-fumê, safira, turmalina negra
- pedra da lua + quartzo-rosa
  - coração e plexo solar, estimula; aumenta a energia
- amazonita
  - melhora as condições físicas
- ametista
  - desequilíbrio na energia do coração
- ametista, pedra da lua, quartzo-rosa
  - diminui o calor no coração (seda as energias, na medicina chinesa)
- apatita, berilo, granada, jade, kunzita, quartzo-rosa
  - pessoa que fala demais tem excesso de calor no coração, segundo a medicina chinesa – equilibra a energia do coração

**Coragem**

- água-marinha, ametista, jade, jaspe-sanguíneo, olho-de-tigre, quartzo-citrino, rubilita, sodalita, topázio do Rio Grande, Fórmula 15
  - Coragem
  - para quem tem medo de estabelecer objetivos na vida e não conseguir alcançá-los

- calcita amarela/laranja
  - para os que não tem coragem de enfrentar as situações na vida, ou correm riscos desnecessários
- aventurina, jaspe-sanguíneo
  - para sustentar suas próprias convicções; aumenta a autoconfiança
- olho-de-tigre
  - para criar coragem, fortalecer a energia da vesícula biliar
- jaspe verde
  - para desenvolver coragem para fazer as mudanças necessárias na vida: estimula a vesícula biliar
- âmbar, calcedônia, enxofre, jaspe verde

**Coreia, doença de Coreia**

- kunzita

**Corpo astral (e demais corpos sutis) (Veja "Corpos sutis")**

**Corpo humano – pontos de uso dos cristais**

  - base da espinha
- diamante Herkimer, hematita
  - braço direito
- esmeralda
  - centro do peito
- jaspe amarelo, rubi
  - coração
- calcedônia, diamante, esmeralda, granada, jaspe, quartzo-rosa, rubi
  - dedos em geral
- diamante, lazulita, opala escura, pedra da lua, prata, quartzo-azul, rubi, safira, safira-estrela, topázio
  - dedo anular
- esmeralda
  - dedo polegar
- apatita
  - garganta
- âmbar negro, lápis-lazúli, madeira petrificada, opala, peridoto, rodonita
  - lóbulos da orelha
- apatita, fluorita, granada, jaspe, jaspe-sanguíneo
  - pulso
- âmbar, âmbar negro, rodocrosita
  - qualquer parte
- ametista, cobre, jade, jaspe verde, magnetita, opala, ouro, quartzo-citrino, quartzo-cristal, turquesa
  - têmporas

- diamante
  - testa
- ágata-de-fogo, cobre, coral, jaspe amarelo
  - tornozelo
- rubi
  - umbigo
- pérola

**Corpo, imagem**

- crisoprásio, lápis-lazúli, malaquita, turquesa
  - para os que têm dificuldade em aceitar seu próprio corpo, seja adolescente, adulto ou idoso
- jaspe verde, rodonita

**Corpos sutis (Veja ainda "Alinhamento")**

  - corpo astral, fortalecimento
- pirita
  - corpo etérico, fortalecimento
- hematita, kunzita
  - corpo etérico, desbloqueio das energias
- fluorita
  - alinha os corpos etérico e emocional
- malaquita
  - equilibra os corpos: astral e etérico
- enxofre
  - equilibra os corpos emocional e mental
- ágata-musgo
  - ajuda na conexão do corpo físico ao astral
- água-marinha
  - limpeza dos corpos etérico, emocional e mental
- aventurina
  - limpeza de todos os corpos sutis
- diamante

**Costas (Veja ainda "Coluna")**

  - fortalecimento dos discos intervertebrais
- quartzo-cristal
  - parte inferior das costas, beneficia
- cornalina
  - dor nas costas
- crisocola

**Crânio**

  - problemas que afetam o crânio: febre, tumores, inflamações, hemorragia
- diamante

**Criação de tela mental**
- madeira petrificada + marfim

**Criança (Veja também "Aprendizagem")**
- – com dificuldade de aprendizado escolar
- calcita, Fórmula 4 – Aprendizado, Memória
  - – ajuda a criança a tornar-se mais estudiosa
- berilo
  - – hiperativas
- ametista, azurita/malaquita
  - – indisciplinadas
- azurita/malaquita, marfim
  - – com dificuldade de interação, nas mudanças de casa, de escola, de cidade
- basalto, crisoprásio
  - – com dificuldade de encarnar, que nascem fracas, doentes
- prata
  - – criadas sem limites; desenvolve melhor autodisciplina
- fuchsita, marfim
  - – que sofrem de asma, alergias
- malaquita
  - – que se machucam muito, têm brincadeiras perigosas
- quartzo-citrino

**Criança interior (Veja ainda "Carência afetiva"; "Codependência")**
- – cura da criança interior; para os que sofreram abuso na infância
- quartzo-rosa; sodalita

**Criatividade**
- amazonita, crisoprásio, granada vermelha, quartzo-fumê, quartzo-rosa
  - – pessoas frustradas em sua criatividade; canaliza a energia sexual exacerbada para a criatividade
- lápis-lazúli + opala + quartzo-cristal + rubi
  - – reforça
- quartzo-citrino
  - – visual
- aventurina
  - – aumenta o *insight* criativo
- aventurina
  - – estimula a criatividade, a curiosidade
- cornalina
  - – torna o indivíduo mais independente e original
- aventurina
  - – realça a expressão artística

- cianita
  - desenvolve a criatividade pela palavra
- esmeralda

**Crise nervosa**
- crisocola, Fórmula 9 – Harmonia, Equilíbrio

**Cristais – seus pontos de uso no corpo**
- ágata-de-fogo
  - testa
- âmbar
  - pulso
- ametista
  - qualquer parte
- apatita
  - lóbulos das orelhas, dedo polegar
- calcedônia
  - coração
- cobre
  - qualquer parte, em particular a testa
- coral
  - testa
- crisólita (peridoto)
  - garganta
- diamante
  - dedos, têmporas
- diamante Herkimer
  - base da espinha
- esmeralda
  - braço direito, coração, dedo anular
- fluorita
  - lóbulos das orelhas
- granada
  - coração, lóbulos das orelhas
- granito
  - garganta
- hematita
  - base da espinha
- jade
  - qualquer parte
- jaspe amarelo
  - centro do peito, testa
- jaspe colorido

- – coração, garganta, lóbulos das orelhas
- jaspe-sanguíneo
  - – garganta, lóbulos das orelhas
- jaspe verde
  - – qualquer parte do corpo
- lápis-lazúli
  - – garganta
- lazulita
  - – coração, dedos
- madeira petrificada
  - – garganta
- magnetita
  - – qualquer parte do corpo
- marcassita
  - – garganta
- opala clara
  - – garganta
- opala escura
  - – dedos, garganta
- opala gelatinosa
  - – qualquer parte
- pedra da lua
  - – dedos
- peridoto
  - – garganta
- pérola
  - – umbigo
- prata
  - – dedos
- quartzo-azul
  - – dedos
- quartzo-citrino
  - – qualquer parte do corpo
- quartzo-cristal
  - – qualquer parte do corpo
- rodocrosita
  - – pulso
- rodonita
  - – garganta
- rubi
  - – centro do peito, coração, dedos, tornozelo

- safira
  - dedos
- safira-estrela
  - dedos
- topázio
  - dedos
- turquesa
  - qualquer parte do corpo

**Cromoterapia, estimula absorção das cores**

- ágata-de-fogo

**Culpa**

- andaluzita, crisoprásio, fuchsita, pedra do sol, sodalita
  - alivia sentimentos de culpa que paralisam o indivíduo
- crisocola

**Cura, trabalhos de**

  - auxilia
- âmbar, esmeralda (principalmente as pálidas e transparentes), turquesa
  - dá suporte aos processos de cura
- pedra da lua, turquesa

**Curadores**

  - todos aqueles envolvidos em atividades de cura podem se beneficiar
- calcita, safira azul, turquesa

# D

**DNA**

  - estimula o processo
- âmbar

**Daltonismo (Veja ainda "Visão")**

- ametista

**Debilidade**

- esmeralda

**Decepção**

  - muito profunda, que leva à desorientação, depressão, raiva
- rubi

**Decisão (Veja ainda "Ação")**

  - melhora a capacidade de tomar decisões
- abalone, âmbar, azurita, rubi, safira
  - para quem adia a tomada de decisão
- abalone + coral + esmeralda + fluorita + opala + pérola

- estimula a vesícula biliar para melhora da capacidade de decidir
- âmbar, calcedônia, enxofre, jaspe verde

**Degeneração (Veja ainda "Regeneração")**
- processos de
- pedra da lua, rubi, safira, turmalina, turquesa
  - celular
- epidoto, madeira petrificada, marfim, safira, topázio, turmalina, turquesa
  - da coluna
- abalone, marfim
  - dos tecidos musculares e ósseo, principalmente devido à radiação
- apatita

**Delirium tremens**
- rubi-espinélio do Ceilão

**Demência**
- rubi-espinélio do Ceilão

**Dentes**
- dor
- água-marinha, ametista, malaquita
  - extração
- âmbar
  - fortalecimento
- abalone, água-marinha, ametista, marfim
  - para ter dentes fortes, é preciso fortalecer a energia dos rins
- calcita, ônix, rubi, safira
  - regeneração óssea, do esmalte e da estrutura da arcada dentária
- fluorita, marfim
  - minimiza o desconforto do bebê com o surgimento dos dentes
- malaquita

**Dependência (Veja ainda "Codependência afetiva")**
- ajuda no amadurecimento emocional
- aventurina, crisocola, Fórmula 1 – Poder Pessoal

**Depressão**
- comece o tratamento pela estimulação da energia dos rins
- berilo, hematita, quartzo-fumê, safira/ouro
  - ativa a energia do fígado
- ágata-musgo, água-marinha, azurita/malaquita, pedra do sol, peridoto, quartzo-rosa, topázio
  - ativa a energia dos pulmões
- ágata Botswana, ágata-musgo, crisocola, fluorita, quartzo-rosa
  - em geral

- ágata Botswana, ágata-musgo, âmbar, azurita, calcedônia, coral, criso-cola, crisoprásio, enxofre, granada, jaspe, lápis-lazúli, olho-de-gato, ônix, ouro, peridoto, pirita, platina, quartzo-fumê, quartzo-rutilado, rubi, safira, topázio, Fórmula 6 – Alto-Astral
  - alivia
- ágata Botswana, ágata-musgo, azurita, calcedônia, coral, jaspe, quart-zo-fumê
  - combate
- ônix, peridoto
  - elimina
- lápis-lazúli
  - nos quadros maníaco-depressivos, depressão profunda
- azeviche
  - pós-parto
- crisocola
  - com raiva subjacente
- crisocola, rubi
- ativa a energia do fígado: enxofre + jaspe verde + peridoto
  - gerada por decepção muito profunda, que pode ter também raiva como consequência posterior
- rubi

**Derrames**
- platina, quartzo-rutilado

**Desapontamento**
- platina, rubi

**Desassossego**
- rodonita

**Desbloqueio energético**
  - chakras coronário e da negatividade
- diamante

**Descalcificação óssea**
- marfim

**Descargas neurológicas**
- diamante, esmeralda

**Desconfiança dos demais, sem razão**
- esmeralda, sodalita
  - equilibra a energia da bexiga
- âmbar + coral + jade + quartzo-citrino
  - indivíduo sempre na defensiva, o que dificulta sua interação no mundo
- crisoprásio

- desenvolve a confiança equilibrada nos demais
- ágata-musgo, esmeralda, sodalita

**Descongestionante**
- âmbar, ametista, coral, crisocola, diamante, esmeralda
  - do peito
- amazonita

**Descontrole emocional (Veja "Controle"; "Emoções"; "Equilíbrio")**

**Desejo de poder**
- ametista, enxofre, granada, turmalina rubelita

**Desejo, vontade**
  - para despertar o desejo de produzir, a vontade de realizar algo, estimular a energia dos rins
- apatita + kunzita + quartzo-fumê + safira/ouro
- aventurina, calcita amarela/laranja, peridoto

**Desequilíbrio (Veja "Equilíbrio")**

**Desgosto**
- ametista

**Desidratação**
- ágata-musgo

**Desintoxicação (Veja ainda "Toxinas")**
  - nos processos de desintoxicação, quando há náusea
- granada vermelha

**Desmascarar**
  - os próprios enganos
- crisolita (olivina ou peridoto)

**Desnutrição, má nutrição**
- turquesa

**Desordem mental**
- ametista

**Desordens neurológicas**
- ágata Botswana, ônix

**Desorientação**
- água-marinha, jaspe marrom, jaspe verde, rubi, turmalina negra
  - gerada por decepção muito profunda, com raiva e depressão de fundo
- rubi

**Despeito, inveja (Veja ainda "Inveja")**
- ágatas

**Detalhes, atenção a (Veja ainda "Foco")**
- olho-de-tigre

**Devas**
- – melhora a comunicação com espíritos da natureza
- • quartzo-cristal

**Diabete**
- • ágata-musgo, ametista, esmeralda
- – alivia os problemas decorrentes do uso de açúcar
- • ametista, esmeralda

**Diafragma**
- • rubi

**Diamante**
- – cuidado ao usá-lo, pois é um amplificador de energias, sejam elas positivas ou negativas

**Diarreia**
- • berilo, quartzo-cristal
- – de fundo emocional
- • olho-de-tigre
- – estimula a energia dos pulmões e baço
- • aventurina + esmeralda + jaspe-sanguíneo + malaquita

**Dificuldades**
- – estabiliza as energias, tornando mais fáceis as coisas que, em geral, exigem grande esforço físico ou mental
- • alexandrita
- – financeiras (*Veja "Dinheiro"*)

**Digestão (Veja ainda "Metabolismo")**
- – problemas, má digestão
- • abalone, ágata azul, jaspe verde, mica, quartzo-citrino, quartzo-cristal, rodonita
- – auxiliam no processo digestivo
- • ágatas em geral, pedra da lua, quartzo-citrino
- – acelera o metabolismo, melhorando a digestão
- • quartzo-citrino

**Digressão – traz de volta à realidade**
- • cianita

**Dinheiro (Veja ainda "Prosperidade")**
- – atrai – para uso pessoal
- • crisoprásio, hidenita, malaquita, opala, quartzo-citrino colocado no chakra básico
- – atrai – para colocar no ambiente, na carteira, ou na caixa registradora
- • jaspe-sanguíneo, malaquita, pirita
- – atrai dinheiro, facilita realização de bons negócios
- • crisoprásio, malaquita, olho-de-gato, pirita, rubi, topázio

- pessoas que têm dificuldade em lidar com finanças, que "se enrolam"; traz melhor disciplina nessa área
- hidenita, malaquita, mica (veja as diferenças fundamentais entre os três em "Mica"), turmalina verde
  - desenvolve a capacidade de ter boas realizações em finanças
- olho-de-gato, topázio imperial
  - traz boa sorte, em negócios, em especulações financeiras; ajuda a refazer fortunas perdidas
- olho-de-gato

**Diplegia facial, problemas advindos de correntes de ar**
- piropo, rubi-espinélio do Ceilão

**Direção de vida**
- ajuda a entrar em contato com o "Eu Superior" descobre o próprio caminho na vida
- lápis-lazúli
  - promove uma elevação da consciência, para melhor compreensão do chamado interior, da direção a ser seguida
- crisocola, quartzo-cristal
  - ajuda a ter controle sobre sua vida e a escolher a direção mais vantajosa
- cornalina
  - para quem se sente desorientado quanto à melhor direção a seguir
- água-marinha
  - dá o foco da direção de vida, baseado no chamado da alma
- quartzo-cristal
  - dá força para realizar a tarefa para que se veio nesta existência
- safira
  - estimula a energia do fígado para conseguir planejar melhor a direção que quer seguir
- azurita/malaquita + cornalina + fluorita + jaspe verde + peridoto + quartzo-citrino

**Discernimento**
- quanto às próprias faltas, ajuda a ter clareza
- olho-de-falcão

**Disciplina**
- falta de
- bronze, lápis-lazúli, marfim
  - interior, autodisciplina – estimula
- marfim
  - mental – aumenta, traz clareza (*Veja também "Mental, disciplina"*)
- azurita, azurita/malaquita, berilo, jaspe-sanguíneo

- em questões financeiras; controlar-se sem se tornar avaro
- mica, topázio

**Discrição**

- olho-de-tigre

**Discriminação**

- ágata-de-fogo, berilo

**Disenteria**

- esmeralda
  - estimula a energia dos pulmões e baço
- aventurina + esmeralda + malaquita + jaspe-sanguíneo

**Disfunção cerebral mínima**

- safira

**Dislexia**

- ametista, diamante, esmeralda, malaquita, opala, safira, turmalina negra

**Dismenorreia**

- seda a energia do fígado
- azurita/malaquita + coral + cornalina

**Dismorfismo (pessoa que faz inúmeras cirurgias plásticas, porque não se aceita como é)**

- ágata-musgo + crisoprásio + jaspe verde + rodonita + Fórmula 10 – Amor, Autoestima

**Dispersão mental**

- ametista
  - ajuda a "pôr os pés no chão", traz de volta à realidade
- cianita
  - para os que se distraem com facilidade ou tem dificuldade em se concentrar no que fazem
- rubi-estrela

**Dispneia**

- estimula o baço e os pulmões, porque baço com função obstruída leva a → problema nos pulmões → dispneia
- âmbar + calcedônia + jaspe-sanguíneo

**Disposição**

- física, estimula a cura
- quartzo-citrino, turquesa

**Distração (Veja "Dispersão mental")**

**Distúrbios alimentares (Veja "Metabolismo")**

**Distúrbios emocionais**

- pérola

**Distúrbios hormonais (Veja "Hormônios")**

**Diurético**

- ágata-musgo

**Divindades silvestres**

- – ajuda a pedir proteção, a entrar em sintonia
- ágatas, quartzo-cristal

**Doenças (Veja ainda "Saúde")**

- – fortalece o corpo, reconstitui, aumenta a resistência física
- ametista, ônix, quartzo-citrino
- – enfraquece as manifestações das doenças
- diamante
- – genéticas, registradas no perispírito
- ágata-musgo (juntar outros elixires adequados ao caso, que a ágata-musgo amplifica os efeitos corretivos)
- – mentais
- ágatas, coral, crisoprásio, diamante, esmeralda, malaquita
- – de pele
- ametista, aventurina, granada
- – psicossomáticas
- aventurina
- – psicossomáticas, originadas de raiva, tensão, medo, abalo nervoso
- sodalita
- – venéreas
- ametista, crisoprásio (como preventivo), granada vermelha
- – estimula a cura em geral
- quartzo-citrino
- – decorrentes da velhice
- topázio
- – que debilitam, prolongadas
- turmalina negra

**Dons proféticos, estimula abertura para**

- safira

**Dores**

- – em geral
- hematita, jaspe amarelo, magnetita, peridoto, quartzo-rosa, rubi
- – nas costas
- crisocola
- – de cabeça
- ágatas, ametista, lápis-lazúli, safira, sodalita, turquesa: aplicar uma dessas pedras sobre o $6^{\circ}$ chakra, frontal
- com dor no fundo dos olhos: azeviche, azurita
- – enxaqueca por tensão nervosa

- aventurina
  - de estômago
- jaspe (colocar no umbigo)
  - no nervo ciático
- azurita/malaquita + lápis-lazúli + turquesa: algumas gotas em óleo de massagem e friccionar a parte baixa da coluna e perna
  - na nuca, por tensão física
- ágata azul rendada + cianita + hematita + jaspe-sanguíneo + jaspe verde
  - no pescoço
- cianita
  - nos músculos
- cianita
  - reumáticas, artrite – traz alívio
- aventurina + crisoprásio + diamante + jaspe-sanguíneo + topázio
  - de gota
- crisoprásio, topázio

**Dureza, inflexibilidade**
- pérola

**Duto**
  - alimentar
- cianita
  - respiratório
- cianita

# E

**Edema pulmonar**
- ágata azul rendada + ágata-musgo + jaspe orbicular
  - edema, fleuma ou umidade no corpo: equilibra as energias do baço
- ágata azul rendada, azurita, calcedônia, calcita, jaspe orbicular, jaspe-sanguíneo, pedra da lua, peridoto

**Ego**
  - problemas
- ouro
  - frágil, que se mostra sob uma roupagem não verdadeira
- cobre
  - frágil, que sempre precisa do aval do outro para tomar suas decisões
- pirita

**Egoísmo**
- berilo, crisoprásio, enxofre

**Eloquência**
- ágatas, esmeralda, magnetita, quartzo-citrino, topázio

**Emagrecimento (Veja ainda "Metabolismo")**
- topázio, Fórmula 2 – Emagrecimento
  - minimiza a fome
- apatita
  - hipotireoidismo
- azurita, azurita/malaquita
  - estimula a aceleração do metabolismo
- calcita amarela/laranja, coral
  - aumenta a taxa metabólica do pâncreas
- ametista
  - trabalha a compulsão nervosa alimentar
- azurita, azurita/malaquita
  - para os que têm muita atividade mental e fazem pouco exercício, comendo mais do que o necessário; ajuda a digerir
- enxofre

**Embriaguez**
- ametista

**Emocional, equilíbrio (Veja "Equilíbrio")**

**Emoções (Veja também "Equilíbrio")**
- diamante, lápis-lazúli, malaquita, quartzo-cristal, quartzo-rosa, rubi, topázio, turquesa
  - ameniza problemas emocionais, aumenta a capacidade de amar e ser amado: aumenta percepção interior
- esmeralda, malaquita (aplicar sobre o $4^{\circ}$ chakra, cardíaco), quartzo-rosa
  - melhora a percepção das qualidades das nossas emoções
- água-marinha
  - equilibra as emoções
- aventurina, olho-de-tigre, quartzo-citrino, quartzo-rosa, rubi, topázio
  - equilibra as emoções, nos comportamentos descontrolados ou oscilantes; para os que agem antes de pensar
- crisocola, olho-de-tigre
  - equilibra as emoções, principalmente nas manifestações do período pré-menstrual das mulheres, na TPM
- pedra da lua, Fórmula 13 – Woman
  - acalma
- ágatas, esmeralda, ouro
  - remoção de emoções fortes mal direcionadas, com consequências negativas
- olho-de-gato, olho-de-tigre

- – reprimidas, ajuda a liberar
- ágata Botswana + jaspe verde + madeira petrificada + pérola
  - – desequilíbrio, harmonizar
- ágata Botswana, ágata-de-fogo, ametista, cobre, coral, esmeralda, galena, kunzita, madeira petrificada, marfim, ônix, ouro, peridoto, pérola, quartzo-citrino, rubi, turmalina negra, turmalina verde
  - – eleva o nível das emoções
- granada vermelha
  - – dor, tristeza, depressão, postura de lamentação: estimula a energia dos pulmões
- ágata Botswana + crisocola + fluorita + quartzo-rosa

**Empatia**
- – traz maior percepção e compreensão das necessidades do outro
- jaspe verde

**Endorfina**
- – libera a endorfina no organismo
- hematita

**Energias**
- – estabiliza, tornando mais fáceis as coisas, física e mentalmente
- alexandrita, rodonita
  - – neutraliza as energias negativas
- âmbar
  - – elimina as energias negativas
- enxofre, granada vermelha, hidenita, obsidiana, turmalina negra
  - – elimina e transmuta energias negativas em positivas
- âmbar
  - – remove padrões cristalizados de energias negativas
- diamante
  - – eleva o nível
- granada, hidenita, ônix, quartzo-fumê, quartzo-negro, quartzo-rutilado, turmalina negra
  - – promove o desbloqueio de energias estagnadas, colocando-as em movimento
- fluorita
  - – aumenta a energia física; para atletas e estudantes em época de testes
- granada vermelha, hematita
  - – nos bloqueios de energia nos chakras inferiores
- rubi

**Enfisema**
- pedra da lua

**Entendimento**
- jaspe marrom, malaquita

**Enterespasmo (câimbra intestinal)**
- olho-de-gato

**Enurese noturna (xixi na cama)**
- – indica baixa energia nos rins – estimular
- âmbar + enxofre + esmeralda + quartzo-citrino
- amazonita + celestita + crisocola + crisoprásio + jaspe-sanguíneo + morganita + quartzo-citrino

**Envenenamento**
- ágata, âmbar, diamante, malaquita

**Enxaqueca (Veja ainda "Dores")**
- – principalmente quando ataca o lado esquerdo – equilibra as energias do fígado
- ágata azul rendada + água-marinha + jaspe verde
- – por tensão nervosa
- aventurina
- – com dor no fundo do olho
- azeviche
- – evita
- turquesa

**Enzimas pancreáticas, produção**
- pérola

**Epilepsia**
- ametista, coral, crisoprásio, diamante, esmeralda, jaspe, kunzita, malaquita, opala, rubi

**Equilíbrio (Veja ainda "Emoções")**
- – emocional, equilibra as emoções
- ágata Botswana, ágata-de-fogo, ágata-musgo, ametista, aventurina, azurita, azurita/malaquita, cobre, coral, crisocola, esmeralda, kunzita, madeira petrificada, marfim, olho-de-tigre, ônix, opala *light*, ouro, pedra da lua, peridoto, pérola, quartzo-citrino, quartzo-fumê, rubi, topázio, turmalina negra, turmalina verde
- – elimina emoções indesejadas
- olho-de-tigre
- – mental
- ágata-musgo, ametista, aventurina, azurita, berilo, calcedônia, cobre, enxofre, esmeralda, jaspe-sanguíneo, peridoto, prata, quartzo-citrino, rodonita, rubi, turquesa
- – restaura o equilíbrio mental
- ágata-musgo, azurita

- – combate o desequilíbrio mental, a flutuação de comportamentos
- coral, jaspe marrom, pedra da lua
  - – fortalece o equilíbrio mental
- berilo, jaspe-sanguíneo
  - – harmônico entre elementos opostos
- âmbar
  - – na vida
- calcedônia
  - – físico, emocional e mental
- esmeralda
  - – combate o desequilíbrio emocional, nas manifestações mais agudas
- opala
  - – equilibra as necessidades materiais e físicas
- olho-de-tigre
  - – permite tomar decisões de forma equilibrada
- abalone
  - – das energias yin-yang
- quartzo-cristal

**Erisipela**
- – facial
- âmbar

**Escaldaduras**
- ametista

**Escalda-pés**
- quartzo-rutilado

**Esclerose múltipla**
- azurita, crisocola, malaquita, pirita, turquesa

**Escritório, trabalho**
- – ajuda o relacionamento entre as pessoas
- quartzo-rosa
  - – auxilia o trabalho em ambientes fechados
- esmeralda
  - – dá vigor e resistência
- jaspes
  - – traz harmonia ao trabalho em grupo
- cristais aglomerados
  - – equilibra a energia
- quartzo-cristal
  - – relaxa a mente
- jade
  - – ajuda a atividade mental
- fluorita

***Esmeralda***
- a variedade opaca não deve ser considerada para harmonizar a mente ou a emoção
- as pálidas e transparentes são excelentes para meditação

***Esôfago***
- problemas
- lápis-lazúli

***Espasmos***
- cornalina, olho-de-tigre, quartzo-cristal, rubi
  - de asma, epilepsia, do coração, do miocárdio, dos intestinos
- azurita, crisocola, malaquita, pirita, turquesa
  - do tecido muscular (câimbras)
- amazonita

***Esperanças falsas, enfraquecendo o corpo astral***
- pirita, rubi, turmalina rubelita, turmalina verde

***Espiritualidade***
- bloqueio
- galena, obsidiana
  - facilita conexão com planos mais elevados
- ametista, azurita/malaquita, calcedônia, safira
  - eleva o nível de consciência, sem perder a conexão com os aspectos práticos da vida; para os que se fanatizam, traz equilíbrio na relação com a espiritualidade
- ágata-musgo
  - facilita a conexão com o guia espiritual da pessoa
- safira
  - inspiração
- diamante, ônix, quartzo-cristal. Diamante e ônix podem ser usados ainda para um tratamento global, mental e físico.
  - expressão da verdadeira espiritualidade
- quartzo-azul
  - ajuda a incorporar experiências espirituais ao dia a dia
- malaquita

***Esquecimento***
- esmeralda

***Esquizofrenia***
- cianita, cobre, esmeralda, kunzita, ouro, pedra da lua, prata, rubi
  - permite estabelecer conexão entre desejo, necessidade e realidade
- cianita
  - no início do processo, personalidade *borderline*
- cianita + coral + esmeralda + fluorita + opala + pérola + rubi

**Estabilidade**
- na vida
- âmbar
- emocional, em casos de mudança
- basalto
- de energias
- rodonita
- evidencia a personalidade do indivíduo
- esmeralda

**Estabilização, consolidação**
- ágata, ametista, olho-de-gato, olho-de-tigre, topázio

**Estado alfa**
- ajuda a atingir mais rapidamente
- azurita

**Estado em que se tem visões**
- aumento, pela estimulação da glândula pituitária (hipófise)
- jaspes

**Estados de hipnose, escravização, possessão**
- calcedônia, obsidiana, turmalina negra, Fórmula 7 – Limpeza Energética, Proteção

**Estômago**
- fortalece
- água-marinha, ametista, berilo, jaspe-sanguíneo, malaquita, quartzo-cristal
- problemas
- ágata-de-fogo, água-marinha, ametista, berilo, enxofre, esmeralda, jaspe marrom, jaspe-sanguíneo, quartzo-citrino, quartzo-cristal, safira, topázio do Rio Grande (aplicar sobre o 3º chakra)
- dores
- jaspe (colocar sobre o umbigo)
- auxilia na regeneração dos tecidos do estômago
- esmeralda, safira
- azia, dores, bactéria H Pilori (tomar e passar no umbigo)
- jaspe marrom + jaspe-sanguíneo + jaspe verde

**Estrias, combate às**
- Fórmula manipulada em farmácia:
- ácido retinoico................... 0,03%
- óleo de Macadâmia ........... 5%
- creme siliconado qsp. ........ 30 g
- Nove gotas de Elixir de Olho-de-Tigre, solução estoque

**Estrutura óssea (Veja "Ossos")**

***Estudantes***
- em época de provas; aumenta a energia física
- granada vermelha
  - para quem estuda muito; quando há um desgaste mental: estimula a energia do baço
- água-marinha, calcedônia, jaspe-sanguíneo

***Eu Superior***
- promove uma melhor conexão com as orientações do
- quartzo-citrino, Fórmula 19 – Conexão com a Presença Eu Sou

***Excentricidade***
- encoraja
- âmbar, ouro, topázio

***Excitação***
- cobre, kunzita, ouro, platina

***Expressão***
- melhora a habilidade de
- ágatas, água-marinha, apatita, cianita, cobre, coral, esmeralda, jade, jaspe marrom, lápis-lazúli, magnetita, malaquita, prata, quartzo-rosa, safira, turmalina (negra, azul, verde), turquesa
  - verbal, melhora a expressão e a comunicação
- água-marinha
  - mais clara, mais eficaz, através do desenvolvimento da intuição
- amazonita


# F
***Fala (Veja ainda "Voz")***
- problemas com
- água-marinha, apatita, cianita, pirita
  - clareza, assertividade (boa para professores, aconselhadores, cantores, vendedores)
- cianita, olho-de-tigre, rubi-estrela
  - falar demais; desenvolve a concisão
- rubi-estrela
  - seda o coração, na medicina chinesa
- apatita, berilo, granada, jade, kunzita, quartzo-rosa
  - perda da voz
- cianita, peridoto

***Falsa persona***
- auxilia a mostrar a verdadeira personalidade, a assumir os sentimentos reais
- cobre

- libera a autenticidade, sem temor de censuras ou julgamentos de terceiros
- ágata azul rendada

**Falsas esperanças, enfraquecendo o corpo astral**
- pirita, rubi, turmalina rubelita, turmalina verde

**Falsos amigos, proteção contra**
- safira, topázio

**Falta de ar (Veja ainda "Sistema respiratório")**
- ágata Botswana, calcedônia

**Falta de cuidado**
- crisoprásio

**Falta de disciplina (Veja "Disciplina")**

**Família**
- discórdia, promove harmonia
- ágata azul rendada, cornalina, jade, ouro, rubi, turmalina verde, Fórmula 9 – Harmonia, Equilíbrio
- sentimento de pertencer a família; união
- cornalina

**Faringite**
- pirita

**Febre**
- ágata azul rendada, cornalina, crisocola, enxofre, rubi, safira, turquesa
- decorrente de infecções
- ágata azul rendada

**Febre puerperal**
- ametista

**Feitiços (Veja "Proteção")**
- proteção contra
- jaspe, obsidiana, safira, topázio, Fórmula 7 – Limpeza Energética e Proteção
- peridoto – particularmente para as pessoas nascidas em outubro

**Felicidade, atrai**
- calcedônia, topázio

**Feminilidade**
- desenvolvimento das qualidades femininas
- azurita, madrepérola, opala, pérola, quartzo-rosa
- acentua a feminilidade
- água-marinha
- mulher excessivamente passiva; dá um toque de energia masculina, mais agressiva

- obsidiana
  - trabalha questões do feminino em geral
- Fórmula 13 – Woman

**Feridas, ferimentos**
  - ajuda na cicatrização
- coral, cornalina, jaspe-sanguíneo, quartzo-citrino, safira, topázio
  - abrasão, joelho "ralado"
- calcedônia + coral + obsidiana + quartzo-citrino + rodonita
  - cicatrização de feridas abertas
- calcedônia, coral, jaspe-sanguíneo, quartzo-citrino
  - venenosas
- esmeralda
  - internas e externas, ajuda na cicatrização
- ametista + coral + cornalina + jaspe-sanguíneo + marfim + quartzo-citrino

**Fertilidade**
  - feminina
- âmbar negro, cornalina, crisocola, crisoprásio, pedra da lua, quartzo-fumê, quartzo-negro, quartzo-rosa, topázio
  - masculina
- quartzo-rosa + tulita + zoicita
  - masculina e feminina
- azeviche, diamante, malaquita, quartzo-fumê
  - da mente e do corpo
- abalone, crisoprásio, pérola
  - quando houver problemas, equilibrar as energias dos rins:
- lápiz-lazúli + opala + quartzo-cristal + quartzo-rosa + rubi + Fórmula 11
  - Liberação dos Karmas Familiares + âmbar, enxofre, esmeralda e quartzo-citrino

**Fibromas**
- jaspe verde

**Fibromialgia**
- cianita + jade + pedra da lua + pérola negra + rubi

**Fidelidade**
  - estimula
- jade, safira azul

**Fígado**
  - fortalecimento
- água-marinha, azurita/malaquita, berilo, calcita, esmeralda, fluorita, granada vermelha, jaspe-sanguíneo, jaspe verde, quartzo-citrino, quartzo-rosa, safira

- – problemas
- ágata-musgo, água-marinha, berilo, coral, enxofre, granada vermelha, jaspe, rodocrosita, topázio
  - – purifica, desintoxica
- coral, cornalina, hematita, jaspe-sanguíneo, peridoto
  - – cirrose hepática, distúrbios da bile
- azurita/malaquita
  - – acelera o metabolismo do fígado
- peridoto

**Filantropia**
- ametista

**Filtro**
  - – seleciona apenas o que interessa realmente, evita se ocupar dos estímulos desnecessários; acalma a mente
- água-marinha + berilo

**Flautulência (gases)**
- rubi

**Flexibilidade**
  - – das veias, dos vasos; personalidades rígidas
- ágatas, aventurina, fluorita
  - – do corpo enrijecido, para quem tem tendência a cristalizar posturas
- enxofre, fluorita, madeira petrificada
  - – dá maior flexibilidade aos tecidos da pele
- granada vermelha, madeira petrificada
  - – da coluna vertebral
- hematita + marfim
  - – estimula a energia dos rins
- ágata-musgo, calcita amarela/laranja, jaspe marrom, kunzita, quartzo-citrino, quartzo-rosa

**Fobias**
- azurita, kunzita

**Foco (Veja também "Atenção")**
- quartzo-fumê, Fórmula 4 – Aprendizado, Memória
  - – dá foco, a direção a seguir na vida, respeitando a verdadeira vocação, o chamado da alma
- quartzo-cristal
  - – dá foco, quando se quer divulgar informações de forma precisa e ágil
- quartzo-azul
  - – dá força para o aqui e agora, para se permanecer no que precisa ser feito no momento
- rubi-estrela

**Força**
- ativa a força de vontade
- ametista, enxofre
  - interior
- sodalita, topázio
  - física, aumenta
- aventurina
  - dá força para ir em busca dos sonhos pessoais, dos objetivos traçados
- olho-de-falcão + safira
  - para lidar com os problemas da vida
- topázio
  - para ativar as forças do indivíduo, seja física, mental ou força de vontade, é preciso estimular a energia dos rins
- apatita, berilo, kunzita, malaquita, peridoto, quartzo-citrino

**Formas-pensamento**
- amplifica, traz qualidades superiores ao "eu"
- aventurina, marfim, quartzo-cristal, quartzo-rutilado
  - amplifica, materializa, ajuda a plasmar as formas-pensamento
- aventurina, cianita, lápis-lazúli, marfim, quartzo-cristal, quartzo-rutilado
  - remove as formas-pensamento negativas ou inadequadas
- cianita (tomar e passar lâmina da pedra ao redor da cabeça), quartzo-citrino, quartzo-cristal, quartzo-fumê
  - armazena e divulga formas-pensamento
- quartzo-rutilado
  - ajuda a criar formas-pensamento mais claras e definidas
- quartzo-citrino

**Fraqueza**
- ágata-musgo, pedra da lua, rubi, safira, turmalina, turquesa
  - mental
- quartzo-citrino
  - muscular
- quartzo-citrino

**Fraturas, auxilia na união dos ossos**
- ágata azul, hematita, olho-de-tigre

**Frieira, "pé de atleta"**
- crisoprásio + quartzo-fumê

**Frigidez**
- Fórmula 5 – Carisma, Sensualidade + Fórmula 13 – Woman

**Frio**
- para os que sentem muito frio
- jaspe-sanguíneo, topázio

- – nas extremidades do corpo, pela má circulação
- fluorita, rubi-estrela

**Frustração**
- – indivíduo que se sente sobrecarregado de responsabilidades e pouco reconhecido: equilibra a energia da vesícula biliar
- âmbar, calcedônia, enxofre, jaspe verde
  - – trata a energia do fígado
- azurita/malaquita, cornalina, hematita, jaspe-sanguíneo
  - – alivia
- marfim, ouro, pirita, turmalina rubelita
  - – libera as frustrações pouco claras para a pessoa
- ágata-musgo
  - – dá uma canalização positiva para frustração e raiva
- marfim
  - – de quem teve falsas esperanças, expectativas não realizadas
- pirita

**Fuga**
- – para os que estão sempre negando o problema
- peridoto
  - – dificuldade em lidar com os dados da realidade
- azurita

**Fumaça**
- – ajuda na reoxigenação dos tecidos dos pulmões, após inalação de fumaça
- ágata Botswana

**Fumar**
- – ajuda a libertar-se do vício; elimina as toxinas dos pulmões
- ágata Botswana

**Fungos**
- – combate as infecções por fungos
- ágata-musgo

**Furúnculos**
- aragonita + atacamita + jaspe verde + marfim + safira + turmalina verde


# G

**Gagueira**
- apatita, cianita

**Ganância (Veja "Avareza": "Generosidade")**

**Gânglios parassimpáticos**
- jade

**Gangrena**
- remoção de toxinas
- quartzo-citrino

**Garganta**
- problemas
- água-marinha, apatita, aventurina, azurita, berilo, cianita, crisocola, lápis-lazúli (pode ser usado em gargarejo), rodonita
  - inflamações
- água-marinha, rodonita
  - desbloqueia as energias da região, permite a expressão de sentimentos verdadeiros, alivia emoções aflitivas não expressas, laringite
- ágata azul rendada, água-marinha, apatita, crisocola, turquesa (aplicar sobre o 5º chakra)
  - dor de garganta
- ágata azul rendada
  - infecções
- berilo

**Gases**
- rubi

**Gastrite**
- ocasionada por tensão nervosa
- esmeralda, malaquita

**Generosidade**
- desenvolve
- ametista, quartzo-rosa, rodonita

**Genética**
- doenças genéticas
- ágata-musgo, ametista, Fórmula 11 – Liberação dos Karmas Familiares

**Gengivas**
- fortalece
- ágatas

**Glândula pineal (epífise)**
- água-marinha, ametista, diamante, opala, quartzo-cristal

**Glândula pituitária (ou hipófise)**
- água-marinha, diamante, jaspe, lápis-lazúli, opala, quartzo-cristal, safira
  - disfunção
- jaspe marrom
  - acelera a taxa metabólica da pituitária, o que influi nas demais glândulas do corpo
- safira

**Glândulas**
- – inchaço
- • água-marinha
- – ligadas ao processo digestivo
- • ágata azul

**Glândulas ad-renais, fortalecimento**
- • aventurina, cianita, turmalina negra

**Glândulas endócrinas**
- – melhora a oxigenação
- • ágata Botswana

**Glândulas linfáticas**
- – estimula
- • quartzo-citrino
- – fortalece o sistema linfático
- • sodalita

**Glândulas suprarrenais**
- – trata o chakra básico (usar as pedras indicadas)

**Glândula timo**
- • abalone, aventurina, diamante, lápis-lazúli, opala, quartzo-azul
- – estimula
- • amazonita, jade, jaspe

**Glândula tireoide**
- – fortalece
- • água-marinha, âmbar, azurita, crisocola, esmeralda, granada vermelha, morganita, ouro, topázio azul
- – auxilia a restaurar o tecido afetado e neutraliza a energia negativa no local
- • água-marinha, âmbar, azurita, esmeralda, granada, turquesa
- – disfunção
- • água-marinha (aplicar sobre o 5º chakra, na garganta), esmeralda, granada, jaspes, kunzita, quartzo-rutilado, sodalita, turquesa; lápis-lazúli + opala + quartzo-cristal + rubi
- – hipotireoidismo
- • azurita, peridoto
- – estimula, acelerando o metabolismo
- • coral, jade, jaspe marrom

**Glaucoma**
- • ágata azul rendada, diamante

**Globo ocular**
- – diminui pressão e dilatação do; alívio de cansaço
- • ágata azul rendada em compressas de água destilada com sete gotas da solução estoque

**Glóbulos brancos**
- – estimulação em associação com o baço
- • água-marinha
  - – produção ativa
- • opala, quartzo-citrino

**Glóbulos vermelhos**
- – aumento
- • hematita, marfim, quartzo-citrino

**Gota**
- • âmbar, crisoprásio, kunzita, topázio

**Gravidez**
- • ágatas, azurita
  - – melhora a absorção dos nutrientes pelas células
- • ágata-musgo
  - – proteção nesse período
- • berilo

**Gripe, resfriados**
- • ágata-musgo, coral, cornalina
  - – restaura a energia após período de gripe ou resfriado, combate a febre
- • cornalina
  - – estimula a energia do coração
- • amazonita
  - – são decorrentes da baixa energia nos pulmões: ativa
- • ágata-musgo + coral + cornalina
- • ágata Botswana, berilo, crisocola, fluorita, quartzo-rosa

**Grupos**
- – dinamismo
- • abalone, madrepérola, quartzo-cristal, rubi
  - – traz harmonia, coesão
- • abalone, sodalita, Fórmula 9 – Harmonia, Equilíbrio
  - – ajuda a promover a solidariedade, os participantes a se concentrarem em um objetivo comum; elimina contendas e disputas pelo poder
- • sodalita


# H
**Hanseníase**
- • esmeralda + Fórmula 10 – Amor, Autoestima + Fórmula 11 – Liberação dos Karmas Familiares

**Harmonia**
- ágata-de-fogo, basalto, esmeralda, jade, opala, ouro, pedra da lua, rubi, turmalina verde
  - promove equilíbrio, reconciliação, justiça
- ágata-de-fogo, aventurina, crisoprásio, esmeralda, jade, peridoto
  - grupal, solidariedade, companheirismo (*Veja ainda "Grupos"*)
- abalone, sodalita
  - da família
- cornalina
  - conjugal
- turquesa
  - dos ambientes, traz estabilidade e harmonia a ambientes intranquilos
- água-marinha, Fórmula 9 – Harmonia, Equilíbrio
  - entre elementos opostos, pelo equilíbrio das energias yin-yang
- âmbar

**Hemisfério direito do cérebro (Veja "Cérebro")**

**Hemoglobina (Veja "Sangue")**

**Hemorragia**
- berilo, calcedônia, coral, crisoprásio, esmeralda, hematita, jaspe verde, quartzo-cristal, safira, topázio
  - nasal
- jaspe-sanguíneo, safira

**Hemorroidas**
- ametista, coral, jaspe-sanguíneo, quartzo-cristal, rodonita, topázio
  - sinal de rebelião na energia do baço; equilibra
- coral + jaspe-sanguíneo + quartzo-cristal + topázio

**Hepatite**
- água-marinha

**Herpes genital**
  - aumenta a resistência do organismo contra
- atacamita + crisoprásio + lápis-lazúli + rodonita

**Hidrocéfalo**
  - ativação
- ágata azul

**Hidropisia**
- ametista

**Hiperatividade**
- ametista, azurita/malaquita, fluorita, safira, turmalina negra
  - crianças hiperativas, indisciplinadas

- azurita/malaquita + marfim
  - que faz a criança entrar em situações de risco, de perigo
- quartzo-citrino
  - mental, para os que estão com *stress* mental e estão sempre acelerados
- água-marinha
  - desenvolve a capacidade de permanecer centrado no que se está fazendo no momento; ancora, dá foco
- rubi-estrela

### Hipercinético
- ametista, fluorita

### Hipertensão
- apatita + aventurina + crisocola
  - corrige alterações na pressão sanguínea (hiper ou hipo)
- aventurina

### Hipnoterapia
  - ajuda a entrar em transe
- azurita

### Hipocondria
- rubi-espinélio do Ceilão

### Hipoglicemia
- ágata-musgo, ametista

### Hipotireoidismo
- azurita

### Histeria
  - modifica padrões de comportamento
- ametista, crisoprásio, obsidiana, quartzo-cristal, rubi-espinélio do Ceilão

### Homem (Veja "Masculinidade")

### Hormônios
  - reequilibra os hormônios em qualquer etapa da vida, mas principalmente no climatério
- amazonita, Fórmula 13 – Woman
  - distúrbios hormonais, equilibra
- granada vermelha

### Hostilidade
- ametista, quartzo-rosa

### Humildade
- ametista

### Humor, melhora, modifica o estado de espírito
- quartzo-citrino, Fórmula 6 – Alto-Astral

# I
*Ideais*

- rubi

*Ideias*

- – assimilação de novas ideias
- ametista
  - – colocar em prática (Veja "Ação")

*Ilusão*

- – estabelece contato entre desejo, necessidade e realidade
- cianita
  - – para os que têm dificuldade em enxergar a realidade como ela é, porque é difícil mudar de posição.
- azurita
  - – dissipa as ilusões que impedem o desenvolvimento do indivíduo
- lápis-lazúli
  - – para os que estão sempre se enganando, dando desculpas a si mesmo
- peridoto
  - – aguça a clareza mental, para ver a realidade como ela é
- aventurina

*Imaginação*

- – estimula
- crisoprásio, turmalina verde
  - – exacerbada, dá equilíbrio
- cornalina
  - – para quem cria muito na imaginação e não concretiza na prática
- fluorita

*Imago paterna*

- – dificuldades em lidar com a figura do pai internalizada
- esmeralda, quartzo-rosa, rubi

*Imaturidade emocional*

- crisocola

*Implante de órgãos*

- – ajuda na aceitação
- ametrine, quartzo-citrino, Fórmula 3 – Rejuvenescimento

*Impotência sexual (Veja ainda "Sexualidade")*

- granada, hidenita, mica, Fórmula 5 – Carisma, Sensualidade

*Inapetência (Veja ainda "Metabolismo")*

- – melhora o apetite
- topázio

*Inchaço*

- – equilibra a energia do baço
- ágata-musgo, água-marinha, âmbar, calcita, jaspe-sanguíneo

**Incoerência**
- rodonita

**Incontinência urinária**
  - equilibra a energia dos rins
- âmbar, enxofre, esmeralda, quartzo-citrino

**Indecisão**
- âmbar

**Independência (Veja ainda "Codependência")**
  - estimula
- aventurina, basalto
  - torna o indivíduo mais independente e original
- aventurina
  - ajuda a superar as limitações, autoimpostas ou não, permitindo a autossuficiência
- jade

**Infecção**
  - em geral
- ágata azul rendada , âmbar, ametista, cornalina, granada, malaquita, ônix
  - internas
- ágata-musgo
  - da garganta
- berilo
  - com febre
- ágatas
  - linfática
- ágata azul rendada (*agate blue lace*)

**Inferioridade, sentimento de**
- crisoprásio, ouro

**Infertilidade (Veja "Fertilidade")**

**Inflamações**
  - em geral
- ágata azul rendada, cobre, granada vermelha, rubi, safira
  - da laringe
- ágata azul rendada, água-marinha, âmbar, cianita, pirita, turquesa
  - da garganta
- água-marinha
  - das adenoides
- água-marinha
  - das glândulas em geral
- água-marinha
  - das articulações

- cobre, rodonita
  - dos rins, bexiga
- âmbar, cobre
  - viróticas
- atacamita, fluorita
  - viróticas e bacteriológicas
- âmbar, atacamita, obsidiana

**Inflexibilidade**

- madeira petrificada, pérola
  - em geral: estimular os rins
- âmbar, apatita, ônix, quartzo-cristal, quartzo-rosa
  - das veias, dos vasos
- ágatas
  - personalidade muito rígida
- ágatas, aventurina, enxofre, madeira petrificada, pérola

**Influências espirituais negativas, afasta**

- enxofre, obsidiana, rodonita, turmalina negra, Fórmula 7 – Limpeza Energética, Proteção

**Ingenuidade**

  - pessoas muito ingênuas, que sofrem problemas por isso, nas relações de amizade e afetivas
- cornalina

**Inibição (Veja ainda "Timidez")**

- cornalina, diamante

**Iniciativa**

- basalto, pérola, turmalina rubelita
  - trata a energia da vesícula biliar, pois ela controla a capacidade de ter iniciativa para tomar decisões
- âmbar + calcedônia + enxofre + jaspe verde

**Inquietude**

- ágata, âmbar, olho-de-gato, olho-de-tigre

**Insanidade**

- topázio

**Insegurança**

- calcedônia, diamante
  - dúvidas com relação a si mesmo
- calcedônia
  - pessoas inseguras em lugares novos, por mudança de casa, de emprego, de cidade
- basalto, crisoprásio
  - diminui o medo do fracasso e a insegurança quando do início de novos projetos

- calcita + peridoto
  - estimula a energia da vesícula biliar
- jaspe verde

**Insetos (Veja "Picadas de Insetos")**

**Insônia**
- ametista, cianita, diamante, enxofre, esmeralda, hematita, lápis-lazúli, malaquita, opala, rodonita, safira, safira *padparadschah*, topázio
  - por excitação mental, agitação
- opala

**Inspiração**
- água-marinha, esmeralda, ônix, peridoto

**Integração**
  - do ser, corpo, mente e espírito
- água-marinha
  - social
- ametista

**Intelecto**
- esmeralda, rubi
  - estimula
- âmbar, berilo

**Interior, força (Veja "Força interior")**

**Interior, percepção (Veja "Percepção interior")**

**Interpretação dos sonhos, melhora capacidade de**
- ametista

**Intestinos (Veja ainda "Trato Intestinal")**
  - câimbra, espasmos, cólica
- jaspe verde, olho-de-gato
  - fortalece
- berilo, calcita, jaspe-sanguíneo
  - remove toxinas nas disfunções intestinais
- quartzo-citrino
  - tensão no trato intestinal *(Veja ainda "Trato Intestinal")*
- obsidiana
  - disenteria ou constipação intestinal – regulariza
- esmeralda
  - problemas intestinais
- âmbar, quartzo-citrino
  - constipação intestinal (prisão de ventre)
- coral, enxofre, esmeralda, jaspe verde, quartzo-citrino
  - regulariza a flora intestinal
- enxofre

**Intolerância (Veja "Tolerância")**
- – com os outros; ajuda a modificar esse padrão de comportamento
- • água-marinha + apatita + aventurina + berilo + enxofre + madeira petrificada + topázio

**Intoxicação (Veja ainda "Toxinas")**
- • safira
  - – por fumaça (remédio de emergência)
- • ágata Botswana
  - – remove as toxinas intestinais; na prisão de ventre; apêndice
- • quartzo-citrino

**Intranquilidade**
- • ametista, rodonita, safira *padparadschah*, topázio (esfregar a testa e as têmporas com uma dessas pedras)

**Introspecção**
- – ajuda a alcançar maior introspecção
- • crisoprásio
  - – facilita, em indivíduos muito extrovertidos, superficiais
- • marfim

**Introversão, indivíduos "ausentes"**
- • lápis-lazúli, olho-de-tigre, turmalina azul

**Intuição**
- – melhora, aguça a
- • ágata-musgo, água-marinha, amazonita, ametista, jaspe verde, lápis-lazúli, madrepérola, olho-de-gato, opala, pérola, rubi, safira, sodalita, turquesa (aplicar uma dessas pedras sobre o 6º chakra, frontal)
  - – clareza intuitiva
- • ametista
  - – pessoas metódicas, racionais, que têm dificuldade para entrar em contato com a intuição
- • ágata-musgo
  - – desenvolve a intuição a respeito do futuro, a capacidade de fazer previsões
- • esmeralda
  - – alia intuição com as informações disponíveis, melhorando a análise e capacidade de síntese
- • amazonita

**Inveja**
- – combate a inveja que se sente dos outros, a maledicência a respeito do próximo
- • crisoprásio, topázio

- com despeito, principalmente do ex-parceiro; abre espaço no coração para um novo amor
- ágatas
  - para os que invejam os demais e levam tudo como ofensa pessoal
- olho-de-tigre
  - proteção contra
- ágatas, cornalina, crisoprásio, obsidiana, turmalina negra

**Ira, afasta**

- topázio

**Irritabilidade, combate**

- basalto, calcedônia, enxofre, fluorita, lápis-lazúli, platina
  - dissolve
- calcedônia
  - personalidades irritadiças, de trato difícil
- apatita
  - pessoas constantemente irritadas: equilibra a energia da vesícula biliar
- âmbar + calcedônia + enxofre + jaspe verde

# J

**Jardinagem (Veja "Agricultura": "Plantas")**

**Jovialidade, viço**

- esmeralda

**Julgamento**

- pessoas rígidas na forma de ver o mundo, que julgam os demais: estimula a energia dos rins
- ágatas, apatita, berilo, coral

**Justiça**

- ajuda a alcançar a vitória nos assuntos relativos à justiça
- ágatas, ametista, berilo, calcedônia, ônix

**Juventude, restauração (Veja também "Rejuvenescimento")**

- psicológica
- rubi
  - preserva a juventude
- olho-de-gato, Fórmula 3 – Rejuvenescimento

# K

**Karma**

- ajuda na limpeza do karma
- ametista, madeira petrificada

- – doenças genéticas
- ágata-musgo, ametista
  - – ajuda na liberação dos registros trazidos de vidas passadas
- madeira petrificada
  - – promove a liberação dos karmas familiares e abre caminho para escolhas mais conscientes
- Fórmula 11 – Liberação dos Karmas Familiares

# L

**Lábios**
- – patologia nos lábios: equilibra as energias do baço e estômago
- água-marinha + enxofre + jaspe-sanguíneo

**Lactação, incentiva**
- ágata branca, calcedônia, malaquita, quartzo-cristal

**Laringe**
- jade, morganita
  - – inflamação (laringite)
- ágata azul rendada, água-marinha, âmbar, cianita, lápis-lazúli, pirita, turquesa

**Lei (Veja "Justiça")**

**Lesões cerebrais**
- quartzo-rutilado

**Letargia (Veja ainda"Ação")**
- ágata Botswana, calcita amarela/laranja, olho-de-tigre, ouro

**Leucemia**
- cornalina, malaquita, marfim, quartzo-cristal, quartzo-rosa

**Licenciosidade**
- ágata, ônix

**Liderança**
- azurita, rubi, Fórmula 1 – Poder Pessoal, Fórmula 14 – Liderança

**Ligamentos**
- – fortalece
- enxofre, turquesa

**Limitações**
- – ajuda a superar as limitações, autoimpostas ou não
- jade

**Limites**
- – crianças criadas sem limites; ajuda a ter melhor autodisciplina
- fuchsita, marfim

***Limpeza***
- – dos cristais
- • borrifar Fórmula 7 – Limpeza Energética, Proteção
- • colocar debaixo de um jato forte de água fria por cerca de um minuto
- • queimar sálvia seca envolvendo os cristais na fumaça
- • colocar em água e deixar sob sol forte por seis horas mais ou menos
- • colocar dentro de uma vasilha de água com poejo
- – da geladeira
- • colocar um pedaço de lápis-lazúli
- – do organismo, de proteínas desnecessárias
- • ágata-musgo
- – da aura, dispersando negatividade
- • ametrino, Fórmula 7 – Limpeza Energética, Proteção
- – do ambiente, transforma energias negativas em positivas
- • âmbar (bom para usar em *spray* também); Fórmula 7 – Limpeza Energética, Proteção
- – de toxinas do organismo
- • esmeralda, marfim
- – de toxinas, através dos poros
- • água-marinha
- – do sangue, em graves problemas renais
- • hematita
- – de formas-pensamento inadequadas
- • cianita
- – dos karmas familiares
- • Fórmula 11 – Limpeza dos Karmas Familiares

***Linfas (Veja "Sistema linfático", "Glândulas linfáticas")***
***Linfomas***
- • ágata-musgo

***Língua***
- – problemas na língua: estimula a energia do coração
- • abalone, amazonita, granada, jade, olho-de-gato, quartzo-citrino

***Líquidos***
- – retenção
- • ágata-musgo

***Locução***
- – melhora, deixa mais clara
- • cianita

***Longevidade***
- • quartzo-azul

**Lordose**
- hematita

**Loucura**
- coral, esmeralda, topázio

# M

**Mãe**
- – imagem problemática, dificuldades
- madrepérola, pedra da lua
  - – fortalece o instinto maternal, melhora o vínculo mãe-filho
- calcedônia
  - – boa para lactação
- calcedônia, malaquita

**Magia**
- – pedra que favorece os magos
- lápis-lazúli
  - – nos rituais para atrair amor
- malaquita
  - – para usar em rituais visando a prosperidade
- ágata-musgo, jaspe-sanguíneo

**Magia negra, proteção contra (Veja "Feitiços")**

**Magnetismo pessoal**
- – aumenta
- granada vermelha, turquesa

**Mágoas**
- – limpa mágoas profundas
- ametista, azeviche, quartzo-rosa
  - – elimina as mágoas, abrindo espaço para entrar um novo amor
- ágatas
  - – traz à tona velhas mágoas e feridas emocionais, para que possam ser trabalhadas
- aventurina + quartzo-rosa
  - – trata as energias do fígado também
- jaspe verde + peridoto
  - – equilibra a energia dos pulmões
- ágata Botswana + esmeralda + fluorita + morganita + quartzo-rosa

**Malária**
- âmbar, esmeralda

**Mal de Basedow**
- âmbar

**Mal de Coreia**
- kunzita

**Mal de Hodgkins**
- ágata-musgo

**Mal de Parkinson (liberar miasmas de metais pesados e controle, rigidez excessivos)**
- apatita + aventurina + berilo + enxofre + kunzita + madeira petrificada + rubi

**Maledicência**
- – para os que falam mal dos outros por inveja, despeito
- topázio

**Manchas**
- – senis, pela idade, clareia
- pirita

**Maníaco-depressivo, estado**
- azeviche, kunzita, ouro

**Manipulação**
- – não se deixar enredar nas chantagens emocionais, nas manipulações
- berilo

**Marinheiros**
- água-marinha

**Máscaras, falsa persona (Veja "Falsa Persona")**

**Masculinidade**
- cobre, granada vermelha, jaspe-sanguíneo, malaquita, quartzo-fumê, rodonita, rubi
  - – desenvolve qualidades masculinas
- ágata-de-fogo, amazonita, hematita, jaspe
  - – acentua as qualidades masculinas
- obsidiana
  - – homem em conflito na área da sexualidade, inclusive na questão de identidade sexual
- ágata-de-fogo

**Más influências**
- ametista

**Má sorte, combate**
- ametista, cornalina, ônix, opala, turmalina

**Massagem**
- – na coluna; artrite
- azurita misturada em óleo de jojoba e oliva, em partes iguais; juntar algumas gotas ao óleo de oliva e massagear o plexo solar e debaixo dos braços

- granada vermelha
  - melhora a oxigenação dos tecidos musculares e da pele
- jaspe verde – oito a doze gotas em um pouco de óleo de jojoba ou de amêndoas

## Maternidade (Veja também "Mãe")
  - estimula sentimentos maternais, fortalece o vínculo mãe-filho
- calcedônia

## Maturidade emocional
- abalone, crisocola

## Mau humor
- quartzo-citrino, Fórmula 6 – Alto-Astral + pedra do sol

## Mau-olhado, prevenção
- âmbar, cornalina, obsidiana, olho-de-falcão, olho-de-gato, olho-de-tigre, ônix, turmalina negra, turquesa, Fórmula 7 – Limpeza Energética, Proteção

## Maxilares
- água-marinha

## Meditação
- ágata azul rendada, ágata-de-fogo, água-marinha, ametista, ametrino, azurita, calcita, cianita, crisocola, esmeralda, hematita, turmalina, turquesa
  - estimula qualidades psíquicas
- jaspe, peridoto
  - auxilia na visualização criativa (*Veja ainda "Visualização Criativa"*)
- aventurina, jaspe marrom, madeira petrificada, sodalita
  - facilita a entrada em estado alfa e aprofundamento
- azurita, hematita
  - traz sensação de liberdade pessoal, diminui a depressão e aumenta a receptividade a espiritualidade, após usá-la em meditação
- peridoto
  - auxilia em trabalhos meditativos, principalmente as pálidas e transparentes
- esmeralda
  - ajuda a fazer a conexão com os planos sutis
- cianita
  - usada antes da meditação, facilita *insights* a respeito da essência espiritual dos relacionamentos
- granada vermelha

## Mediunidade (Veja ainda "Paranormalidade")
  - desenvolve a mediunidade
- azurita

- – pessoas que preferem ser deixadas em paz
- rodonita
  - – auxilia a reforçar as experiências psíquicas
- peridoto
  - – para fechar um pouco os canais da mediunidade com excessiva abertura, de quem tem experiências em ouvir ou ver espíritos a qualquer momento
- malaquita

**Medo**

- – em geral
- ágatas, água-marinha, azeviche, azurita, calcita amarela/laranja, marfim, olho-de-tigre, quartzo-citrino (usado a noite)
  - – em geral: fortalece a vesícula biliar
- âmbar + calcedônia + enxofre + jaspe verde
  - – equilibra a energia da bexiga e dos rins
- âmbar + coral + jade + quartzo-citrino
  - – antinatural, sem razão de ser
- água-marinha, calcita, crisocola, kunzita, olho-de-tigre, ouro, platina, turmalina negra
  - – do desconhecido, que leva o indivíduo a querer desistir ao primeiro obstáculo; de assumir riscos
- aventurina, peridoto
  - – de estabelecer objetivos e não conseguir alcançá-los
- calcita amarela–laranja
  - – de não ser bem-sucedida em seus esforços, o que faz com que a pessoa nem se anime a tentar: fortalece os rins
- apatita
  - – de experiências extrassensoriais
- amazonita
  - – do oculto, do sobrenatural
- aventurina, crisocola, esmeralda, jaspe marrom, turmalina negra
  - – oculto, por profunda repressão no inconsciente
- esmeralda, jaspe marrom, jaspes, sodalita
  - – originado na primeira infância, principalmente até os 7 anos de idade
- aventurina
  - – dos relacionamentos, de se comprometer
- calcita, crisocola, esmeralda, ônix, ouro, turmalina rubelita e verde
  - – da velhice, de envelhecer
- ametista, quartzo-azul

- – de dormir
- ametista, quartzo-citrino
  - – de escuro, da noite
- peridoto, quartzo-citrino
  - – da morte
- cobre
  - – que leva ao *stress*
- crisocola
  - – libera medos fortes, fobias
- azurita, sodalita
  - – traz equilíbrio entre posturas de extrema cautela e excesso de coragem
- jaspe-sanguíneo
  - – de mudança e crescimento, pelas responsabilidades que isso traz
- calcita, crisocola, malaquita
  - – do fracasso, quando se está iniciando um novo projeto
- peridoto
  - – que leva a doenças psicossomáticas; doenças geradas pelo medo
- sodalita
  - – de voar, de dirigir automóvel
- sodalita
  - – de que venha a faltar, o que pode levar a atitudes de avareza
- topázio
  - – que faz a pessoa assumir posturas rígidas na vida: estimular os rins
- apatita

**Medula óssea (tutano)**
- – estimula a saúde
- calcedônia, jaspe-sanguíneo, lápis-lazúli

**Melancolia**
- calcedônia, cornalina, granada, lápis-lazúli, safira

**Membranas mucosas**
- – ajuda a reter a umidade, evitando irritação
- cobre

**Membros (braços, pernas)**
- – melhora a circulação, aquece: ativa a energia dos pulmões
- âmbar + aventurina + quartzo-azul + quartzo-rosa

**Memória**
- ágata-de-fogo, âmbar, ametista, calcita amarela/laranja, cobre, esmeralda, kunzita, madeira petrificada, platina, Fórmula 4 – Aprendizado, Memória
  - – celular

233

- calcita amarela/laranja
    - para o estudo: ativa a energia do baço
- âmbar + calcita amarela + jaspe-sanguíneo
    - para o dia a dia: ativa os rins
- água-marinha + âmbar + berilo
    - de coisas passadas: estimula energia do coração
- ametista + granada vermelha + olho-de-falcão + olho-de-gato + quartzo-rosa + safira

**Menopausa**
    - alivia as ondas de calor e regula o fluxo
- amazonita, Fórmula 13 – Woman
    - contra os desconfortos da fase do climatério – irritação, ondas de calor etc.
- amazonita + crisocola + jade + pedra da lua, Fórmula 13 – Woman

**Menstruação (Veja também "Cólica")**
    - problemas, irregularidade no fluxo
- âmbar, jaspe marrom, jaspe verde
    - dolorosa; regula disfunções menstruais; indisposição, cólicas
- coral, crisocola, jaspe marrom, jaspe verde, pedra da lua
    - equilibra o ciclo
- berilo, jaspe verde
    - com cólica, TPM (tensão pré-menstrual)
- Fórmula 13 – Woman
- berilo + coral + jaspe marrom + jaspe-sanguíneo + jaspe verde
- amazonita, crisocola, jaspe marrom, jaspe verde, malaquita
    - hemorragia (*Veja ainda "Hemorragia"*)
- jaspe marrom, jaspe verde
    - disfunção nas regras: equilibra a energia do fígado
- âmbar + berilo + jaspe-sanguíneo + jaspe verde; Fórmula 13 – Woman
    - amenorreia: estimula a energia do fígado
- peridoto
    - dismenorreia: seda a energia do fígado (veja a relação dos Cinco Elementos) *Mentalização (Veja ainda "Visualização Criativa")*
    - fortalece o objetivo, concentra forças
- sodalita

**Mente (Veja ainda "Pensamentos")**
    - atividade mental, melhora a
- azurita, fluorita, zinco
- calcita + fluorita + pirita
    - aguça
- ágatas, calcita, crisoprásio
    - traz maior clareza mental, aguça a percepção

- ágatas, azurita, berilo, calcedônia, olho-de-tigre
  - confusão mental, mente confusa – clareia
- ágatas, quartzo-fumê, rodonita
  - torná-la mais aberta
- berilo, esmeralda
  - acalma
- água-marinha, amazonita, berilo, crisocola, obsidiana, opala
  - alivia os estados negativos
- obsidiana, peridoto
  - estimula a disciplina mental
- azurita, berilo, jaspe-sanguíneo
  - desequilíbrios mentais, ajuda a centrar
- abalone, berilo, calcedônia, cobre, coral, crisocola, enxofre, esmeralda, jaspe-sanguíneo, kunzita, malaquita, ouro, pedra da lua, prata, rodonita, safira, turmalina rubelita
  - promove a limpeza da mente subconsciente
- crisocola

**Mentira**
  - pessoas que mentem compulsivamente, fantasiam sua vida
- crisoprásio + fluorita
  - revela a verdade ou mentira das juras de amor
- esmeralda
  - para manifestar a verdade
- crisoprásio

**Meridianos, nádis**
  - estimula
- quartzo-citrino, quartzo-rutilado, safira
  - fortalecimento
- abalone, ágatas, amazonita, calcedônia, lápis-lazúli, olho-de-tigre, opala, pedra da lua, quartzo-rosa, quartzo-rutilado, rubi, safira-estrela, sodalita
  - melhora fluxo energético através dos meridianos
- água-marinha, hematita
  - fortalece os meridianos do coração e dos rins
- esmeralda
  - alinha
- quartzo-fumê
  - para regular os meridianos: ativa a energia dos pulmões
- ágata Botswana + âmbar + fluorita

**Meses do ano, pedras afins**
  - janeiro
- granada

- – fevereiro
- ametista
  - – março
- água-marinha, jaspe-sanguíneo
  - – abril
- diamante
  - – maio
- esmeralda
  - – junho
- pérola
  - – julho
- turquesa
  - – agosto
- sardônica
  - – setembro
- peridoto
  - – outubro
- berilo, turmalina
  - – novembro
- topázio
  - – dezembro
- lápis-lazúli, rubi

**Metabolismo (Veja "Obesidade", "Sistema Endócrino")**

- – regulariza, equilibra
- ametista, cobre, enxofre, topázio
  - – acelera o metabolismo lento, facilita a digestão
- abalone, calcita amarela/laranja, coral, quartzo-citrino, topázio
  - – acelera o metabolismo do fígado
- peridoto
  - – nos desequilíbrios: anorexia nervosa ou compulsão alimentar
- azurita/malaquita
  - – obesidade causada por *stress*
- ônix, Fórmula 2 – Emagrecimento
  - – para os que têm grande atividade mental e fazem pouco exercício, comendo mais do que o necessário
- enxofre
  - – nas modificações dos hábitos alimentares
- pedra da lua, Fórmula 2 – Emagrecimento
  - – auxilia no processo digestivo
- pedra da lua, quartzo-citrino

**Miasmas, eliminação**
- em geral, de todos
- diamante, peridoto, quartzo-citrino, quartzo-rutilado, turquesa
  - da gonorreia
- crisoprásio, topázio
  - de metais pesados
- azeviche, lápis-lazúli, malaquita, quartzo-azul, quartzo-fumê
  - petroquímico
- esmeralda, lápis-lazúli, pirita, quartzo-cristal, quartzo-fumê
  - da sarna
- diamante, peridoto, quartzo-citrino, quartzo-rutilado, turquesa
  - sifilítico
- calcita amarela/laranja, crisoprásio, diamante, enxofre, esmeralda, lápis-lazúli, pirita, rodonita, topázio
  - tuberculose
- enxofre, fluorita, granada vermelha, lápis-lazúli, malaquita, morganita, quartzo-azul, topázio

**Miastenia (Veja também "Sistema Muscular")**
- fortalece a estrutura muscular
- basalto

**Miomas**
- azurita/malaquita + berilo + calcedônia + calcita + enxofre + granada + malaquita + marfim + olho-de-tigre + peridoto + pérola + quartzo-cristal + quartzo-verde + sodalita + turmalina verde + Fórmula 11 – Liberação dos Karmas Familiares

**Miopia**
- aventurina, Fórmula 17 – Eye Care
  - estimula a energia do fígado
- ágata azul rendada + água-marinha + azurita/malaquita + berilo + jaspe verde
  - veja "colírio" em "*Olhos*"

**Mitose celular**
- aumenta
- âmbar, apatita, esmeralda, lápis-lazúli

**Moderação**
- água-marinha

**Mongolismo (Síndrome de Down)**
- cianita, crisocola, platina, Fórmula 4 – Aprendizado, Memória

**Morte, entendimento**
- abalone, cobre, jaspe marrom, malaquita

***Motivação***
- – aumenta, levando a um maior sucesso na carreira ou em assuntos pessoais
- cornalina

***Mucosas, tecidos moles***
- – ajuda a reter a umidade, evitando irritações
- cobre

***Mudança***
- – de paradigma, aceitação de novas ideias
- ametista
- – do corpo na adolescência, aceitação
- ametrino, rodocrosita, rodonita, Fórmula 10 – Amor, Autoestima
- – de casa, de emprego, de cidade, que gera insegurança
- basalto, crisoprásio
- – traz estabilidade emocional em processos de mudança; força para enfrentar a própria dificuldade de adaptação ao novo
- basalto
- – quando se quer promover uma mudança gradual nos mais variados aspectos da vida
- quartzo-fumê

***Mulher (Veja "Feminilidade")***
***Músculos (Veja "Sistema Muscular")***


# N
***Nádis (Veja "Meridianos, nádis")***
***Nariz***
- safira
- – sangramento
- cianita, cornalina

***Natureza, amor à***
- ametista, jade, rubi

***Náusea***
- – nos processos de desintoxicação
- granada vermelha

***Negação***
- – para os que estão sempre negando o problema, se enganando
- peridoto
- – dificuldade em lidar com os dados da realidade
- azurita
- – dificuldade em ver onde está o verdadeiro problema
- aventurina

### Negatividade
- combate e dá proteção contra
- calcedônia, obsidiana, ônix, turmalina (azul, melancia, negra, rubelita e verde)
  - remove padrões de energia negativa
- diamante, olho-de-tigre
  - transmutação de negatividade em positividade
- jade
  - remoção de emoções negativas, por meio da percepção de como transmutá-las em positivas
- olho-de-gato
  - remoção de pensamentos negativos
- âmbar, ônix
  - desvia influências espirituais negativas
- rodonita

### Negócios
- desenvolve ou aprimora habilidade para os negócios
- hidenita, mica, olho-de-gato, pedra da lua, rubi, turquesa

### Nervos
- azurita, crisocola, malaquita, ônix, pirita, quartzo-cristal, turquesa
  - nervo ciático, dor
- azurita/malaquita + lápis-lazúli + turquesa: juntar ao óleo de massagem e friccionar

### Nervosismo
- cianita, hematita, olho-de-tigre, safira, topázio, turmalina

### Neurônios (Veja ainda "Coordenação Motora", "Sistema Neurológico")
- distúrbios neurológicos
- ônix, opala
  - descargas neurológicas
- diamante, esmeralda
  - desordens de coordenação física
- esmeralda
  - estimula as sinapses neurológicas
- amazonita, diamante

### Nevralgia
- ametista, cornalina

### Nuca
- tensão
- jaspe-sanguíneo – colocar seis gotas de elixir em um pouco de óleo de jojoba e de oliva em partes iguais e massagear a testa, a nuca, a base da coluna e entre os seios
- ágata azul rendada + cianita + hematita + jaspe-sanguíneo + jaspe verde

# O

**Obesidade** *(Veja "Metabolismo")*
- em geral
- Fórmula 2 – Emagrecimento
- causada por *stress*
- ônix
  - minimiza a fome
- apatita
  - por hipotireoidismo; acelera o metabolismo lento
- calcita amarela/laranja, coral, topázio
  - regulariza o sistema digestivo
- ametista, cobre, topázio
  - ajuda a dissolver tecido adiposo
- ametista
  - combate a compulsão alimentar
- azurita/malaquita

**Objetividade**
- fortalece o objetivo
- sodalita
  - traz objetividade ao pensamento
- apatita, ônix
  - melhora a natureza prática do indivíduo
- todas as ágatas, malaquita
  - traz objetividade ao pensamento e às ações
- ágatas
  - traz objetividade à fala, assertividade
- cianita
  - ajuda a refletir de maneira objetiva e construtiva
- calcedônia

**Objetivo**
- facilita concentração grupal num mesmo objetivo, concentra forças
- sodalita
  - para ajudar a focar e alcançar as metas, fortalecer a energia dos rins
- berilo + calcita + jaspes + kunzita + rubi + safira

**Obsessão**
- berilo, diamante, esmeralda, obsidiana, olho-de-tigre, peridoto, quartzo-cristal, quartzo-rosa

**Occipital**
- rubi

**Ódio**
- ametista

**Odores corporais**
- – odor corporal forte
- enxofre

**Ofensa**
- – para os que levam tudo como uma ofensa pessoal
- olho-de-tigre, pedra da lua, sodalita

**Olfato**
- – perda de
- jaspes
  - – facilita a recomposição das estruturas olfativas
- coral
  - – desenvolve o olfato
- jaspe verde

**Olhos (Veja também "Visão")**
- água-marinha, ametista, apatita, aventurina, azeviche, azurita, berilo, cianita, crisoprásio, esmeralda, jade, kunzita, malaquita, olho-de-falcão, olho-de-gato, olho-de-tigre, safira, turquesa
  - – dilatação do globo ocular; diminuir pressão do globo ocular; cansaço
- ágata azul rendada, azurita – compressas – água destilada com sete gotas do elixir estoque
  - – relaxa tensão ocular
- aventurina, safira
  - – aguça visão interna e externa
- obsidiana
  - – alivia cansaço
- ágata azul rendada em compressas; berilo, esmeralda
  - – enfermidades
- obsidiana, olho-de-falcão, olho-de-gato, olho-de-tigre
  - – lacrimejantes
- ônix
  - – miopia
- preparar colírio em 30 ml de soro fisiológico, duas gotas de cada solução: água-marinha + ametista + berilo
- aventurina
- estimula a energia do fígado: (ágata azul rendada) *agate blue lace* + água-marinha + azurita/malaquita + berilo + jaspe verde
  - – miopia, vista turva, olhos secos ou cegueira para certas cores: trata a energia do fígado
- ágata azul rendada + água-marinha + azurita/malaquita + berilo + jaspe verde
  - – fortalece os olhos

- âmbar, malaquita
  - daltonismo
- ametista
  - boa visão: quando flui bem a energia dos rins
- água-marinha + berilo + coral + safira

**Ônix**

- com Saturno mal colocado no horóscopo, traz problemas de diversas ordens e deve se ter cautela em seu uso

**Operação, pré e pós (Veja ainda "Cirurgia")**

- granada vermelha, quartzo-citrino

**Órgãos genitais, órgãos sexuais**

- cornalina, jaspe verde, quartzo-fumê, quartzo-rosa, rubi
  - masculinos
- hidenita, mica

**Órgãos reprodutores (Veja "Sistema reprodutor")**

**Orgulho**

- aventurina, granada

**Orgulho falso**

- platina, quartzo-rosa

**Orientação vocacional**

- conectar-se com o chamado da alma, com aquilo que viemos fazer neste plano
- quartzo-cristal

**Originalidade**

- dá um toque de excentricidade a pessoas muito certinhas
- âmbar

**Ossos**

- fortalecimento
- abalone, amazonita, azurita, calcedônia, calcita, coral, crisocola, crisoprásio, fluorita, jaspe-sanguíneo, turmalina negra
  - tratamento da estrutura óssea, regeneração
- ágata azul, ágata azul rendada, apatita, azurita, coral, hematita, lápis-lazúli, marfim, olho-de-tigre, pirita, topázio
  - artrite
- crisocola, enxofre
  - formação da estrutura óssea
- abalone, água-marinha, coral, marfim
  - fraturas, consolidação
- hematita
  - deformidades ósseas
- ágata azul rendada

- favorece a boa calcificação dos ossos em crescimento
- calcita amarela/laranja
  - para ter bons ossos, fortalecer a energia dos rins
- calcita + berilo + quartzo-citrino + quartzo-rosa

**Osteoporose**

- abalone, amazonita, apatita, aragonita, calcita, coral, fluorita, marfim, pérola, pirita

**Otimismo**

- aventurina, calcedônia, calcita amarela/laranja, olho-de-tigre, peridoto

**Ouvido**

  - problemas
- abalone, âmbar, ametista, azurita, cianita, ônix, rodonita
  - problemas de audição, surdez
- abalone, âmbar, ametista, lápis-lazúli, rodonita
  - trompas de Eustáquio
- lápis-lazúli
  - dor de ouvido
- âmbar
  - interno: auxilia a regeneração do tecido afetado e neutraliza a energia negativa
- âmbar
  - interno: estimula; elimina inflamações secundárias do ouvido interno
- rodonita
  - deficiências auditivas relacionadas com a otosclerose
- fluorita
  - desenvolve a capacidade auditiva a um nível mais refinado, permitindo ouvir sons mais específicos e mesmo pouco captados pelos ouvidos humanos
- rodonita
  - otite: ativa a energia da vesícula biliar
- âmbar + calcedônia + enxofre + jaspe verde
  - zumbido constante: ativa a energia dos rins (*Veja ainda "Rins"*)
- âmbar + apatita + quartzo-fumê + quartzo-rosa + rodonita

**Ovários**

- berilo, crisoprásio, jaspe marrom, jaspe-sanguíneo, jaspe verde

**Oxigenação dos tecidos**

  - pulmões, pele, glândulas endócrinas
- ágata Botswana, turquesa
  - pulmões, oxigena e filtra os poluentes
- cobre

# P

### Paciência, aumenta
- água-marinha, azurita, azurita/malaquita, granada vermelha, malaquita, peridoto, rubi, turquesa

### Pai
  - *imago* paterna tensionada; dificuldades em lidar com a figura paterna ou autoridades
- esmeralda, kunzita, quartzo-rosa, rubi, turmalina verde
  - que compete com o filho adolescente, por ser imaturo emocionalmente; traz o equilíbrio entre a idade cronológica e a emocional
- crisocola + calcita

### Paixão, controle
- kunzita, ônix, platina, rubi, topázio

### Paladar, perda de
- topázio
  - doce persistente na boca: equilibrar a energia do *Baço*
  - azedo persistente na boca: equilibrar a energia do *Fígado*
  - amargo persistente na boca: equilibrar a energia do *Coração*
  - picante persistente na boca: equilibrar a energia dos *Pulmões*
  - salgado persistente na boca: equilibrar a energia dos *Rins*

### Pâncreas
  - ativa
- ágata azul rendada, ágata-musgo, calcita amarela/laranja, esmeralda, quartzo-fumê
  - produção de enzimas
- pérola
  - eleva a taxa metabólica do pâncreas
- ametista
  - limpeza energética
- enxofre
  - fortalece
- malaquita, peridoto

### Pânico
- sodalita

### Paralisia
- pedra da lua, rubi, safira, turmalina, turquesa

### Paranoias, desconfiança dos demais, sem razão
- crisoprásio, esmeralda, sodalita
  - para os que levam tudo como uma ofensa pessoal
- olho-de-tigre, pedra da lua, sodalita

**Paranormalidade (Veja ainda "Mediunidade")**
- – comunicação com os espíritos da natureza (devas)
- quartzo-cristal
  - – ajuda a desenvolver as capacidades psíquicas
- esmeralda, jade, lápis-lazúli, opala, peridoto, quartzo-cristal
  - – amplifica pensamentos, melhorando a capacidade de clarividência, telepatia, projeção astral, intuição, dons proféticos
- safira

**Paratireoides**
- jade

**Parto**
- ágata, crisoprásio, jade, jaspe-sanguíneo
  - – maior facilidade no trabalho de
- pérola

**Passado**
- – libertar-se do passado, aceitando com alegria o que vem pela frente
- azurita

**Passividade**
- mármore, turmalina rubelita

**Paz – consigo mesmo, com os demais**
- jade, olho-de-tigre, safira

**Pedras**
- – magnéticas: recebem, retiram perturbações, atraem para si as calamidades que atingiriam seu portador
- ametista, quartzo-rosa
  - – negativas (Yin): absorvem venenos energéticos e má sorte
- cores: verde-azulado, azul, púrpura, marrom, cinza, prata
  - – positivas (Yang): conferem poder
- cores: vermelha, laranja, amarela, amarelo-esverdeado, terracota, ouro
  - – primeira pedra na escala vibracional (mais densa): jaspe
  - – última pedra na escala vibracional (mais elevada): ametista

**Peito**
- pedra da lua + quartzo-rosa
  - – "de pombo": ativa energia dos rins
- apatita

**Pele (Veja ainda "Rejuvenescimento")**
- – problemas na
- ametista (ferver água com ametista e usar as gotas que se formam na tampa da vasilha); ágatas em geral, mas principalmente a Botswana e de fogo, apatita, atacamita, azurita, azurita/malaquita, cornalina, enxofre, granada vermelha, madeira petrificada, marfim, safira

- devolve maciez e suavidade
- jade
  - elimina impurezas da pele
- ametista
  - inflamações da pele
- atacamita, azurita, safira
  - doenças
- quartzo-cristal
  - manchas; algumas alergias
- jaspe
  - rejuvenescimento, casos de velhice prematura
- azurita, jaspe
  - mais flexibilidade aos tecidos da pele
- granada vermelha
  - melhora os tecidos da pele
- pirita
  - melhora oxigenação dos tecidos
- ágata Botswana
  - manchas senis
- pirita

**Pélvis**

- centra a pélvis; nos casos de deslocamento dos quadris
- rubi

**Pensamento**

- abstrato
- ônix
  - desordens na capacidade de pensar
- rubi
  - estruturação de uma rede coerente – favorece ligações no plano mental
- calcedônia, platina, quartzo-citrino
  - mais elevado, favorece
- sodalita
  - negativo, remoção
- âmbar, ônix
  - positivo, através da criação de um estado mental mais elevado
- âmbar
  - invejoso; liberta a mente deles e estabelece contato com o Eu Superior
- peridoto
  - original
- aventurina, âmbar

- – repetitivos, que deixam a mente acelerada, em *stress* mental
- água-marinha, enxofre
  - – traz objetividade
- apatita, ônix
  - – clareza de, recupera
- apatita, rubi-estrela
  - – dá mais agilidade ao pensamento
- berilo
  - – capacidade de ser claro, conciso no pensamento
- rubi-estrela
  - – amplifica a energia do pensamento
- safira

**Percepção**

- – das próprias faltas, pensar mais claramente
- olho-de-falcão, olho-de-gato, olho-de-tigre
  - – interior, *insight*
- aventurina, crisoprásio, olho-de-gato, quartzo-enfumaçado
  - – melhor do meio ambiente
- crisoprásio, fluorita, olho-de-falcão
  - – ampliada pela 3ª visão, clarividência
- água-marinha, azeviche, azurita, azurita/malaquita, esmeralda, granada, jaspe verde, olho-de-tigre, quartzo-rutilado, safira
  - – clareia, aumenta a percepção
- água-marinha
  - – desenvolve uma percepção mais fina dos acontecimentos, melhora a capacidade analítica das situações
- fluorita
  - – das necessidades do outro, aumenta a empatia
- jaspe verde

**Perdão**

- – abre o coração para a capacidade de perdoar
- ametista, crisocola, quartzo-rosa

**Perdas**

- – cacoxinita, quartzo-rosa, selenita, serpentinita

**Pernas (Veja ainda "Varizes")**

- – sombras
- hematita
  - – alivia problemas na região
- granada, ônix, quartzo-preto, rodonita, turmalina negra (aplicar sobre o local, sob a base dos pés ou no 1º chakra, na base da coluna vertebral)

**Perseverança**
- água-marinha, aventurina, berilo, granada
  - traz persistência na busca de solução aos problemas da vida
- berilo

**Persona, falsa persona**
  - ajuda a ser verdadeiro no manifestar e aceitar sentimentos
- cobre
  - desmascara os enganos
- crisocola
  - libera a autenticidade, sem temor de censuras ou julgamentos de terceiros
- ágata azul rendada

**Personalidade**
  - dá equilíbrio, em geral
- abalone, água-marinha, coral, diamante, esmeralda, jade, ônix, ouro, turmalina rubelita
  - pessimista, negativa: equilibra a energia dos rins
- calcita + coral + quartzo-citrino + quartzo-cristal + quartzo-fumê + rubi
  - influenciável, supersticiosa
- olho-de-gato
  - influenciável, que abre mão de suas escolhas para seguir o outro, sejam amigos ou parceiros afetivos; para os que sempre se equivocam nas escolhas amorosas, se envolvendo em relacionamentos sem futuro
- pirita
  - sensível e mística
- água-marinha
  - muito sensível, nervosa, instável
- pedra da lua
  - muito insensível, seca
- pedra da lua
  - confusa, distraída, que tem atitudes erráticas
- cornalina, jaspe marrom
  - introvertida e "ausente" – torna mais presente
- lápis-lazúli
  - autocentrada e reclusa
- granada vermelha
  - muito extrovertida e superficial: facilita o processo de introspecção
- marfim
  - muito reservada, como os nórdicos ou orientais
- jaspe verde + kunzita + lápis-lazúli

- – metódica, racional, com dificuldade para entrar em contato com a intuição
- ágata-musgo
  - – dependente – torna o indivíduo mais independente e original
- aventurina
  - – indivíduo reprimido – ajuda a agir de forma menos reprimida
- ágata-musgo
  - – criativa, intuitiva, mas pouco prática: ajuda a canalizar as energias de forma mais prática
- ágata-musgo
  - – intolerante
- água-marinha, berilo, enxofre, madeira petrificada
  - – irritadiça
- calcedônia, enxofre, pedra da lua
  - – muito crítica, que julga tudo e todos, mentalmente rígida
- aventurina, berilo, enxofre
  - – rígida, inflexível
- aventurina, fluorita, madeira petrificada
- tratar energia dos rins: ágata-musgo + coral + hematita + jade + jaspe-sanguíneo + peridoto + quartzo-citrino + quartzo-rosa
  - – que apresenta comportamentos maníaco-depressivos (PMD), transtorno bipolar
- azeviche + esmeralda + jaspe marrom + jaspe-sanguíneo + jaspe verde + kunzita + sodalita, Fórmula 6 – Alto-Astral
  - – que desconfia de tudo e de todos, cheia de defesas, o que dificulta sua interação no mundo
- crisoprásio + olho-de-tigre + safira + sodalita
  - – invejosa, que toma tudo como ofensa pessoal
- crisoprásio + olho-de-tigre + pedra da lua + topázio
  - – promove o desbloqueio de aspectos travados da personalidade
- diamante
  - – irritadiça, mal-humorada, egoísta, briguenta, de mente inquisitiva; rigidez
- enxofre
  - – histérica
- ametista, crisoprásio, obsidiana, quartzo-cristal, rubi

**Perturbação**

- – afugenta maus espíritos
- enxofre, turmalina negra
  - – mental
- ágatas

**Pés**
- malaquita

**Pesadelos**
  - diminui
- calcedônia, cianita, coral, cornalina, rubi, zinco
  - evita
- cornalina, topázio

**Pescoço**
- água-marinha
  - dores no pescoço
- cianita
  - elimina tensões
- ágata azul rendada, cianita
  - dores no pescoço, tensão: equilibra a energia do fígado
- ágata azul rendada + âmbar + cianita + enxofre + hematita + jaspe-sanguíneo + jaspe verde + peridoto

**Pessimismo (Veja ainda "Personalidade")**
- calcita amarela/laranja, peridoto; Fórmula 6 – Alto-Astral

**Peste bubônica**
- diamante, quartzo-cristal

**Picadas de insetos**
- ágata-de-fogo, azurita, calcita azul, galena, lápis-lazúli, pedra da lua, safira azul, sodalita

**Pineal (Veja "Glândula Pineal")**

**Pituitária (Veja "Glândula Pituitária")**

**Planejamento**
  - desenvolve a capacidade de planejar bem a vida: equilibra a energia do fígado e da vesícula biliar
- âmbar + calcedônia + jaspe verde
  - para quem tem dificuldade em planejar suas metas: tratar o fígado
- coral + cornalina + esmeralda + fluorita + hematita + jaspes + peridoto

**Plantas (Veja ainda "Agricultura")**
  - crescimento, principalmente das que crescem abaixo do solo
- ametista
  - ajuda no crescimento e desenvolvimento das plantas
- azeviche
  - para os que lidam com plantas
- ágata-musgo
  - ajuda a árvore a dar bons frutos
- pedra da lua

**Plasma (Veja "Sangue")**

***Plexo Solar***

- diamante

***PMD – Psicose Maníaco-Depressiva (Transtorno Bipolar do Humor)***

- azeviche, esmeralda, kunzita
  - estabiliza
- basalto

***Pneumonia***

- fluorita, pirita

***Poder***

  - atrai
- granada, opala, Fórmula 1 – Poder Pessoal
  - aumenta o poder de atração
- âmbar
  - poder pessoal – assumir as rédeas da própria vida; para os que abriram mão do seu poder pessoal em prol de outro ou de uma relação
- cornalina, Fórmula 1 – Poder Pessoal
  - poder pessoal, ajuda no reconhecimento de seus verdadeiros desejos e da base para realizá-los
- malaquita, Fórmula 1 – Poder Pessoal
  - poder pessoal – ajuda no reencontro consigo mesmo, daqueles que abriram mão de seu poder pessoal nas relações afetivas; para os que se perderam de si mesmo; assumir a responsabilidade pelos acontecimentos da própria vida
- olho-de-tigre, Fórmula 1 – Poder Pessoal
  - para os de personalidade influenciável, que se desviam do seu caminho para seguir os outros ou se deixam levar pelo parceiro, abdicando do seu poder pessoal; para os que se equivocam sempre nas escolhas afetivas
- pirita, Fórmula 1 – Poder Pessoal
  - atrai condições de poder pessoal e financeiro
- hidenita, Fórmula 8 – Prosperidade, Boa Sorte
  - intensifica os poderes pessoais
- lápis-lazúli, Fórmula 1 – Poder Pessoal
  - poder pessoal – ajuda a fazer escolhas na vida, que possam ser um caminho mais tranquilo para o sucesso; para os que têm dificuldade em lidar com dinheiro
- mica, Fórmula 8 – Prosperidade, Boa Sorte

***Poluição ambiental***

  - ajuda a controlar, auxiliando na dissolução das toxinas
- jaspe marrom, turquesa

**Pós-operatório, pré-operatório**
- quartzo-citrino, Fórmula 3 – Rejuvenescimento

**Possessão**
  - – demoníaca, antídoto
- esmeralda

**Potencial, auxilia a desenvolver o mais alto potencial do indivíduo**
- rodonita

**Pragmatismo (Veja "Objetividade", "Praticidade")**

**Praticidade**
  - – aumenta a capacidade de agir com praticidade
- ágatas
  - – cria um certo distanciamento emocional dos fatos, para que se possa lidar com a situação de modo mais pragmático
- fluorita
  - – permite ver pragmaticamente a viabilidade dos projetos de vida
- marfim

**Prazer**
  - – melhora a relação com o prazer
- âmbar
  - – promove a conexão com a Terra, o prazer além do aspecto sexual; mulheres com dificuldade em encarnar sua sexualidade
- ágata-de-fogo, jaspe verde

**Precaução**
- basalto, crisoprásio, jaspe-sanguíneo

**Preconceito**
  - – para os que têm atitudes preconceituosas para com os outros ou que julgam antes de conhecer (os fatos, o sabor do alimento etc.)
- azurita, berilo

**Preguiça**
- ágata Botswana, berilo, calcita amarela/laranja

**Premonição (Veja ainda "Clarividência")**
  - – aumenta a capacidade psíquica de prever o futuro, ter visões sobre o futuro
- esmeralda

**Preocupação**
- coral, topázio

**Pré-operatório, pós-operatório**
- granada vermelha, hematita, quartzo-citrino, Fórmula 3 – Rejuvenescimento

***Pressão arterial***
- – alta
- ametista + apatita + calcedônia + crisocola + granada + lápis-lazúli + rubi + safira-estrela + sodalita
  - – baixa
- ágata Botswana, coral; ágata-de-fogo + hematita + opala + rodocrosita + rubi
  - – corrige alterações na pressão arterial (hiper ou hipo)
- aventurina, crisoprásio

***Pressentimentos angustiantes***
- rodonita

***Procrastinação (adiar coisas a serem feitas)***
- granada + rubi + safira

***Profissões***
- – agentes artísticos
- pedra da lua, rubi, turquesa
  - – agentes de segurança
- âmbar negro, cornalina, jaspe, jaspe-sanguíneo, ônix, pedra da lua
  - – agricultores, pessoas que trabalham com botânica
- ágata-musgo
  - – alpinistas
- ágata-musgo
  - – arquitetos
- calcedônia, coral, crisoprásio, esmeralda, granada, pedra da lua, quartzo-rosa, topázio
  - – artistas
- amazonita, coral, crisocola e outras pedras azuis, opala escura, pedra da lua, quartzo-azul, quartzo-rosa, turmalina rosa
  - – assessores e conselheiros
- esmeralda, magnetita, pedra da lua, rubi, safira, turmalina verde
  - – atletas
- abalone, coral, diamante, esmeralda, hematita, jaspe-sanguíneo, madeira petrificada, ônix
  - – botânicos
- ágata-musgo
  - – cantores
- água-marinha, cianita, crisocola, esmeralda (*Veja ainda "Artistas"*)
  - – comunicações: TV e rádio
- ágata rendada, aventurina, granada, jade, jaspe, lápis-lazúli, malaquita, olho-de-tigre
  - – conferencistas

- cianita, esmeralda
  - conselheiros
- cianita, esmeralda, pedra da lua, rubi, safira, turmalina verde
  - conselheiros matrimoniais
- esmeralda
  - consultores
- turmalinas
  - curadores (médicos, psicólogos, terapeutas)
- ágata-de-fogo, calcita
  - dançarinos
- ágata colorida, ametista, esmeralda, malaquita, pérola
  - dentistas
- ágata, ágata-de-fogo, âmbar negro, coral, diamante, fluorita, lápis-lazúli, malaquita, peridoto
  - engenheiros, arquitetos
- calcedônia, coral, crisoprásio, esmeralda, granada, pedra da lua, quartzo-rosa, topázio
  - estudantes
- berilo, diamante, lápis-lazúli, quartzo-rosa
  - executivos
- ágata, cornalina, jaspe marrom, jaspe-sanguíneo, lápis-lazúli, malaquita, ônix, pedra da lua
  - fazendeiros
- ágata-musgo, coral
  - jardineiros
- ágata-musgo
  - juízes, juristas
- coral
  - locutores
- ágata rendada, aventurina, cianita, granada, jade, jaspe, lápis-lazúli, malaquita, olho-de-tigre
  - massagistas
- âmbar, coral, esmeralda
  - médicos
- calcita
  - músicos
- crisocola, rodonita
  - negociantes
- granada de corte quadrado, rubi
  - ocultistas
- ágata-de-fogo, lápis-lazúli

- – optometristas
- esmeralda
  - – ortopedistas
- coral
  - – parteiras
- ágata-musgo
  - – pessoas que falam em público, conferencistas, professores – os que têm que comunicar ideias complexas de modo simples
- ágatas em geral, cianita, coral, turquesa
  - – pessoas que trabalham com cura
- ágata-de-fogo, calcita amarela/laranja, coral, turquesa
  - – pessoas que trabalham em ambientes fechados ou áreas radioativas
- esmeralda
  - – psicólogos
- ágata-de-fogo, calcita, cianita
  - – professores
- cianita
  - – quiropráticos
- ágata-de-fogo, âmbar, calcita, coral, esmeralda
  - – terapeutas
- ágata-de-fogo, calcita, cianita
  - – terapeutas corporais
- ágata-de-fogo, âmbar, calcita
  - – usuários de computadores, técnicos de informática
- calcedônia, malaquita
  - – vendedores
- cianita, malaquita
  - – aumenta a motivação, levando a um maior sucesso na carreira e nos assuntos pessoais
- cornalina

**Projeção astral**
  - – favorece
- azurita/malaquita, calcita, opala, safira

**Prolixidade (Falar demais) (Veja ainda "Fala", "Síntese")**
- rubi-estrela
  - – falar demais é sinal de excesso de energia no coração: para sedar o coração, tonificar os rins e a bexiga (*Veja "Bexiga" e "Rins"*)

**Prosperidade**
  - – em todos os aspectos
- Fórmula 8 – Prosperidade, Boa Sorte
  - – traz vibrações de

- âmbar, diamante, olho-de-gato, rubi, safira, topázio, turquesa, Fórmula 8 – Prosperidade, Boa Sorte
  - conecta-se com energias de prosperidade, modifica o padrão de ganância
- crisoprásio
  - para usar em rituais visando a prosperidade
- ágata-musgo, jaspe-sanguíneo
  - atrai riqueza e prosperidade
- olho-de-tigre + topázio, rubi
  - atrai prosperidade, ajuda a reconquistar fortunas perdidas
- olho-de-gato
  - atrai prosperidade, boa sorte nos negócios (colocar dentro da caixa registradora, dentro da bolsa)
- jaspe-sanguíneo, malaquita, pirita

**Próstata**
  - alivia sintomas de problemas na próstata
- ágatas, selenita

**Proteção**
  - proteção contra encantamentos, feitiços
- berilo, cornalina, jade, jaspe, obsidiana, opala *light*, platina, quartzo-rosa, safira, topázio, turmalina negra, Fórmula 7 – Limpeza Energética, Proteção
- peridoto – particularmente para as pessoas nascidas em outubro
  - ambiental; livra de energias negativas
- âmbar, calcedônia
  - absorve e dissipa energias negativas, impedindo que sejam passadas adiante
- abalone, calcedônia, turmalina negra
  - em viagens
- esmeralda, turmalina
  - contra os perigos dos mares
- cianita
  - contra afogamentos
- água-marinha
  - contra quedas e tropeços
- ágatas, turmalina negra
  - contra inveja
- cornalina, enxofre, turmalina negra
  - contra encantamentos, conjurações
- ágatas, esmeralda, turquesa
  - contra magia negra

- safira, turquesa
  - para se obter vibrações de boa vontade, sempre que se quer obter favores de poderosos
- ágatas
  - para obter proteção das divindades silvestres
- ágatas, quartzo-cristal
  - contra radiação e para limpeza do organismo dos usuários de computadores
- malaquita

**Prudência**
  - estimula a
- crisoprásio, jaspe-sanguíneo

**Psicólogos**
  - favorece a concentração
- calcita

**Psicoses**
- esmeralda, pedra da lua, rubi, safira, sodalita, turmalina, turquesa
  - traz de volta à realidade; estabelece contato entre desejos, necessidades e realidade
- cianita
  - esquizofrenia
- cianita, coral, esmeralda
  - maníaco-depressivas
- azeviche, kunzita

**Psicossomáticas, doenças**
- ouro, turmalina azul, turmalina rubelita

**Psicoterapia (Veja "Terapias": "Terapeutas")**

**Psiquismo (Veja ainda "Mediunidade": "Paranormalidade")**
- ágatas
  - aumenta as faculdades psíquicas
- esmeralda, jade

**Psoríase**
- antimonita + atacamita + aventurina + enxofre + pérola + zoicita + Fórmula 10 – Amor, Autoestima, Fórmula 11 – Liberação dos Karmas Familiares

**Pulmões**
  - fortalece
- aventurina, berilo, crisocola, esmeralda, malaquita, morganita, quartzo-azul, quartzo-rosa, pedra da lua + quartzo-rosa
  - melhora a troca de oxigênio e filtra os poluentes
- ágata Botswana

- – fortalece as membranas mucosas dos tecidos pulmonares
- fluorita
  - – auxilia a restaurar os tecidos danificados e neutraliza a energia negativa
- âmbar
  - – edema pulmonar (*Veja ainda "Edema Pulmonar"*)
- ágata-musgo
  - – combate o câncer dos pulmões
- fluorita
  - – controlam todos os meridianos – para regulá-los, ativar a energia dos pulmões
- ágata Botswana + âmbar + fluorita

**Purificação**
- – do sangue
- ágata-de-fogo, cornalina


# Q
**Quadris**
- – deslocamento; centra
- rubi

**Queda, prevenção**
- turmalina

**Queimaduras**
- ametista, crisocola

**Queixo**
- água-marinha

**Queloide**
- azurita/malaquita + calcedônia + cornalina


# R
**Radiação, efeitos da**
- – por exposição aos raios infravermelhos
- turmalina negra
  - – proteção contra superexposição aos raios X
- ágata Botswana, apatita
  - – proteção contra efeitos
- apatita, quartzo-citrino, quartzo-cristal, quartzo-rutilado, turmalina negra, turquesa
  - – limpeza
- quartzo-citrino, turquesa

- – ajuda a corrigir problemas decorrentes da radiação
- quartzo-rosa, quartzo-rutilado
  - – promove a limpeza de radiações do plutônio; para quem reside perto de usinas nucleares; para quem usa computador diariamente
- malaquita

**Raiva**

- ágata azul rendada, basalto, crisocola, enxofre, marfim, ouro, peridoto, quartzo-rosa, rubi, topázio, turmalina rubelita
  - – libera raiva e frustrações
- ágata-musgo
  - – combate a raiva, medos, fobias e absorve mágoas
- ametista
  - – canalização positiva da energia da raiva
- marfim
  - – transmutação da raiva e de outros sentimentos fortes, que podem ser destrutivos, em força positiva para se construir algo; possibilita uma análise das emoções fortes, para prender aquilo que prende o indivíduo
- obsidiana
  - – ligada à figura paterna
- quartzo-rosa, rubi
  - – ligada às figuras ou situações familiares
- rubi
  - – que vem após uma decepção muito profunda, que dá depressão também
- rubi
  - – que gera doenças psicossomáticas
- sodalita
  - – para trabalhar a raiva é fundamental equilibrar a energia do fígado (*Veja "Fígado"*)

**Rancor, livra o coração do**

- ametista, quartzo-rosa
  - – rancor prolongado: é necessário ativar a energia da bexiga para limpar
- âmbar, coral, enxofre, jade, quartzo-citrino

**Realidade**

- – estabelece contato entre desejo, necessidade e realidade, para quem "voa" muito
- cianita
  - – para os que têm dificuldade em enxergar a realidade e estão sempre se enganando, dando desculpas a si mesmos
- peridoto

- ajuda a dar "chão", embasar
- basalto
  - dificuldade em lidar com os dados da realidade
- azurita
  - aguça a clareza mental, para se ver a realidade como é
- aventurina

**Realização**
- estabelece contato entre desejo, necessidade e realidade
- cianita

**Rebeldia**
- tratar o fígado
- jaspe de sangue + jaspe verde + peridoto

**Receptividade**
- água-marinha, berilo

**Reclusão**
- jaspe verde, lápis lazúli, platina

**Reestruturação**
- das moléculas, revitalizar
- azurita

**Reflexão**
- ajuda a refletir de maneira objetiva e construtiva
- amazonita, calcedônia

**Regeneração do corpo físico a nível biomolecular**
- quartzo-rutilado

**Regeneração dos tecidos (Veja também "Rejuvenescimento")**
- abalone, ágata Botswana, água-marinha, amazonita, coral, jaspe, jaspe verde, kunzita, madeira petrificada, marfim, peridoto, quartzo-citrino, quartzo-rosa, quartzo-rutilado, topázio, Fórmula 3 – Rejuvenescimento
  - dos cabelos
- Fórmula 12 – Hair Care
  - celulares
- ágatas, madeira petrificada, malaquita, marfim, topázio, turquesa
  - do fígado, baço e rins
- água-marinha
  - neurológicos
- ágata Botswana, malaquita, ouro
  - estimula a reestruturação celular e retifica danos no RNA/DNA
- lápis-lazúli
  - auxilia no processo de regeneração
- quartzo-cristal

- ajuda a reverter o processo de envelhecimento, fortalecendo o sistema imunológico
- quartzo-azul, quartzo-rutilado

**Regressão, terapias de regressão (Veja também "Vidas Passadas")**
- a vidas passadas
- ágata-musgo, âmbar, jade, jaspe, madeira petrificada, opala
  - remove bloqueios estabelecidos em vidas passadas
- âmbar, jaspe marrom, madeira petrificada
  - traz à tona habilidades adquiridas em vidas passadas
- jade
  - ajuda a trazer à tona dados importantes do subconsciente
- turmalina negra

**Rejuvenescimento (Veja ainda "Regeneração dos Tecidos")**
- ouro, topázio, Fórmula 3 – Rejuvenescimento
  - rejuvenescimento profundo, revertendo o processo de idade, porque há como que um renascimento do eu, o que afeta o corpo etérico
- granada + rubi + safira-estrela + topázio
  - preserva a juventude
- olho-de-gato, quartzo-azul

**Relacionamentos interpessoais**
- estimula a essência espiritual dos
- granada
  - aumenta a motivação, levando a um maior sucesso nos assuntos pessoais ou profissionais
- cornalina
  - melhora a interação entre as pessoas
- esmeralda, ônix, ouro, rubi

**Relações afetivas**
- dissipa a mágoa, inveja, despeito do parceiro, nas relações afetivas desfeitas
- ágatas, quartzo-rosa
  - promove o equilíbrio nas relações afetivas, pela percepção das prioridades no relacionamento
- ágata-musgo
  - para os que se desviam de seu caminho, para seguir os desejos do parceiro; para os que se equivocam sempre nas escolhas afetivas, se envolvendo em relacionamentos sem futuro
- pirita

**Relaxamento**
- esmeralda
  - relaxante muscular

- amazonita, olho-de-tigre

**Resistência imunológica (Veja também "Sistema Imunológico")**
- – aumenta a resistência contra o vírus da herpes
- atacamita

**Respeito**
- – estimula o respeito pelos demais
- granada vermelha

**Respiração**
- – distúrbios
- jaspe verde
- – dificuldade de respiração
- ágata Botswana, água-marinha

**Responsabilidade**
- – para os que estão perdidos em meio a muitas responsabilidades, libera o *stress*
- água-marinha + ouro
- – ajuda a assumir as próprias responsabilidades nas questões emocionais
- aventurina
- – desenvolve maior senso de responsabilidade
- azurita, granada vermelha
- – ajuda a assumir a responsabilidade pelos acontecimentos da própria vida
- calcita + crisocola + malaquita + olho-de-tigre
- – medo da responsabilidade
- calcita + crisocola + Fórmula 15 – Coragem
- – para os que esperam que o outro se responsabilize pela realização dos seus próprios sonhos
- olho-de-falcão

**Ressentimento**
- ágatas, ametista, quartzo-rosa

**Ressonância Schumann**
- Fórmula 16 – Alinhamento do Tempo

**Retardo mental (Veja ainda "Síndrome de Down")**
- crisocola, kunzita, Fórmula 4 – Aprendizado, Memória
- – estimula o baço
- azurita + calcedônia + calcita + enxofre + peridoto
- – estimula a energia do coração
- amazonita + ametista + quartzo-citrino + quartzo-rosa

**Retenção de líquidos**
- ágata-musgo

**Reto**
- – problemas
- granada, ônix, quartzo-preto, rodonita, turmalina negra, (aplicar no 1º chakra)

**Reumatismo**
- âmbar, cobre, cornalina, crisocola, crisoprásio, granada vermelha, madeira petrificada, malaquita, topázio

**Revelação (do que estava oculto)**
- berilo

**Revitalizador Celular Odontológico (após cirurgias, implantes dentários etc.)**
- abalone + ágata azul rendada + ágata Botswana + água-marinha + amazonita + ametista + calcita + coral + lápis-lazúli + madeira petrificada + malaquita + marfim + peridoto + quartzo-cristal + quartzo-rosa + quartzo-rutilado

**Revitalizar (Veja ainda "Rejuvenescimento")**
- – o cérebro
- azurita

**Rigidez**
- ametista, apatita, esmeralda, pérola
- – mental
- aventurina, berilo, fluorita, madeira petrificada
- – corporal, para quem tem tendência a cristalizar posturas
- enxofre, madeira petrificada
- – mental ou corporal: estimular os rins
- âmbar + apatita + berilo + malaquita + ônix + peridoto + quartzo-rosa + safira
- – da coluna vertebral
- marfim

**Rins**
- – fortalecimento
- água-marinha, berilo, calcita amarela/laranja, cobre, coral, granada, hematita, jaspe, kunzita, malaquita, ônix, quartzo-citrino, quartzo-fumê, quartzo-rosa, rubi, safira
- – inflamação
- âmbar, cobre
- – retenção de líquidos
- ágata-musgo
- – problemas
- água-marinha, coral, enxofre, hematita, jade, jaspe marrom, quartzo-cristal
- – desintoxica
- coral, hematita, jaspe-sanguíneo, peridoto, quartzo-citrino

- estimula o funcionamento
- apatita
  - ajuda na eliminação de cálculos
- jade
  - favorece a regeneração dos rins
- quartzo-rosa

**Riqueza, atrai (Veja "Dinheiro": "Prosperidade")**

**Riscos**

- ajuda o indivíduo a assumir riscos calculados, a ousar mais
- aventurina
  - para os que ou correm riscos desnecessários nas situações ou não têm coragem de enfrentar a vida
- jaspe-sanguíneo

**Rituais**

- de prosperidade
- olho-de-tigre, peridoto, turquesa, Fórmula 8 – Prosperidade, Boa Sorte
  - de proteção
- olho-de-tigre, Fórmula 7 – Limpeza Energética, Proteção
  - para atrair amor, aumentar a beleza
- turquesa, Fórmula 10 – Amor, Autoestima

**RNA/DNA**

- pirita

**Rugas (Veja ainda "Rejuvenescimento")**

- suaviza, reduz
- quartzo-rosa

# S

**Sabedoria**

- desenvolve
- azurita, coral

**Sangramento**

- calcedônia, coral, crisoprásio, hematita, quartzo-cristal, safira, topázio

**Sangue**

- doenças do
- ametista, calcedônia, cobre, coral, hematita, jaspe-sanguíneo, rubi, topázio
  - ajuda no afinamento do sangue e na dissolução de coágulos sanguíneos
- ametista, madeira petrificada, rubi
  - envenenamento
- cornalina

- purifica o sangue, elimina impurezas
- ágata-de-fogo, ametista, cornalina, jaspe-sanguíneo
  - estimula a produção de glóbulos vermelhos
- ametista, crisocola, marfim
  - aumenta o plasma, hemoglobina e glóbulos brancos
- granada vermelha
  - fortalece as células sanguíneas e o plasma
- kunzita
  - estimula a oxigenação da hemoglobina
- lápis-lazúli
  - melhora o fluxo sanguíneo nos músculos
- turquesa
  - para tonificar o sangue, é preciso tonificar primeiro o baço
- azurita/malaquita + enxofre + pedra da lua

**Satisfação**
- ágata Botswana, aventurina, rubi

**Saudade, tristeza**
- ametista, quartzo-cristal, Fórmula 6 – Alto-Astral

**Saúde (Veja ainda "Doença")**
  - em geral, estimula
- quartzo-azul, quartzo-citrino, turquesa
  - fortalece a saúde de modo geral
- quartzo-cristal, quartzo-rutilado

**Secreções**
  - em geral, das mucosas, bile
- ágata-musgo + coral
  - vaginal: equilibra a energia do baço
- enxofre + jade + peridoto

**Sedativo**
- berilo + esmeralda + lápis-lazúli

**Segurança interior**
- ágata-musgo

**Senilidade (Veja também "Velhice")**
- coral, madeira petrificada

**Sensibilidade**
  - desenvolve maior compreensão das necessidades dos outros
- azurita, jaspe verde

**Sensitividade**
  - estimula
- azurita, coral, jaspe marrom, kunzita, mármore, ônix, pedra da lua, pérola, pérola com madrepérola, rodonita

***Senso comum***
- melhora o racional, a capacidade de integrar informações e intuição
- ágatas, amazonita

***Sensualidade***
- estimula
- kunzita, Fórmula 5 – Carisma, Sensualidade

***Sentidos***
- Audição
- âmbar, cianita, ônix, rodonita
- Paladar
- topázio
- Olfato
- jaspe verde
- Tato
- cornalina
- Visão
- ágata, água-marinha, ametista, berilo, cianita, esmeralda, malaquita, obsidiana, olho-de-falcão, olho-de-gato, olho-de-tigre, peridoto, turquesa

***Sentimentos, não expressão de, secura afetiva***
- ônix

***Servir ao outro, tendo consciência de si mesmo***
- granada, malaquita

***Sexualidade***
- canaliza para a criatividade a energia sexual exacerbada
- lápis-lazúli + opala + quartzo-cristal + rubi
- conflitos
- ágata-de-fogo, crisoprásio, diamante, fluorita, ouro, platina, prata, quartzo-rosa, turmalina rubelita
- trabalha questões de identidade sexual
- ágata-de-fogo
- aumenta o apetite sexual (em homens e mulheres)
- epídoto, granada vermelha, Fórmula 5 – Carisma, Sensualidade
- sensualidade, estimula; afrodisíaco
- diamante, kunzita, Fórmula 5 – Carisma, Sensualidade
- desordens psicológicas
- granada vermelha
- problemas sexuais, melhora o desempenho sexual
- ágata-de-fogo, granada, hidenita, mica, quartzo-rosa, Fórmula 5 – Carisma, Sensualidade
- equilibrar a energia dos rins: âmbar + enxofre + esmeralda + quartzo-citrino
- impotência

- cornalina, granada, hidenita, mica, quartzo-negro, Fórmula 5 – Carisma, Sensualidade
  - em situações em que a perda do poder na vida afeta também a atividade sexual; impotência parcial ou total, por somatização, após perda do poder
- mica
  - órgãos sexuais do sexo masculino e feminino, fortalecimento
- cornalina
  - disfunções sexuais de fundo psicológico, por ansiedade
- âmbar, diamante, granada vermelha
  - exacerbada, ninfomania, traz contenção, equilíbrio
- ônix
  - disciplina sexual
- olho-de-tigre, ônix
  - doenças sexualmente transmissíveis
- ametista, crisoprásio, granada
  - frigidez; dificuldade em compartilhar o prazer
- turmalina rosa + Fórmula 5 – Carisma, Sensualidade + Fórmula 13 – Woman
  - ativa o poder de atração, melhorando a relação com o prazer
- âmbar
  - mulheres com dificuldade em encarnar sua sexualidade; o prazer além do aspecto sexual também
- jaspe verde

***Signos***

  - Aquário – 21/1 a 18/2
- água-marinha, crisoprásio, granada, lápis-lazúli
  - Peixes – 19/2 a 20/3
- água-marinha, ametista, crisoprásio, fluorita, opala, pedra da lua, turmalina verde
  - Áries – 21/3 a 20/4
- ágata-de-fogo, ametista, cornalina, granada, topázio, turmalina rosa
  - Touro – 21/4 a 20/5
- água-marinha, esmeralda, kunzita, lápis-lazúli, quartzo-rosa, safira
  - Gêmeos – 21/5 a 20/6
- ágata, ágata Botswana, ágata-de-fogo, crisocola, crisoprásio, safira, topázio
  - Câncer – 21/6 a 22/7
- crisoprásio, esmeralda, opala, pedra da lua, rodocrosita, turmalina rosa, turmalina verde
  - Leão – 23/7 a 22/8

- ágata-de-fogo, âmbar, cornalina, crisocola, granada, quartzo-citrino, rubi, topázio, turmalina rosa
  - Virgem – 23/8 a 22/9
- ágata-de-fogo, amazonita, âmbar, cornalina, crisocola, quartzo-citrino, safira
  - Libra – 23/9 a 22/10
- água-marinha, esmeralda, kunzita, opala, pedra da lua, peridoto, safira, turmalina rosa
  - Escorpião – 23/10 a 21/11
- água-marinha, esmeralda, granada, malaquita, obsidiana, pedra da lua, rubi, turmalina verde
  - Sagitário – 22/11 a 21/12
- ametista, azurita, lápis-lazúli, rubi, sodalita, topázio, turmalina rosa
  - Capricórnio – 22/12 a 20/1
- ágata-de-fogo, âmbar, ametista, cornalina, peridoto, rubi, safira, turmalina verde
  - Pedras para qualquer um dos signos
- azurita/malaquita, coral, diamante, jade, jaspe-sanguíneo, pérola, quartzo-cristal, quartzo-fumê, quartzo-rosa, turmalina melancia, turquesa

### Silicone, melhor absorção
- olho-de-tigre

### Sinapses neurológicas, estimulador das
- amazonita

### Síndrome de Down (Mongolismo)
- cianita, crisocola, kunzita, Fórmula 4 – Aprendizado, Memória
  - para melhor resposta intelectual, estimular a energia do baço: azurita + calcedônia + calcita + enxofre

### Síndrome do Pânico
  - fortalece a energia dos "rins", "pulmões" e "intestino grosso" (*Veja esses órgãos*): azurita/malaquita + marfim + sodalita

### Síntese
  - poder de síntese; capacidade de ser concisa nas colocações
- fluorita, olho-de-tigre, rubi-estrela
  - melhora a capacidade de síntese, alia a informação com a intuição
- amazonita
  - ajuda a liberar a mente de pensamentos triviais, quando se está cheio de informações ou estímulos exteriores para se digerir
- cornalina
  - para quem fala demais: sedar a energia do coração
- apatita, berilo, jade, kunzita, quartzo-rosa, rubi-estrela

***Sintonia com os demais***
- jade

***Sinusite***
- ágata-musgo, água-marinha

***Sistema capilar***
- enxofre, Fórmula 12 – Hair Care

***Sistema cardíaco***
- ágata-musgo

***Sistema circulatório***
- ágata Botswana, ágata-musgo, aventurina, berilo, calcedônia, coral, esmeralda, granada vermelha, jaspe-sanguíneo, kunzita, madeira petrificada, malaquita, marfim, pedra da lua, pirita, quartzo-citrino, quartzo-cristal, quartzo-rosa, rubi, rubi-estrela, safira, turquesa
  - melhora o fluxo sanguíneo
- coral, marfim, quartzo-cristal, quartzo-rosa, rubi
  - má circulação em alguma parte do corpo; nas extremidades
- fluorita, rubi
  - para os que sentem muito frio
- jaspe-sanguíneo
  - má circulação, frio nos membros inferiores e superiores: equilibra a energia dos pulmões
- berilo + crisocola + malaquita + quartzo-rosa

***Sistema digestivo***
- ametista, jaspe verde, quartzo-citrino, topázio, turquesa
  - ativa as glândulas do sistema digestivo
- ágata azul rendada, quartzo-citrino
  - doenças do aparelho digestivo
- crisocola

***Sistema do esqueleto (Veja "Ossos")***

***Sistema endócrino (Veja ainda "Metabolismo")***
- ágata-de-fogo, água-marinha, âmbar, apatita, enxofre, jaspe verde, ouro
  - protege o órgão afetado e neutraliza a energia negativa
- âmbar, Fórmula 7 – Limpeza Energética, Proteção
  - desequilíbrio metabólico
- ametista, apatita

***Sistema glandular***
- água-marinha

***Sistema imunológico***
- ametista, enxofre, esmeralda, jade, lápis-lazúli, obsidiana, quartzo-azul, quartzo-rutilado, turmalina negra
  - estimula

- jaspe, jaspe-sanguíneo, quartzo-rutilado
  - fortalece
- cobre, jaspe marrom, quartzo-azul, turmalina negra

**Sistema linfático**

- ágatas, berilo, esmeralda, lápis-lazúli, quartzo-citrino
  - fortalece células linfáticas
- quartzo-citrino
  - combate o câncer no sistema linfático, a nível energético
- sodalita

**Sistema motor (Veja ainda "Coordenação motora")**

- ametista, apatita

**Sistema muscular**

- lápis-lazúli, madeira petrificada, quartzo-citrino, quartzo-fumê
  - fortalece particularmente o músculo cardíaco
- abalone, azurita/malaquita, quartzo-citrino, quartzo-fumê
  - distrofia muscular, fraqueza muscular
- azurita/malaquita, basalto, quartzo-citrino
  - debilidade ou atrofia muscular: estimula a energia do baço
- âmbar + azurita + jaspe-sanguíneo + malaquita
  - relaxante muscular
- enxofre, olho-de-tigre
  - *stress* muscular
- turquesa
  - miastenia – fortalece o sistema muscular
- basalto
  - estimula os tecidos musculares e neurológicos
- aventurina
  - nos casos de degeneração dos tecidos musculares e ossos, principal-mente devido a radiação
- apatita

**Sistema nervoso central, sistema neurológico**

- ágata-musgo, âmbar, ametista, malaquita, morganita, ônix, opala, quartzo-cristal, quartzo-fumê
  - descargas neurológicas
- diamante, esmeralda
  - remove bloqueios energéticos
- ágata azul rendada
  - equilibra, acalma
- amazonita, ametista
  - combate todas as desordens do sistema neurológico

- esmeralda, ônix
  - regeneração celular dos tecidos neurológicos
- ágata Botswana, malaquita, ouro

**Sistema parassimpático**

- quartzo-azul

**Sistema reprodutor (útero, ovário, testículos....)**

  - masculino/feminino, estimula
- amazonita, basalto, cornalina, crisoprásio, jaspe-sanguíneo
  - fortalece
- azeviche, cornalina, crisoprásio, jaspe-sanguíneo
  - disfunções
- olho-de-tigre, quartzo-citrino, rubelita, rubi, topázio do Rio Grande (colocar no 2º chakra, baço)
  - órgãos reprodutores femininos
- pedra da lua, Fórmula 13 – Woman

**Sistema respiratório**

  - estimula
- aventurina, cianita, jaspe verde, pirita
  - combate a falta de ar
- ágata Botswana, calcedônia

**Sistema simpático**

- ametista

**Sistema urogenital**

- aventurina

**Soldados da ativa**

- quartzo-fumê, Fórmula 7 – Limpeza Energética, Proteção

**Solidão**

  - alivia a sensação de solidão, ajuda a conviver bem consigo mesmo
- quartzo-rosa

**Sonambulismo**

  - ajuda a controlar as manifestações
- ágatas; topázio

**Sonhos**

  - indução
- azurita, diamante, jaspe marrom, madrepérola, pérola com madrepérola
  - aumenta o número de sonhos
- azurita, azurita/malaquita, calcedônia
  - facilita a interpretação
- ametista

- – perturbadores (*Veja ainda "Pesadelos"*)
- cianita
  - – proféticos
- jaspe-sanguíneo
  - – ajuda a extravasar conflitos interiores através dos sonhos
- azurita

**Sono (Veja ainda "Insônia")**
- – falta de
- ametista, diamante, safira, topázio
  - – perturbações do sono, melhora o sono
- ametista, aventurina, cianita, jaspe marrom
  - – permite um sono mais tranquilo
- diamante, malaquita
  - – pessoa que acorda cedo e não consegue dormir de novo: estimula a energia da vesícula biliar
- âmbar + calcedônia + enxofre + jaspe verde

**Sorte**
- – no amor, nos jogos
- aventurina
  - – para atrair sucesso em assuntos legais, de casamento
- ônix
  - – proteção contra más influências
- ametista
  - – atrai boa sorte
- diamante, opala, safira, turquesa, Fórmula 8 – Prosperidade, Boa Sorte

**Stress**
- – em geral, diminui
- ágatas, água-marinha, âmbar, ametista, apatita, berilo, crisocola, crisoprásio, esmeralda, fluorita, jaspe, lápis-lazúli, malaquita, ônix, pérola com madrepérola, safira, sodalita, turquesa, Fórmula 9 – Harmonia, Equilíbrio
- ametista, lápis-lazúli, safira, sodalita: aplicar uma dessas pedras sobre o 6º chakra, frontal
  - – mental agudo
- ônix
  - – mental
- ágatas, água-marinha, âmbar, apatita, aventurina, azurita/malaquita
  - – emocional
- apatita, opala
  - – relacionado com obesidade ou que leva à obesidade

- ônix, Fórmula 2 – Emagrecimento
  - reduz o *stress*, através da modificação de comportamento, aprendendo a fazer apenas o necessário em cada situação
- berilo
  - devido a medo ou culpa
- crisocola
  - alivia os sintomas
- âmbar, apatita, aventurina, berilo, crisocola, lápis-lazúli, ônix
  - dissolve tanto o *stress* físico quanto mental
- azurita/malaquita, diamante, malaquita, safira
  - ajuda a repor as energias nos períodos de tensão, *stress* por esforço físico ou mental
- ágatas
  - muscular
- basalto, turquesa

**Subconsciente**

- limpeza
- crisocola, jaspe marrom, pedra da lua, peridoto, prata, sodalita
  - auxilia a alcançar material guardado no subconsciente, examinando-o de maneira objetiva; disponibiliza melhor os recursos internos; traz *insights*
- azurita

**Sucesso**

- granada, olho de gato, Fórmula 8 – Prosperidade, Boa Sorte

**Suicídio, tendência ao**

- ouro, quartzo-citrino

**Superficialidade**

- ágata, olho-de-gato, olho-de-tigre

**Superioridade, sentimento de, complexo de**

- platina

**Superstição**

- esmeralda, olho-de-gato, olho-de-tigre, quartzo-rosa

**Suporte no preparo de formulário de elixires**

- diamante


# T

**Talentos**

- permite a manifestação de talentos ocultos
- crisoprásio

- desenvolve o potencial, os talentos, em grau de excelência
- rodonita

**Talismã**
- preparo
- âmbar

**Tantrismo**
- ametista, jaspe-sanguíneo, pérola com madrepérola, turmalina (azul, melancia, negra, rubelita e verde)

**Tato**
- cornalina

**Tecido gorduroso**
- Fórmula 2 – Emagrecimento
  - diminui as toxinas
- malaquita

**Tecido muscular**
  - espasmos (câimbras)
- amazonita
  - fortalece
- aventurina, morganita
  - regenera
- apatita (especialmente se danificado por ação de radiação)

**Tecidos celulares, regeneração (Veja ainda "Regeneração dos Tecidos")**
- abalone, ágata Botswana, ágata-de-fogo, coral, jaspe, madeira petrifica-da, marfim, ônix, quartzo-citrino, topázio, Fórmula 3 – Rejuvenescimento
  - do fígado, baço e rins
- água-marinha, ônix
  - limpeza dos tecidos celulares
- enxofre

**Tecidos neurológicos**
- jaspe
  - estimulação
- aventurina
  - elimina a doença dos tecidos afetados e neutraliza a energia negativa
- âmbar

**Tela mental, criação**
- madeira petrificada + marfim; quartzo-cristal, quartzo-rutilado

**Telepatia**
- água-marinha, berilo, safira

**Tendões**
  - estimula, fortalece
- enxofre, turquesa

- rígidos: estimula a energia do fígado
- azurita/malaquita + granada vermelha + jaspe-sanguíneo + jaspe verde + peridoto

**Tensão nervosa**
- apatita, berilo, crisocola, crisoprásio, diamante, lápis-lazúli, opala, ouro, peridoto, quartzo-cristal, quartzo-rosa, rubi, topázio, turquesa
  - tensão, principalmente nos olhos, que leva a enxaqueca
- aventurina
  - nos olhos, que embaça a visão
- safira
  - que pode levar a gastrite ou úlcera gástrica
- malaquita
  - acumulada na laringe, pescoço, ombros
- ágata azul rendada, amazonita, lápis-lazúli
- estimula a energia da vesícula biliar e fígado: ágata azul rendada + água-marinha + cianita + jaspe-sanguíneo + jaspe verde
  - na nuca
- hematita, jaspe-sanguíneo
  - especialmente as ligadas à figura paterna
- quartzo-rosa, rubi
  - tensão pré-menstrual

**Tentação, sedução**
- esmeralda

**Terapeutas**
  - ajuda no reconhecimento da origem da doença; amplia a habilidade de cura
- ametista, azurita, hidenita, quartzo-cristal, turquesa
  - equilibra o campo áurico do curador, despertando forças intuitivas e clarividência
- jaspe verde
  - auxilia no equilíbrio dos terapeutas
- ágata-de-fogo – deve ser esfregada no corpo também, em cremes, por exemplo
  - aguça a intuição a respeito das próprias emoções; em situações contratransferenciais
- água-marinha
  - focar a concentração
- calcita
  - ajuda a entender melhor o caráter das pessoas
- ágatas

**Terapia de vidas passadas (Veja "Regressão")**

**Terapias em geral**

- – ajuda o indivíduo a ter mais tranquilidade e atitude positiva frente à vida:
- • aventurina
  - – auxilia nos processos terapêuticos, melhorando a capacidade do paciente de ter *insights*, trazer à tona conteúdos guardados no inconsciente; traz maior clareza a respeito dos próprios recursos internos
- • azurita, jaspe marrom, madeira petrificada, turmalina negra
  - – traz à tona problemas ocultos
- • ágata-de-fogo
  - – ajuda a remover bloqueios do inconsciente que dificultam a cura
- • hidenita, madeira petrificada
  - – ajuda a suavizar situações difíceis
- • ágata-de-fogo, quartzo-rosa
  - – aguça a intuição, permitindo interpretar melhor as próprias emoções
- • água-marinha
  - – de regressão
- • jaspe, madeira petrificada, olho-de-tigre, opala
  - – leva à compreensão da causa do problema, em vez de ficar só no sintoma
- • ametista
  - – hipnoterapia – auxilia no processo
- • azurita
  - – craniossacral
- • diamante
  - – corporal – ajuda no *grounding*
- • malaquita
  - – radioativas – promove a limpeza residual
- • quartzo-citrino
  - – quimioterapia – ajuda a repor os cabelos, que caem por efeito colateral
- • Fórmula 12 – Hair Care + Fórmula 11 – Limpeza dos Karmas Familiares

**Terceira visão, terceiro olho – amplia, estimula (Veja "Clarividência", "Vidência")**

- • lápis-lazúli, olho-de-tigre

**Testículos**

- • crisoprásio, diamante, jaspe-sanguíneo

**Testosterona**

- – diminui o nível
- • lápis-lazúli + opala + quartzo-cristal + rubi

**Timidez**
- – auxilia a tomar atitudes; boa para comunicação; desinibe
- cianita, jade, lápis-lazúli
  - – desinibe a fala, dá coragem para se expressar
- cianita, cornalina, lápis-lazúli
- estimula a vesícula biliar: âmbar + calcedônia + enxofre + jaspe verde
  - – trabalha o orgulho que está no fundo da timidez
- aventurina, lápis-lazúli

**Timo (Veja "Glândula Timo")**

**Tireoide (Veja "Glândula Tireoide")**

**Tolerância**
- – ajuda a ter mais tolerância, a aceitar as personalidades irritadiças, difíceis
- água-marinha, apatita, enxofre

**Tontura**
- lápis-lazúli, quartzo-cristal

**Tórax**
- – "peito de pombo": deficiência na energia dos rins
- apatita

**Torcicolo**
- – alivia
- ágata-musgo

**Tosse**
- água-marinha, quartzo-rosa (tomar e passar no peito)

**Toxinas**
- – remoção, limpeza
- ágata-musgo, água-marinha, calcita amarela/laranja, esmeralda, jade, jaspe marrom, lápis-lazúli, marfim, peridoto, quartzo-azul, quartzo-cristal, safira, turquesa
  - – em disfunções intestinais e do apêndice
- quartzo-citrino
  - – através dos poros
- água-marinha
  - – do sangue, limpeza
- jade, jaspe-sanguíneo
  - – da geladeira, dos alimentos guardados
- manter um pequeno pedaço de lápis-lazúli no refrigerador
  - – elimina, dos tecidos musculares
  - – diminui, dos tecidos gordurosos
- coral
- malaquita
  - – do fígado, elimina

- jaspe-sanguíneo
  - remoção de toxinas – apendicite, gangrena, problema intestinal
- quartzo-citrino

**TPM – Tensão Pré-Menstrual (Veja "Menstruação")**
  - que pode levar a doenças psicossomáticas; doenças criadas pela tensão
- sodalita

**Trabalho (Veja "Escritório": "Profissões")**

**Tranquilidade emocional**
- aventurina, hematita

**Transferência**
  - de suas propriedades para um elemento orgânico
- âmbar

**Transformação interior**
  - para desenvolver uma personalidade mais agradável
- ônix
  - para desenvolver uma personalidade mais amável
- quartzo-rosa

**Transtorno bipolar (PMD)**
- azeviche, kunzita

**Trato circulatório (Veja "Sistema circulatório")**

**Trato digestivo**
- ametista, crisocola, quartzo-citrino, safira

**Trato intestinal**
- crisocola, obsidiana, pedra da lua, quartzo-cristal
  - promove a limpeza
- berilo, crisocola, quartzo-citrino
  - prisão de ventre; remove as toxinas em disfunções intestinais
- quartzo-citrino
  - favorece a regeneração do trato intestinal, da floral intestinal
- safira
  - problemas com trato intestinal: equilibra a energia dos rins
- âmbar, enxofre, esmeralda, quartzo-citrino

**Traumas**
- obsidiana
  - libera registros de traumas recentes ou de passado remoto
- malaquita, Fórmula 11 – Liberação dos Karmas Familiares
  - físicos
- rodonita

**Traumatismo**
- quartzo-rutilado
  - ajuda o indivíduo a ter mais tranquilidade e atitude positiva frente à vida
- aventurina, Fórmula 6 – Alto-Astral

**Tristeza, saudade**
  - diminui
- ametista, calcita amarela/laranja, enxofre, jaspe verde, quartzo-rosa, Fórmula 6 – Alto-Astral
  - alivia a sensação de peso: ativa a energia dos pulmões
- ágata Botswana + ágata-musgo + âmbar + morganita + pedra da lua + quartzo-rosa

**Tromboflebite**
- ametista, coral, quartzo-cristal, topázio

**Trombose venosa**
- ametista, coral, quartzo-cristal, topázio

**Trompas**
- berilo, crisoprásio

**Tuberculose**
- pedra da lua, pirita
  - miasmas da tuberculose
- lápis-lazúli, quartzo-azul

**Tumores, tratamento**
  - oxigenação
- ágata Botswana
  - quando surgem, é porque a energia do fígado está estagnada; estimula
- jaspe-sanguíneo + jaspe verde + peridoto

# U

**Úlcera**
- crisocola, jaspe verde, ônix, quartzo-cristal
  - abdominal
- jaspe verde, quartzo-cristal
  - gástrica
- crisocola, malaquita
  - úlcera varicosa
- ametista, coral, quartzo-cristal, topázio

**Unhas**
  - fortalecimento, crescimento
- ágata azul

- fracas, com listinhas verticais: trata a deficiência da energia do fígado
- ágata azul rendada + calcita + jaspe verde + madeira petrificada + quartzo-rosa
  - roer unhas
- ônix + quartzo-citrino + Fórmula 10 – Amor, Autoestima

**União na vida, amor duradouro, fidelidade**

- safira azul, Fórmula 10 – Amor, Autoestima

**Urina**

  - alteração: verificar o baço
- água-marinha + âmbar + calcedônia + jaspe-sanguíneo

**Útero**

- ágatas, berilo, jaspe marrom, jaspe-sanguíneo, jaspe verde
  - fibroma
- jaspe verde

# V

**Vagina**

  - secreção: equilibra a energia do baço
- enxofre + jade + peridoto

**Varicose (Veja "Varizes")**

**Varizes**

- ametista, coral, jaspe-sanguíneo, quartzo-cristal, topázio, topázio azul

**Vasos sanguíneos**

  - contração
- coral, quartzo-rosa
  - melhora a flexibilidade
- ágatas, fluorita
  - melhora a circulação do sangue
- coral, fluorita, jaspe-sanguíneo, quartzo-cristal

**Veias cansadas**

- coral, topázio

**Velhice**

- Fórmula 3 – Rejuvenescimento
  - ajuda os idosos na aceitação do próprio corpo; descoberta da possibilidade de prazer e sensualidade mesmo na velhice
- jaspe verde, quartzo-azul, quartzo-rutilado, Fórmula 5 – Carisma, Sensualidade
  - combate a senilidade, perda de memória

- madeira petrificada, Fórmula 3 – Rejuvenescimento, Fórmula 4 – Aprendizado, Memória
  - manchas senis nas mãos
- pirita
  - alivia sintomas de doenças causadas por velhice
- topázio, Fórmula 3 – Rejuvenescimento
  - combate o medo de envelhecer
- quartzo-azul

**Veneno, antídoto**
- esmeralda

**Verdade**
  - ajuda a manifestar a verdade
- crisoprásio
  - pessoas que mentem muito
- crisoprásio

**Vergonha**
  - elimina, estimulando e aumentando a expressão pessoal
- lápis-lazúli

**Vertigem**
- âmbar, quartzo-cristal

**Vesícula biliar**
  - fortalecimento
- jaspe verde
  - traz alívio para os problemas com a vesícula biliar
- âmbar, calcedônia, enxofre

**Vibrações que desarmonizam**
- quartzo-cristal, rubi

**Vícios, libertar-se dos**
- pedra da lua
  - fumo, ajuda a eliminar as toxinas
- ágata Botswana
  - modificação dos hábitos alimentares
- pedra da lua, Fórmula 2 – Emagrecimento

**Viço, jovialidade**
- esmeralda

**Vidas passadas (Veja ainda "Regressão")**
  - terapia de regressão: ajuda a descobrir experiências de vidas passadas
- crisoprásio, jade, jaspe, madeira petrificada, peridoto
  - talentos de vidas passadas, ajuda a trazer à tona
- crisoprásio, diamante Herkimer, jade, jaspe marrom, madeira petrificada

- – ajuda a remover bloqueios antigos, registrados nos corpos sutis
- âmbar, fluorita, madeira petrificada, Fórmula 11 – Liberação dos Karmas Familiares

**Vidência**
- água-marinha, azeviche, azurita, azurita/malaquita, esmeralda, granada, jaspe marrom, jaspe verde, lápis-lazúli, olho-de-tigre, quartzo-rutilado, safira

**Vinculação**
- – fortalece o vínculo mãe-filho
- calcedônia

**Violência**
- ametista

**Viroses**
- âmbar, fluorita

**Virtudes**
- basalto, diamante, ouro

**Visão (Veja também "Olhos")**
- – problemas
- ágata, água-marinha, ametista, apatita, aventurina, berilo, calcedônia, coral, crisoprásio, diamante, esmeralda, malaquita, obsidiana, olho-de-falcão, olho-de-gato, olho-de-tigre, peridoto, safira, turquesa
- ágata: tomar e/ou fazer compressas – sete gotas em um pouco de água destilada
- água-marinha, colírio: sete gotas em 15 ml de água destilada
- esmeralda: além de tomar, fazer compressas
  - – cansada
- esmeralda
  - – catarata
- âmbar, ametista, coral, diamante, esmeralda, turquesa
  - – agrava a visão interna e externa
- berilo, obsidiana, olho-de-falcão, olho-de-tigre
  - – amplia a visão interior
- azurita
  - – melhora acuidade visual
- olho-de-falcão + topázio
  - – clareza
- ágata-de-fogo
  - – em forma de colírio ou compressas
- água-marinha, em forma de colírio – sete gotas da solução estoque em 15 ml de água destilada, bater bem no fundo
  - – daltonismo

- ametista
  - melhora os humores aquosos, que podem causar distorção na visão
- calcedônia + topázio
  - melhora a visão prejudicada pela tensão
- berilo + crisoprásio + safira-estrela
  - ajuda a enxergar e distinguir melhor o caráter das pessoas
- ágatas

**Visualização criativa (Veja ainda "Formas-pensamento")**
- aventurina, peridoto, quartzo-cristal
  - favorece os resultados
- ametista, azurita, jaspe marrom, marfim, sodalita

**Vitalidade (Veja ainda "Sistema Imunológico")**
  - aumenta
- ágata, aventurina, hematita
  - baixa – estimula a energia dos rins
- apatita

**Vitaminas, assimilação de (Veja "Assimilação")**

**Vítima**
  - pessoa que se sente vítima
- calcita + fuchsita

**Vitiligo**
  - Fórmula 10 – Amor, Autoestima + Fórmula 11 – Liberação dos Karmas Familiares (*se deseja entre em contato conosco para outras orientações*)

**Viúvas, ajuda a achar um novo companheiro**
- granada

**Vocação (Veja ainda "Direito de Vida")**
  - desenvolve em grau de excelência seus talentos
- rodonita
  - dá a direção na vida, com base no chamado da alma
- crisocola, quartzo-cristal
  - dá força, energia e melhor conexão com o plano espiritual para realizar a tarefa que sente como o seu chamado para esta existência
- safira

**Vontade própria, fortalece**
- granada vermelha, quartzo-citrino, quartzo-cristal
  - traz força de vontade para alcançar as metas, sem desanimar: equilibra os rins
- berilo + calcita + jaspe marrom + kunzita + quartzo-cristal + quartzo-fumê

**Voz**
  - criatividade pela palavra
- cianita, esmeralda

- estabiliza energias; ótimo para músicos, vocalistas
- rodonita
  - fortalece
- cianita, cornalina, rodonita
  - perda da voz
- cianita
  - fina, fortalece
- cornalina
  - melhora a expressão verbal
- apatita
  - enfraquecida: estimula a energia dos pulmões
- âmbar + esmeralda + fluorita + malaquita + quartzo-rosa + rodonita
  - baixa: pulmões estão debilitados energeticamente
- aventurina + berilo + crisocola + malaquita + quartzo-rosa
  - abafada: pulmões estão obstruídos energeticamente
- ágata Botswana + ágata-musgo + âmbar + fluorita + pedra da lua

# X
**Xamã, xamanismo**
- dá poder ao xamã, protege, afasta energias negativas
- turquesa, Fórmula 7 – Limpeza Energética, Proteção

**Xixi na cama (Veja "Enurese noturna")**

# Y
**Yang**
- acentua qualidades yang
- obsidiana

**Yin, energia feminina, passiva**
- acentua qualidades yin
- quartzo-azul

**Yin-Yang**
- equilíbrio das energias
- calcita amarela/laranja, olho-de-tigre, quartzo-cristal; obsidiana + quartzo-azul

# Guia rápido
# resumo-referencial para as
# "Cartas Terapêuticas Dharma"

## Abalone

- Para os muito indecisos, porque analisam todos os ângulos da questão; mas, depois que decidem, são eficientes no pôr em prática
- Traz equilíbrio e rapidez nas tomadas de decisão
- Desenvolve harmonia nos grupos e espírito de equipe
- Atua na deficiência de cálcio
- Ajuda na digestão; para quem tem digestão lenta
- Eczema no ouvido

## Ágata Azul Rendada

- Libera sentimentos de raiva reprimidos
- Desenvolve a autenticidade e senso prático; ajuda a criar o próprio estilo
- Para quem usa muitas máscaras sociais, por não se sentir bem consigo mesmo – Falsa *persona*
- Ajuda na regeneração celular
- Bom para quem sente inveja dos outros, pois este sentimento desbalanceia a energia de quem o tem
- Unhas fracas, quebradiças

## Ágata Botswana

- Pensar em como está a relação de troca, do afeto, na vida pessoal, no trabalho, na comunicação
- Bom para ancorar pessoas desligadas
- Combate a moleza, a letargia
- Ajuda na regeneração dos tecidos celulares
- Auxilia na limpeza dos pulmões, para quem parou de fumar e melhora a capacidade respiratória

## Ágata-de-Fogo

- Ajuda a clarear a confusão de papéis quanto à sexualidade
- Bom nas fases de transição: adolescência, crise dos 30 anos, menopausa
- Estimula a memória celular, melhorando a regeneração dos tecidos
- Muito bom para ser usado em massagens
- Contra picada de insetos

## Ágata-Musgo

- Para aprender a soltar os velhos conceitos e abraçar o novo que chega
- Libera o registro das doenças genéticas nos corpos sutis
- Nas Terapias de Vidas Passadas ajuda a identificar e limpar o bloqueio existente
- Indicado nos quadros de frustração crônica
- Agressividade reprimida, para quem "prende" a raiva, congestionando o organismo
- Combate a calvície e a sinusite

## Água-Marinha

- Dissolve os medos irracionais, que podem paralisar a ação na vida
- Traz centramento em meio às mais diversas responsabilidades
- Ajuda a dar uma direção à vida
- Combate pensamentos repetitivos, o *stress* mental
- Fortalece o sistema imunológico
- Bom para os olhos e a garganta
- Equilibra o 5º chakra, laríngeo
- Hemisfério direito do cérebro, glândulas pineal e pituitária

## Amazonita

- Melhora a capacidade de síntese e a criatividade
- Alia as informações disponíveis à intuição
- Amplificador poderoso dos efeitos dos remédios vibracionais – elixires de cristal, essências florais
- Elimina o medo de experiências extrassensoriais
- Excelente nos desequilíbrios hormonais na adolescência, na menopausa. TPM
- Relaxante muscular

## Âmbar

- Trabalha na liberação de bloqueios emocionais, inclusive com origem em vidas passadas, registrados nos corpos sutis
- Combate a ansiedade
- Reequilibra energeticamente a vesícula biliar
- Desenvolve um toque especial, de originalidade

## Ametista

- Libera as mágoas guardadas, raiva, ódio, emoções fortes
- Devolve a doçura da vida, no corpo emocional. No corpo físico, ajuda nos quadros de diabete
- Ajuda na liberação dos karmas familiares, através do perdão a si mesmo em primeiro lugar, estendendo esse sentimento a todos que estão ao redor
- Promove a modificação da faixa vibratória, elevando o nível das energias
- Traz uma sensação de calmante "acolchoamento" emocional nas terapias, quando se está lidando com questões difíceis ou delicadas
- Bom para crianças hiperativas

## Apatita

- Para aqueles que necessitam estar sempre no controle das situações, que querem ser considerados e ter poder nas suas relações
- Trabalha a aceitação do outro como ele é, a indulgência bem equilibrada
- Traz objetividade ao pensamento
- Combate a hipertensão
- Indicado nos casos de gagueira

## Aventurina

- Para pessoas rígidas, que não se permitem errar
- Trabalha o orgulho que impede a elevação espiritual e dificulta os relacionamentos
- Para os muito tímidos, porque timidez também é orgulho: eu não posso errar
- Para quem tem dificuldade em se abrir; ajuda no processo psicoterapêutico
- Nas codependências afetivas
- Ajuda a assumir riscos de forma positiva
- Para os que têm medo de se lançar na aventura da vida
- Elimina medos, principalmente os originados antes dos 7 anos de idade
- Desenvolve mais tranquilidade e atitudes positivas frente à vida

## Azeviche

- Trabalha a limpeza de mágoas inconscientes
- Para eliminar a dor emocional que obscurece, empana o brilho da alma
- Ajuda a desenvolver a clarividência
- Dá apoio efetivo nas depressões severas, no quadro maníaco-depressivo
- Combate a ansiedade
- Na jardinagem, ajuda no crescimento e desenvolvimento das plantas

## Azurita

- Para os que estão com dificuldade em enxergar a realidade como ela é, porque preferem continuar se apoiando em algo que na verdade não existe, para não terem que fazer mudanças na vida
- Quando há um sentimento de não conformação, de indignação com algo que fica mal elaborado
- Quando o "contrato" do casamento mudou e o casal não consegue discutir as novas bases em que o relacionamento tem que se firmar para continuar existindo
- Melhora a capacidade de tomar decisões equilibradas

## Azurita/Malaquita

- Ajuda a quebrar os padrões compulsivos em geral
- Nas compulsões alimentares, quando a pessoa tenta preencher o vazio interior com a comida, ainda que inconscientemente
- Traz equilíbrio emocional nas situações estressantes
- Dá continência às crianças hiperativas ou indisciplinadas
- Ajuda a desenvolver a clarividência
- Boa para treinamento em projeção astral
- Combate o *stress* físico e mental
- Indicado nos casos de alteração celular de todo tipo

## Basalto

- Traz centramento em pessoas agitadas e desconectadas de seu eixo interior
- Promove estabilidade emocional em todos os processos de mudança
- Dá força para enfrentar as dificuldades e se adaptar ao novo
- Dissipa a raiva e desenvolve um sentimento de solidariedade

## Berilo

- Para personalidades muito críticas, cheias de preconceitos, que julgam os demais

- Estimula o desejo de ser bem-sucedido
- Traz persistência na busca de solução dos problemas da vida
- Exerce proteção energética principalmente no período de gravidez
- Melhora a visão, que pode estar prejudicada pela tensão nervosa
- Equilibra as energias dos órgãos de purificação: fígado, rins, intestinos, linfas
- Com os elixires de esmeralda e lápis-lazúli, é um excelente sedativo
- Indicado nas disfunções da menstruação

## Calcedônia

- Trabalha o vínculo mãe-filho. Bom para este aspecto em todas as etapas da vida: na gravidez, na amamentação, enquanto a criança cresce, na vida adulta
- Traz uma sensação boa de acolhimento – "sinto que as pessoas podem me acolher"
- Indicado para personalidades irritadiças
- Aumenta o número de sonhos e diminui os pesadelos
- Melhora a lactação
- Nas anemias por falta de ferro, sílica e vitamina K, pois estimula a assimilação pelo organismo

## Calcita (amarela/laranja)

- Para aqueles que inconscientemente tem medo do sucesso profissional e sabotam as oportunidades de serem bem-sucedidos
- Personalidades pessimistas
- Combate o medo de estabelecer metas na vida e não conseguir alcançá-las, trazendo coragem
- Homens com dificuldade em assumir a paternidade (ou mesmo o casamento), porque ainda se veem muito no papel de filhos
- Para pessoas com metabolismo lento
- Favorece a boa calcificação dos ossos em crescimento ou nas fraturas

## Cianita

- Promove uma limpeza profunda nos registros dos corpos sutis, das energias investidas em projetos falidos ou que abandonamos sem conclusão
- "Desfragmentador" de energias paradas, elimina pedaços de arquivos inoperantes
- Promove a limpeza de formas-pensamento inadequadas

- Traz força à visualização mental (ou tela mental) que criamos para chegar aos objetivos traçados
- Em quadros psicóticos, com ameaça de cisão da personalidade. Desorganização do eu interior
- Estabelece conexão entre desejo, necessidade e realidade do indivíduo
- Bom contra perturbações do sono

## Coral

- Pensar se a vida está fluindo, com tudo "circulando" de modo saudável
- Ajuda a movimentar o que estava estagnado, projetos parados etc.
- Dissipa os bloqueios energéticos do corpo físico e fortalece o corpo etérico
- Ativa a circulação em geral
- Bom para concentração, ajuda nos casos de dispersão mental ou senilidade
- Excelente estimulador da regeneração dos tecidos
- Indicado nos casos de feridas abertas, com dificuldade de cicatrização
- Auxilia a nutrição celular, favorecendo a absorção de lecitina, vitamina E, sílica e proteína

## Cornalina

- Excelente para pessoas muito ingênuas ou pouco seletivas em suas escolhas amorosas ou de amizade
- Ajuda a incorporar no sentido positivo o "poder pessoal" de cada um, assumindo as rédeas da própria vida
- Ajuda a sentir-se bem no meio em se que vive
- Fortalece os laços de amor familiar e abre o coração para a caridade com o próximo
- Dá ancoramento às pessoas de imaginação exacerbada, mas também estimula a criatividade
- Fortalece a voz e tem efeito purificador contra infecções, reumatismo e nevralgia
- Restaura a energia após gripes e resfriados

## Crisocola

- Indicado nas situações de codependência afetiva
- Imaturidade emocional
- Para mães ou pais que competem com os filhos, em vez de assumirem a posição que lhes cabe
- Para homens que emocionalmente não se sentem preparados para o casamento, a paternidade, o que dificulta a relação familiar

- Raiva, culpa, depressão com fundo de raiva, depressão pós-parto
- TPM (Tensão Pré-Menstrual)
- Hipertensão

## Crisoprásio

- Ajuda a despontar novos talentos no indivíduo
- Atrai dinheiro para bons negócios, sucesso em novos empreendimentos e amigos
- Trabalha a compreensão da inveja
- Indivíduos avarentos, sempre conectados com a falta, egoístas
- Personalidades obsessivas e seus traços secundários: desconfiança, insegurança mascarada, inveja, rigidez de postura
- Quando há um sentimento de alienação com relação ao estar no mundo ou para quem não se sente confortável com o próprio corpo
- Pessoas que mentem muito
- Complexo de culpa e de inferioridade

## Diamante

- Autoestima, alto poder pessoal
- Desbloqueio dos aspectos travados da personalidade
- Atrai prosperidade
- Faz a limpeza de todos os corpos sutis e de todos os miasmas

## Enxofre

- Personalidades muito críticas, implicantes
- Para "desprender" a raiva não expressa, que contamina as relações
- Para pessoas sempre irritadas, mal-humoradas ou rígidas em seus padrões mentais
- Elimina energias negativas – usado em rituais de descarrego e limpeza
- Combate a psoríase, a herpes labial, odores corporais fortes

## Esmeralda

- Traz estabilidade à personalidade, permitindo melhor percepção da realidade, inclusive nos casos de paranoia
- Nas dificuldades com a figura paterna – melhor se usado junto com quartzo-rosa
- Amplia as capacidades psíquicas e a clarividência, particularmente
- Protege os laços de família e cria proteção contra aborto

- Fortalece e refresca os olhos cansados
- Bom para fígado e todo o sistema imunológico

## Fluorita

- Através do desbloqueio energético, faz a saída do plano mental para o prático
- Para os que têm dificuldades em aceitar outros pontos de vista, que não deixam a vida fluir
- Melhora a capacidade de apreender, assimilar e sintetizar novas ideias
- Fortalece os ossos e os dentes

## Granada Vermelha

- Aumenta o magnetismo pessoal e melhora a autoestima
- Indicado contra impotência e na apatia sexual
- Personalidades reclusas e autocentradas
- Combate os miasmas da tuberculose e doenças do fígado e do coração
- Quando há má circulação nas extremidades – mãos e pés frios

## Hematita

- Melhora a autoestima
- Problema de coluna, principalmente lordose – normalmente este problema surge em pessoas que querem "consertar tudo" ao seu redor
- Nos casos de baixa vitalidade física; ajuda a eliminar as toxinas do baço, fígado e rins
- Alivia as tensões físicas, a dor na nuca

## Hidenita

- Nos casos de impotência masculina; nos distúrbios na sexualidade masculina
- Atrai poder pessoal e financeiro
- Traz maior clareza quanto à relação poder sexual x poder pessoal
- Nos reveses (que podem incluir a perda financeira), quando a pessoa não identifica onde errou
- Permite melhor percepção ao terapeuta, dentro do processo diagnóstico
- Dá ancoramento ao trabalho com outras essências de cristais ou florais
- Bom principalmente para os homens, mas também é indicado para mulheres que precisam de mais energia Yang, assumir o poder por si mesmas, de forma equilibrada

## Jade

- Ajuda a colocar as ideias em prática, naqueles que não acreditam que podem realizá-las
- Superar limitações autoimpostas
- Traz rapidez na execução de projetos
- Ajuda a trazer à tona habilidades adquiridas em vidas passadas

## Jaspe Marrom

- Terapia de Vidas Passadas: ajuda a trazer à tona eventos traumáticos que permanecem como bloqueios e dificultam o crescimento do indivíduo
- Nas disfunções da menstruação: cólica, menstruação irregular ou abundante
- Sono agitado, alucinações, estados de desorientação

## Jaspe-sanguíneo

- Traz equilíbrio para aqueles que ou correm riscos desnecessários nas situações, ou não têm coragem de enfrentar a vida
- Desintoxica o fígado com suas vibrações e melhora a circulação sanguínea
- Indicado para os que sentem muito frio
- Alivia problemas com varizes, hemorroidas
- Dá brilho aos cabelos

## Jaspe Verde

- Desenvolve maior percepção das necessidades dos outros. Indicado para as personalidades autocentradas
- Ajuda pessoas mais reservadas (como os nórdicos, os orientais) a se soltarem
- Promove a conexão com a terra, a celebração do mundo físico, o prazer amplo, além do aspecto sexual
- Particularmente bom para mulheres com dificuldade em encarnar sua sexualidade
- Trabalha a aceitação do próprio corpo
- Fortalece os órgãos sexuais, fígado, vesícula, todo o sistema endócrino
- Atua na regeneração geral dos tecidos

## Kunzita

- Traz equilíbrio mental
- Melhora a autoestima num nível mais sutil, ao fortalecer o corpo etérico

- Ajuda o indivíduo a se abrir afetivamente, a ser mais amoroso
- Nos casos de transtorno bipolar, fobias, *stress* físico e mental
- Promove melhor regeneração dos tecidos
- Ativa o sistema cardiovascular

## Lápis-lazúli

- Indicado para os extremamente tímidos, retraídos; vergonha social que paralisa
- Para os que não aceitam que podem errar e, quando isso acontece, ficam se culpando
- Ajuda na descoberta do próprio caminho. Bom para tomar com quartzo-cristal
- Ajuda a tornar mais presente a pessoa "desligada"
- Amplificador de formas-pensamento, sendo ótimo para visualização criativa
- Ajuda na reestruturação celular a nível energético, em casos de cortes

## Madeira Petrificada

- Trabalha a liberação dos karmas familiares
- Terapia de Vidas Passadas
- Ajuda a passar a limpo questões trazidas de outras vidas
- Promove desbloqueio de questões reprimidas no inconsciente
- Para personalidades rígidas, que adotam posturas cristalizadas na vida
- Favorece a regeneração celular e melhora o sistema circulatório

## Malaquita

- Dissipa o falso conflito entre dinheiro e espiritualidade. Atrai a prosperidade
- Combate o medo de mudança e crescimento
- Para quem tem dificuldade em lidar com dinheiro, em cobrar o que é justo por seu trabalho
- Ajuda a reconhecer os verdadeiros desejos e da base para realizá-los
- Para os que abrem mão do seu poder pessoal como forma de demonstrar amor
- Bom para terapia corporal, pois ajuda no *grounding*, a dar "chão"

## Marfim

- Nos medos antigos, arraigados
- Dá centramento, ajuda a achar o eixo interior
- Ajuda a canalizar de forma positiva a força que a raiva dá, para viabilizar projetos de vida
- Para pais que têm dificuldade em estabelecer limites para os filhos

- Pessoas excessivamente extrovertidas: ajuda a dar equilíbrio nesse aspecto
- Trabalha limites, disciplina, frustrações
- Fortalece o esmalte e a estrutura óssea dos dentes

## Mica

- Nos casos de impotência sexual, após uma perda de poder, seja financeiro ou de outra ordem
- Ajuda a recuperar o eixo positivo do poder interior – e financeiro – a partir das próprias experiências já vividas. Permite um bom aproveitamento das vivências passadas.

## Morganita

- Trabalha primordialmente a conexão com a energia angélica
- Facilita a abertura para o plano superior

## Obsidiana

- Livra das energias mais densas: inveja, mau-olhado, espíritos obsessores, ataques espirituais
- Libera a raiva e sentimentos negativos da própria pessoa
- Aguça a visão interna e física

## Olho-de-Falcão

- Traz força para a pessoa ir em busca dos seus sonhos
- Dá aconchego nos estados de carência afetiva
- Ajuda nas codependências e na cura da criança interior
- Melhora a acuidade visual; bom para alinhamento da coluna

## Olho-de-Gato

- Possui as mais altas vibrações de prosperidade, ajudando mesmo a recuperar fortunas perdidas. Faz uma conexão direta com a fonte da abundância cósmica, inesgotável
- Desperta a intuição do melhor caminho a ser percorrido, para chegar à prosperidade

## Olho-de-Tigre

- Para os que se perderam de si mesmos em algum ponto da vida e nem perceberam isso, muitas vezes. Ajuda a fazer o caminho de volta para casa, com otimismo

- Ajuda a superar medo, ansiedade, angústia
- Nos descontroles emocionais, dá contenção
- Ajuda a desenvolver autoconfiança, responsabilidade pela própria vida
- Promove uma modificação nas posturas de desamparo aprendido
- Ótimo nas terapias de regressão
- Muito bom para os olhos, aliviando as tensões na região ocular

## Ônix

- Nos comportamentos compulsivos em áreas diversas: sexo, comida etc.
- Ajuda no controle da ansiedade e das emoções em geral
- Indicado nos casos de *stress* que leva à obesidade
- Traz maior objetividade ao pensamento e às ações
- Quando há comportamentos de exacerbação da sexualidade

## Opala

- Nas situações de *stress* emocional
- Combate a insônia
- Acalma a mente, nos quadros de excitação mental
- Atrai boa sorte, dinheiro, beleza. Ajuda a manifestar a beleza interior
- Fortalece os meridianos e nádis
- Manifesta o que está adormecido dentro da pessoa, suas capacidades

## Pedra da Lua

- Em situações de conflito relacionado com a figura materna
- Para personalidades muito sensíveis ou, ao contrário, muito insensíveis
- Nas dietas de emagrecimento, ajuda a manter o humor e a intenção estáveis
- Ajuda a trabalhar o lado sombra sombrio do indivíduo, por permitir maior introspecção e uma reflexão mais equilibrada sobre suas questões
- Combate a TPM. Nos problemas com a menstruação. Na menopausa

## Peridoto

- Para quem sempre dá desculpas para não enxergar a realidade como ela é
- Trabalha o autoengano, as máscaras que o indivíduo sabe que está usando para se enganar
- Para quem tem medo de fracassar nos novos projetos, por ter medo do desconhecido
- Remove todos os miasmas, se tomado com regularidade e constância

## Pirita

- Personalidades influenciáveis, que acabam se desviando de seu caminho verdadeiro
- Para os que sempre se equivocam na escolha dos parceiros – a pessoa escolhe, escolhe e erra de novo
- Trabalha as frustrações decorrentes de falsas esperanças, principalmente nos relacionamentos sem futuro
- Deve ser guardada na caixa registradora em estabelecimentos comerciais, para atrair bons lucros

## Quartzo-Azul

- Para os que têm medo de envelhecer
- Livra dos miasmas de metais pesados e da tuberculose
- Indicado sempre que há uma baixa no sistema imunológico – ajuda o organismo a ter uma reação pronta

## Quartzo-Citrino

- Para pessoas com tendências autodestrutivas, adultos ou crianças que se machucam muito; crianças que largam a mão dos pais e correm na frente ao atravessar a rua
- Para os que montam armadilhas para si mesmos, criando situações destrutivas para seus relacionamentos pessoais ou profissionais. Nesses casos e melhor ainda se usado junto com calcita
- Acelera o metabolismo, melhorando a digestão
- Trabalha o sistema circulatório, ajuda no rejuvenescimento celular e é indicado no pré e pós-operatório

## Quartzo-Cristal

- Dá foco na direção de vida, centrado no chamado da alma
- Indicado nas orientações vocacionais
- Amplia as formas-pensamento
- Ajuda na iluminação interior
- Ajuda na comunicação com os espíritos da natureza, os elementais, os devas

## Quartzo-Fumê

- Ajuda a alcançar os conhecimentos armazenados no subconsciente
- Desenvolve a autoconfiança

- Ajuda muito no foco, na meditação
- Para alcançar a calma interior, o conhecimento armazenado de muitas vidas
- Para os que têm um ritmo interior mais lento, ajuda no processo de mudança mais gradual
- Faz a limpeza da aura
- Alivia os registros de miasmas: petroquímico e de metais pesados

## Quartzo-Rosa

- Cura, "fechando" as feridas expostas decorrentes de mágoas profundas, tristezas muito grandes
- Ajuda a perdoar e a se superar
- Nos problemas severos com a figura do pai, quando é preciso perdoar e honrar essa figura que permitiu a existência do indivíduo, traz o amor para curar a dor emocional. Muito bom se usado junto com rubi
- Nas carências emocionais, na codependência afetiva, na cura da criança interior
- Livra do falso orgulho. Traz equilíbrio emocional
- Ajuda no culto dos antepassados, na liberação dos karmas familiares

## Quartzo-Rutilado

- Para desenvolver capacidades paranormais como clarividência, telepatia etc.
- Ajuda na regeneração celular
- Elimina todos os miasmas, inclusive o radioativo
- Melhora a resposta do sistema imunológico
- Assimilação geral de nutrientes

## Rodonita

- Ajuda a desenvolver o próprio potencial em grau de excelência, por deixar a pessoa mais "afinada" consigo mesma
- Proporciona a percepção necessária para o desenvolvimento do próprio estilo

## Rubi

- Para pessoas que tiveram problema com a validação paterna, isto é, em situações em que o pai desqualifica o filho, mesmo que isto venha velado, disfarçado de brincadeiras, numa comunicação de duplo vínculo

- Problemas com a *imago* paterna e de ordem familiar
- Desenvolve a autoestima, traz confiança nas tomadas de decisão
- Melhora as habilidades de negociação
- Nos estados de desorientação gerados por decepção

## Safira

- Dá a energia necessária para cumprir seu chamado na vida
- Combate os estados de melancolia, depressão
- Ajuda a conectar-se com o Eu Superior
- Atrai prosperidade
- Combate as tensões oculares
- Atua nas disfunções cerebrais mínimas

## Sodalita

- Ajuda a combater a síndrome do pânico, as fobias, medos inconscientes
- Excelente para os casos de paranoia, desconfiança infundada, sentimentos persecutórios
- Ajuda a desenvolver sentimentos de autoestima, mesmo quando a pessoa se sente muito desqualificada
- Nas codependências afetivas, na cura da criança interior
- Quando há medo de dirigir, de voar

## Topázio

- Ajuda na realização de grandes planos, com autoconfiança
- Para as pessoas avarentas ou invejosas, tendo na raiz desse sentimento o medo de que lhes falte o necessário – combate esse tipo de energia, criando outra sintonia
- Para os que comem além do necessário para estar satisfeito e bem nutrido
- Para quem tem medo do comprometimento nos relacionamentos
- Combate a inclinação para a maledicência e os pesadelos e sonambulismo
- Nos distúrbios alimentares em geral

## Turmalina Negra

- Excelente protetor energético, combate energias negativas, trabalha na quebra de magias e encantamentos. Faz a limpeza astral. Serve para pessoas ou ambientes
- Atua na reconstituição das auras danificadas pela ação prolongada de espíritos obsessores

- Muito bom nas terapias de vidas passadas ou regressão, pois ajuda a trazer à tona informações importantes para o andamento do processo terapêutico

## Turquesa

- Indicado para xamãs, pessoas que lidam com cura, para aumentar o poder de ver além do problema e promover a cura
- Atrai vibrações de amor, beleza
- Atua na regeneração celular e no sistema circulatório

# O poder da oração

Uma oração nada mais é do que uma conversa íntima com a divindade – nossa pequena manifestação divina buscando a comunhão com espíritos de energia superior, independentemente de uma religião em particular.

Alguns buscam o auxílio de um bom intermediário, acreditando que tendo uma recomendação de peso, suas orações serão mais rapidamente ouvidas e atendidas. Outros falam diretamente com o espírito maior que rege o percurso de nossas existências, sob nomes diversos. Outros ainda veem (ou sentem) o divino em cada manifestação sua na natureza.

Seja qual for sua crença ou seu modo de rezar, a verdade é que quando nos colocamos em sintonia com a espiritualidade, nossas preces são sempre ouvidas. Por vezes nossa angústia (ou tristeza ou desespero) pede maior presteza no atendimento, porque não conseguimos ver o plano maior sob o qual nossas atribulações ocorrem. No entanto, o melhor sempre acontece a cada um de nós, mesmo quando não percebemos dessa forma, de imediato.

Estou falando das orações "com pedidos", porque a maioria de nós ora pedindo algo: saúde, proteção, amor, dinheiro, segurança... Esquecemos muitas vezes de orar apenas para agradecer, para melhorar nossa sintonia.

Se nos lembrássemos um pouco de todas as bênçãos que recebemos diariamente, teríamos o coração cheio de gratidão todo o tempo.

Um bom pensamento dirigido ao Alto já contém em si a força de uma oração. No entanto, por vezes podemos precisar de um fio condutor para elevar nossas vibrações. Por exemplo: sempre que houver necessidade de perdoar alguém ou a si mesmo, podemos usar a Oração do Perdão. Mesmo quando ainda não há uma disposição genuína de perdoar, quando o coração reluta em se livrar do ressentimento, repita a Oração do Perdão, ainda que mecanicamente no começo. Depois de alguns dias, você vai notar que um desejo real de perdoar vai surgindo, até que o travo amargo desaparece: suas vibrações se modificaram.

Como ponto de reflexão, para agradecer ou pedir à divindade suas bênçãos, você pode se beneficiar das orações a seguir. Elas são universais em seu significado.

Para começar, você pode meditar um pouco sobre este texto do grande espírito que foi Chico Xavier na última existência:

## Pedimos o que Estamos Enfrentando
*(Fórmula 11 – Liberação dos Karmas Familiares)*

"Nasceste no lar que precisavas.
Vestiste o corpo físico que merecias.
Moras onde melhor Deus te proporcionou,
De acordo com teu adiantamento.
Possuis os recursos financeiros coerentes
Com as tuas necessidades, nem mais, nem menos
Mas o justo para as tuas lutas terrenas.

Teu ambiente de trabalho é o que elegeste
Espontaneamente, para a tua realização.
Teus parentes e amigos são as almas que atraíste,
Com tua própria afinidade.
Portanto, teu destino está constantemente sob teu controle.

Tu escolhes, recolhes, eleges, atrais,
Buscas, expulsas, modificas tudo aquilo
Que te rodeia a existência.
Teus pensamentos e vontades são a chave
De teus atos e atitudes.
São as fontes de atração e repulsão
Na tua jornada e vivência.

Não reclames nem te faças de vítima.
Antes de tudo, analisa e observa.
A mudança está em tuas mãos.
Reprograma tua meta, busca o bem e viverás melhor.

Embora ninguém possa voltar atrás e fazer um novo começo,
Qualquer um pode começar agora e fazer um novo fim."

Chico Xavier

## Oração do Perdão
*(Quartzo-Rosa)*

Declaro que o amor de Deus entra em minha alma agora. Sei quando o amor Dele inunda o meu coração e todo o ressentimento se dissolve.

Eu me perdoo por nutrir algum pensamento negativo e destruidor sobre o outro. Resolvo não fazer mais isso. Sintonizo-me com o Ser Infinito dentro de mim e penso, falo, ajo e reajo do ponto de vista de Deus e de suas leis de amor.

Perdoo a todos (dizer os nomes), plena e livremente. Irradio amor, paz, boa vontade e todas as bênçãos do céu para eles. Eles são livres e eu sou livre. Sei quando perdoei os outros, porque posso recebê-los em minha mente e não há qualquer dor. Pelo contrário, há uma onda de paz e uma bênção em meu coração.

## Salmo 23
*(Crisoprásio)*

O Senhor é o meu pastor, nada me faltará.

Deitar-me faz em verdes pastos, guia-me mansamente a águas tranquilas.

Refrigera a minha alma; guia-me pelas veredas da justiça, por amor de seu nome.

Ainda que eu andasse pelo vale da sombra da morte, não temeria mal algum, porque tu *estás* comigo; a tua vara e o teu cajado me consolam.

Preparas uma mesa perante mim na presença dos meus inimigos, unges a minha cabeça com óleo, o meu cálice transborda.

Certamente que a bondade e a misericórdia me seguirão todos os dias de minha vida;

e habitarei na casa do Senhor por longos dias.

## Salmo 91
*(Turmalina Negra)*

Aquele que habita no esconderijo do Altíssimo, à sombra do Onipotente descansará. Direi do Senhor: *Ele é* o meu Deus, o meu refúgio, a minha fortaleza, e nele confiarei. Porque ele te livrará do laço do passarinheiro, e da peste perniciosa.

Ele te cobrirá com as suas penas, e debaixo das suas asas te confiarás; a sua verdade *será o teu* escudo e rodela.

Não terás medo do terror da noite nem da seta que voa de dia

*Nem* da peste que anda na escuridão, nem da mortandade que assola ao meio-dia.

Mil cairão ao teu lado, e dez mil à tua direita, mas não chegará a ti.

Somente com os teus olhos contemplarás, e verás a recompensa dos ímpios.

Porque tu, ó Senhor, és o meu refúgio! No Altíssimo fizeste a tua habitação. Nenhum mal te sucederá, nem praga alguma chegará à tua tenda.

Porque aos seus anjos dará ordem a teu respeito, para te guardarem em todos os teus caminhos.

Eles te sustentarão nas suas mãos, para que não tropeces com o teu pé em pedra.

Pisarás o leão e a cobra; calcarás os pés contra o filho do leão e o dragão.

Porquanto tão encarecidamente me amou, também eu o livrarei;

pô-lo-ei em retiro alto, porque conheceu o meu nome.

Ele me invocará, e eu lhe responderei;

estarei com ele na angústia; dela o retirarei e o glorificarei.

Fartá-lo-ei com longura de dias, e lhe mostrarei a minha salvação.

## Oração a Santo Antônio para Pedir uma Graça
*(Quartzo-Cristal)*

Poderoso Santo Antônio, lembre-se que o erro, a morte, as calamidades, o demônio, as doenças contagiosas fogem por sua intercessão. Pelo senhor, os doentes recobram a saúde, o mar se acalma, as cadeias dos cativos quebram-se, os estropiados recobram os membros, as coisas perdidas voltam a seus donos. Os jovens e os velhos que ao senhor recorrem são sempre ouvidos. Os perigos e as necessidades desaparecem. Os carentes de afeto encontram seus pares perfeitos, para sua melhor evolução através do amor nesta existência. Cheio de confiança, dirijo-me ao senhor. Mostre hoje seu poder e obtenha-me a graça que desejo........... (pedir). Que assim seja.

## Oração para Quebrar Maldições e Magias
*(Obsidiana)*

Em nome de Jesus Cristo, eu repreendo, quebro e desligo a mim, a meu marido, a minha esposa, a meus filhos, de toda e qualquer maldição, feitiço, vexame, sedução, magia negra, azares, poderes psíquicos, fascínio, bruxaria, que tenham sido colocados sobre mim ou minha linha de família, por qualquer pessoa ou pessoas, ou por qualquer fonte de ocultismo, e ordeno a todos os espíritos relacionados com Satanás que nos deixem agora e não voltem nunca mais, prostrando-se aos pés da santa Cruz de Jesus Cristo, para sempre.

Obrigado, Senhor Jesus, por nos ter libertado. Assim seja.

# Oração a São Jorge
*(Berilo)*

Que a cruz do Senhor seja meu escudo
Que meus inimigos vivos e mortos fujam de mim
Quem na cruz morreu, que responda por mim
Jesus adiante, pai e guia
Encomendando-me a Deus e à Virgem Maria
Pois eu estou vestido com as roupas e armas de São Jorge
Para que meus inimigos tenham pés e não me alcancem
Para que meus inimigos tenham mãos e não me toquem
Para que meus inimigos tenham olhos e não me vejam
E nem mesmo pensamentos eles possam ter para me fazer mal.
Armas de fogo meu corpo não alcançarão
Facas e espadas se quebrem sem meu corpo tocar
Cordas e correntes arrebentem sem o meu corpo amarrar
o meu corpo não será preso nem meu sangue derramado
Andarei dia e noite, eu e meu corpo cercado e circulado
Pelas armas de São Jorge, o guerreiro intrépido
Andarei tão livre como andou Nosso Senhor Jesus Cristo
Nove meses no ventre da Maria Santíssima.
Que assim seja.

# Uma Mensagem Final

A grande questão que a vida nos propõe para resolvermos, tenhamos consciência disso ou não, é a escolha diária que temos que fazer a respeito de como vamos vivenciar cada minuto de nossa existência.

Nossas escolhas de hoje determinam nosso amanhã: escolhas afetivas, escolhas profissionais, escolhas de amigos, de atitudes, de pensamentos, de vibrações... A essência precede a existência. Aquilo que criamos com nossas atitudes mentais se plasma para concretizar a realidade.

Assim, quanto antes tomarmos consciência de que nossas atitudes mentais determinam a qualidade da vida que temos, mais rapidamente corrigiremos o rumo de nossas vibrações. E a natureza generosamente nos doa aquilo que precisamos para ajudar-nos a corrigir nossa rota. Os cristais – como a água, veículo condutor das vibrações sutis – podem nos guiar na percepção mais clara de onde estamos errando, mesmo quando pensamos estar certos.

Se repetimos situações em nossa vida é porque ainda não aprendemos a lição que deveríamos ter aprendido. Tomar consciência de que algo precisa ser modificado é o primeiro passo, mas não é tudo. Trabalhar em cima do problema com um desejo sincero de mudança é a tomada de ação fundamental para que seja possível a manifestação de uma outra realidade em nossa vida, mais prazerosa e gratificante. Isto, as essências de cristais podem ajudar você a fazer, de maneira mais objetiva e com menos sofrimento.

Nossos aprendizados precisam ser feitos, disso não resta dúvida, mas que possamos fazer isso sem o aguilhão da dor a nos impulsionar, é uma das questões propostas pelo trabalho da terapia com os elixires de cristais.

Que os espíritos da natureza que regem os trabalhos feitos com seus elementos estejam sempre protegendo a todos nós.

Com amor,

*Berenice de Lara*

# Bibliografia

ALEXANDER, F. *Medicina Psicossomática – princípios e aplicações*. Porto Alegre: Artes Médicas, 1989.

BIANCARDI, R. M. *Cristais, terapia alternativa*. São Paulo: Berkana, 1998.

CAMPBELL, D. *Edgar Cayce on the power of color, stones, and crystals*. Nova York: Warner Books, 1989.

CASTRO, M., org. *Orações de Poder III*. 5ª ed. Campinas: Raboni, 1998.

CAYCE, E. *Gems & Stones*. Virginia Beach: A.R.E, 2002.

_____. *Auras – An Essay on the Meaning of Colors*. Virginia Beach: A.R.E., 2002.

CHASE, P. PAULIK, J. *A transformação pessoal através dos cristais*. São Paulo: Pensamento, 1997.

COMENALE, R. *Elixires de cristal e essências florais nas curas vibracionais*. São Paulo: Roca, 1996.

CUNNINGHAM, S. *Enciclopédia de cristais, pedras preciosas e metais*. São Paulo: Gaia, 1999.

DAHLKE, R. *A doença como símbolo*. São Paulo: Cultrix, 1996.

DETHLEFSEN, T. e DAHLKE, R. *A doença como caminho*. São Paulo: Cultrix, 1997.

DYCHTWALD, K. *Corpomente*. 3ª ed. São Paulo: Summus, s/d.

DUNCAN, A. *O caminho das pedras*. 2ª ed. Rio de Janeiro: Nórdica, 1998.

GURUDAS. *Gem elixirs and vibrational healing – Vol. I*. San Raphael: Cassandra Press, 1985.

GURUDAS. *Gem elixirs and vibrational healing – Vol. II*. San Raphael: Cassandra Press, 1989.

HALL, J. *Crystal prescriptions*. Goldsfields, 2005.

HIRSCH, S. *Manual do herói ou A filosofia chinesa na cozinha*. Rio de Janeiro: Correcotia, s/d.

INSTITUTO DE LA MEDICINA TRADICIONAL CHINA DE BEIJING et alli. *Fundamentos de acupuntura y moxibustión de China*. Pequim, China: Ediciones en Lenguas Extranjeras, 1ª ed. 1984.

JOHNSON, S. *A essência da cura – Um guia das essências do Alasca*. 1ª ed. São Paulo: Triom, 2001.

KARP, R. A. *The Edgar Cayce encyclopedia of healing*. Nova York: Warner Books, 1999.

KEYTE, G. *O cristal místico – Expandindo sua consciência do cristal*. São Paulo: Roca, 1995.

LANDSDOWNE, Z. F. *Chakras e a cura esotérica*. São Paulo: Roca, 1991.

LARA, B. *A cozinha dos alquimistas*. São Paulo: Pensamento, 2004.

LEADBEATER, W. *Os chakras – Os centros magnéticos vitais do ser humano*. São Paulo: Pensamento, 1995.

LILLY, S. *Vida nova – Cristais*. Lisboa, Estampa, 1999.

MACIOCIA, G. *Os fundamentos da medicina chinesa*. São Paulo: Roca, 1996.

MAIOR, S. M. *As vidas de Chico Xavier*, 2ª ed. São Paulo: Planeta, 2003.

McGAREY, W. A. *The Edgar Cayce remedies*. Nova York: Bantam, 1983.

MORI, H. *Introdução à Acupuntura*. São Paulo: Ícone, 1994.

PIOBB, P.-V. *Formulário de alta magia*. 2ª ed. Rio de Janeiro: Francisco Alves, 1987.

PAPUS. *Tratado elementar de magia prática*. São Paulo: Pensamento, 1979.

POTTINGER, H. *Harmonia e força curativa das pedras preciosas*. Innsbruck, Áustria: Pinguin, 1994.

SCHUMANN, W. *Gemas do mundo*. 8ª ed. Rio de Janeiro: Ao Livro Técnico, 1995.

SILVA, M. A. Dias. *Quem ama não adoece*. São Paulo: Best Seller, 1994.

SIMPSON, L. *O livro da cura pelos cristais*. São Paulo: Manole, 1999.

STARK, K., MEIER, W. E. *Prevenções e cura com pedras – a mais pura energia*. Robafim, s/d.

STEIN, D. *Curando com essências de flores e pedras preciosas*. São Paulo: Pensamento, 1996.

SULLIVAM, K. *A magia dos cristais – a descoberta consciente do poder das pedras*. Rio de Janeiro: Objetiva.

SUSSMANN, D. J. *O que é a acupuntura? As doenças que pode curar. Como age sobre o organismo*. 3ª ed. Rio de Janeiro: Record, 1973.

UYLDERT, M. *A magia das pedras preciosas*. São Paulo: Pensamento, 1993.

VALCAPELLI e GASPARETTO. *Metafísica da Saúde – Vol. 1. Sistemas respiratório e digestivo*. 3ª ed. São Paulo: Centro de Estudos Vida e Consciência, 2001.

———. *Metafísica da Saúde – Vol. 2. Sistemas circulatório, urinário e reprodutor*. 2ª ed. São Paulo: Centro de Estudos Vida e Consciência, 2002.

**Para Adquirir as Essências de Cristais Dharma**

www.essenciasdecristais.com.br
www.dharma-essences.com

*Dharma – Marília – SP*
berelara@terra.com.br

**Tel.: (14) 3121-0303 / 3413-7816 / 9171-9889 ou (11) 9274-0474**

**Distribuidores Dharma em outros locais**

Ourinhos-SP
Maria de Fátima Rodrigues Silva (14) 3324-6690

Erechim – RS
Lourenço Dalla Rosa (54) 3321-0039 / 9998-9016

Valença – RJ
Viviane Machado (24) 2453-6076 / 8119-3620

Recife – PE
Leopoldina Alencar – Quintessência (81) 3423-5653 / 8611-1960

**Fazemos remessa para todo o Brasil e exterior**